Big Data
El poder de los datos

Big Data
El poder de los datos

BILL SCHMARZO

SOCIAL BUSINESS

Título de la obra original:
Big Data: Understanding How Data Powers Big Business

Traductor:
Vicente González León

Todos los nombres propios de programas, sistemas operativos, equipos hardware, etc. que aparecen en este libro son marcas registradas de sus respectivas compañías u organizaciones.

Reservados todos los derechos. El contenido de esta obra está protegido por la Ley, que establece penas de prisión y/o multas, además de las correspondientes indemnizaciones por daños y perjuicios, para quienes reprodujeren, plagiaren, distribuyeren o comunicaren públicamente, en todo o en parte, una obra literaria, artística o científica, o su transformación, interpretación o ejecución artística fijada en cualquier tipo de soporte o comunicada a través de cualquier medio, sin la preceptiva autorización.

Authorized translation from English language edition entitled:
"Big Data: Understanding How Data Powers Big Business" published by John Wiley & Sons, Inc.
Copyright © 2013 by John Wiley & Sons, Inc., Indianapolis, Indiana
All rights reserved.

Edición española:

© EDICIONES ANAYA MULTIMEDIA (GRUPO ANAYA, S.A.), 2014
   Juan Ignacio Luca de Tena, 15. 28027 Madrid
   Depósito legal: M. 11.045-2014
   ISBN: 978-84-415-3576-3
   Printed in Spain

AGRADECIMIENTOS

¡Qué bello es vivir! es una de mis películas favoritas de todos los tiempos. Siempre me he visto a mí mismo como una especie de George Baily: alguien que siempre ha intentado hacer algo por los demás, ya sea como entrenador de chavales, echando una mano en la banda del colegio o incluso convenciendo a mi amigo para crear una planta de etanol en nuestra ciudad de origen, Charles City (Iowa); siempre he buscado el modo.

Cuando Carol Long de Wiley me habló de hacer este libro, con el apoyo y el respaldo de Denise Partlow de EMC, pensé en ello como la oportunidad perfecta de volver a dar mi aportación, de compartir con los demás los aprendido en mis casi 30 años de experiencia en el mundo de los datos y las analíticas, trabajando con algunas de las mejores y más innovadoras personas y empresas del mundo.

He tenido la fortuna de vivir muchos momentos *Forrest Gump* a lo largo de mi vida; situaciones en las que parecía que estaba en el sitio adecuado en el momento adecuado, por una mera cuestión de suerte. Algunos de estos afortunados momentos fueron:

- Uno de los primeros proyectos de almacenamiento de datos con Procter & Gamble, cuando trabajaba para Metaphor Computer Systems, a finales de la década de 1980.
- Director de Ventas y Marketing en una de las primeras compañías de software libre, Cygnus Support, en la que ayudé a desarrollar un modelo de negocio para hacer dinero con este tipo de software.
- Crear y dirigir la parte de almacenamiento de datos de Sequent Computer a finales de la década de 1990, donde creamos uno de los primeros dispositivos de almacenamiento de datos del sector.
- Vicepresidente de Analytic Applications at Business Objects ya en la década de 2000, donde creamos una de las primeras aplicaciones analíticas del sector.
- Director de Analítica Publicitaria en Yahoo!, donde tuve la gran fortuna de vivir en primera persona el proyecto petabyte de Yahoo!, y utilizar las analíticas de los Big Data para descubrir los conocimientos enterrados en todos esos datos para ayudar a los anunciantes de Yahoo! a optimizar lo invertido en la red publicitaria de Yahoo!.
- Una *startup* fallida sobre medios digitales, JovianDATA, donde experimenté el poder de la computación en la nube para, con su increíble poder analítico, abordar uno de los problemas más complejos de los medios digitales: el análisis de atribución.

- Y por último, mi etapa como Director de Tecnología de Administración de Información Empresarial y Prácticas Analíticas para EMC Global Services, donde mi labor diaria es trabajar con los clientes para identificar dónde y cómo empezar su viaje por los Big Data.

Espero que este libro le permita ver que todo lo que he aprendido en mi carrera es interesante (y divertido), pues resuelve problemas y situaciones empresariales reales. La posibilidad de utilizar los datos y la analítica para ayudar a los clientes a hacer más dinero siempre ha sido la parte más interesante y divertida de mi trabajo.

Siempre he admirado el estilo didáctico de Ralph Kimball, con quien tuve la fortuna de trabajar en Metaphor y con quien coincidí de nuevo como miembro del Kimball Group. Ralph desempeña su labor con un estilo muy pragmático y práctico. Ralph (y su equipo en Kimball Group, formado por Margy Ross, Bob Becker y Warren Thornthwaite) han compartido gustosamente sus conocimientos y observaciones con otras personas a través de conferencias, *newsletters*, seminarios Web y, por supuesto, sus libros. Eso es exactamente lo que yo también quería hacer, de modo que durante los últimos años he estado contando en blogs mis experiencias, y el libro parecía el siguiente paso natural para compartir mis conocimientos, observaciones, técnicas y metodologías con los demás.

Me gustaría dar las gracias a muchos amigos, pero me han dicho que la sección de agradecimientos no podía ser mayor que el propio libro, por lo que voy a poner aquí la lista corta.

- Los amigos de la editorial: Carol Long, Christina Haviland y especialmente Adaobi Obi Tulton, que revisaron mi material probablemente más veces que yo. De ellos es la mayor parte del mérito de que este libro sea agradable de leer.
- Marc Demarest, Neil Raden y John Furrier por sus grandes citas. Espero que este libro esté a la altura.
- Edd Dumbill y Alistair Croll de Strata, que siempre están encantados de hacerme un hueco en su conferencia sobre la ciencia de los datos en el sector para probar mi material, y a Marc Demarest y Mark Madsen, que también me han hecho un hueco para que pueda soltar mi rollo sobre los beneficios empresariales de los Big Data.
- John Furrier y David Vellante de SiliconAngle y theCube, que fueron los primeros en utilizar el término "Decano de los Big Data" para referirse a mi trabajo en el sector. Siempre encontraban un hueco para que participara en el programa que tenían sobre tecnología, muy al estilo de los programas deportivos.

- Warren Thornthwaite, que encontró tiempo en su apretada agenda para sacar ideas y conceptos válidos para el libro y que cuyo apoyo ha tenido un valor incalculable, no solo para este libro.

Me gustaría dar las gracias a la empresa para la que trabajo, EMC, que me ha proporcionado el apoyo necesario y todas las facilidades para pasar tiempo con nuestros clientes y saber más de su relación con el mundo de los Big Data. EMC se portó de maravilla; compartió su material, incluyendo el curso de certificación para científicos de datos (que comentamos en el capítulo 4) y el Data Storymap (que comentamos en el capítulo 12). EMC también me concedió el tiempo para escribir este libro, que en su mayor parte fue concebido en aviones, mientras volaba de ciudad en ciudad.

Me gustaría dar especialmente las gracias a los clientes con los que he tenido la gran suerte de trabajar durante las tres últimas décadas. Me enseñaron todo lo que comparto en este libro, y mostraron una gran paciencia mientras probaba y perfeccionaba muchas de las técnicas, herramientas y metodologías que en él se describen.

Quisiera dar también las gracias a Denise Partlow, sin cuyo apoyo, estímulo y exigente carácter no habría terminado este libro. Dedicó innumerables horas a revisar cada una de sus frases, algunas de ellas muchas veces, comentando conmigo todo aquello que le parecía que no tenía sentido. Fue la auténtica voz de la cordura que sopesó cada idea y cada concepto. No podría haber soñado con una mejor aliada.

Y por supuesto, me gustaría dar las gracias a mi mujer, Carolyn, y a nuestros hijos Alec, Max y Amelia. Veréis varias referencias a ellos a lo largo del libro; por ejemplo Alex (que es pitcher profesional) aportó los conocimientos y estadísticas sobre béisbol. Han tenido mucha paciencia conmigo en mis viajes y el tiempo que he pasado alejado de ellos. Sé que dar las gracias en un libro no puede devolverles las noches en las que no les arropé en la cama, o las jugadas que me perdí en el campo de béisbol, pero les quiero dar las gracias por entenderlo y por todo su apoyo.

Por último, quisiera dar las gracias a mis padres, quienes me enseñaron el valor del trabajo duro y la constancia, y a nunca dejar de perseguir mis sueños. En particular, quiero agradecerle a mi madre su devoción por ayudar a los demás, porque me motivó a seguir con este libro incluso cuando no me apetecía hacerlo. Por tanto, y en honor a mi madre, que falleció hace 16 años, voy a dedicar los beneficios obtenidos con este libro a la investigación sobre el cáncer de mama, la enfermedad que la apartó de su familia, sus amigos y de aquellos que la amaban. Mamá, este libro es para ti.

SOBRE EL AUTOR

Bill Schmarzo posee casi tres décadas de experiencia en almacenamiento de datos, inteligencia empresarial y analítica. Fue el vicepresidente de Yahoo! entre 2007 y 2008. Antes de incorporarse a Yahoo!, Bill supervisó el área de Aplicaciones Analíticas en Business Objects, Inc., incluyendo el desarrollo del marketing y las ventas de sus aplicaciones analíticas para diversos sectores. Bill trabaja actualmente para EMC Global Services como Director de Tecnología de Administración de Información Empresarial y Prácticas Analíticas.

Bill es el creador de la metodología de Análisis de Beneficios Empresariales, que conecta las iniciativas empresariales estratégicas de las empresas con los datos y los requisitos analíticos en que se apoyan. Es coautor, junto con Ralph Kimball, de una serie de artículos sobre aplicaciones analíticas. Bill formó parte del equipo de profesores de The Data Warehouse Institute, como encargado del programa de aplicaciones analíticas. Ha escrito varios *white papers* y es un ponente habitual sobre el uso de los Big Data y la analítica avanzada para potenciar las principales iniciativas empresariales de una organización.

Puede leer las entradas más recientes de su blog en `https://infocus.emc.com/author/william_schmarzo/`.

También puede encontrar a Bill en Twitter, como `@schmarzo`.

SOBRE EL EDITOR TÉCNICO

Denise Partlow ha desempeñado una amplia variedad de puestos como Vicepresidente y Directora de Marketing de Producto en empresas tecnológicas tanto emergentes como consolidadas. Tras su paso por diversas empresas de software y servicios, posee una gran experiencia práctica en el desarrollo de estrategias de marketing y planes de orientación al mercado para productos complejos y soluciones orientadas a servicios. Denise es Licenciada en Informática por la Universidad de Central Florida. Antes de dedicarse a la administración y el marketing de productos ha sido programadora de sistemas de simulación y control, así como directora de programa.

En la actualidad, Denise es responsable en EMC del marketing de productos en todo lo relacionado con los Big Data y los servicios de consultoría en Internet. Como tal, ha colaborado con Bill Schmarzo en muchos de los conceptos y puntos de vista que han acabado formando parte de este libro.

Índice de contenidos

Agradecimientos 5
Sobre el autor 8
Sobre el editor técnico.. 8

Prefacio   **15**

Introducción   **19**

Capítulo 1.   La oportunidad de negocio de los Big Data   **23**

       La necesidad de transformar el negocio....................................... 25
           Caso práctico: Walmart.. 26
       El Índice de Madurez de los Modelos de Negocio
           de los Big Data 28
           Monitorización empresarial 29
           Perspectiva empresarial... 30
           Optimización empresarial 31
           Monetización de los Datos 33
           Metamorfosis Empresarial 35
       Observaciones sobre la Madurez de los Modelos de Negocio
           de los Big Data 40
           Resumen 41

Capítulo 2.   Clase de historia sobre los Big Data   **43**

       Los bienes de consumo envasados y el mercado minorista........ 43
       Qué hemos aprendido y cómo aplicarlo al movimiento
           actual de los Big Data 47
           Resumen 48

Capítulo 3. El impacto empresarial de los Big Data — 51

El impacto de los Big Data: Las preguntas que las empresas
usuarias pueden responder 52
Emplear la métrica adecuada en la administración 53
Posibilidades de monetización de datos 56
    Ejemplo de monetización de datos de los medios digitales ... 56
    Los activos de los medios digitales y el conocimiento
        del usuario objetivo 57
    La transformación y el enriquecimiento
        de la monetización de datos 58
    Resumen 61

Capítulo 4. El impacto de los Big Data en la organización — 63

Ciclo vital de la analítica de datos 66
Roles y responsabilidades de los científicos de datos 69
    Descubrimiento 69
    Preparación de los datos 70
    Planificación del modelo 71
    Creación del modelo 71
    Comunicar los resultados 72
    Puesta en marcha 73
Nuevos roles empresariales 73
    El equipo de la interacción con el usuario 73
    Nuevos roles de administración sénior 74
    Liberar la creatividad empresarial 76
Resumen 79

Capítulo 5. Cómo funciona la teoría de la decisión — 81

El desafío de la inteligencia empresarial 81
La muerte del porqué 83
Las ramificaciones de la interfaz de usuario de los Big Data 84
El factor humano de la toma de decisiones 86
    Las trampas de la toma de decisiones 87
    ¿Qué se puede hacer? 92
Resumen 93

Capítulo 6. Crear una estrategia para los Big Data — 95

Documento de estrategia para los Big Data 96
    Ejemplo de intimidad con el cliente 97
    Pasar del documento de estrategia a la acción 99

Ejemplo: Documento de estrategia para los Big Data
para Starbucks 101
Ejemplo: Documento de estrategia para los Big Data
para los San Francisco Giants 104
Resumen 108

Capítulo 7. Cómo funciona el proceso de creación de valor — 111

Factores motrices del valor de los Big Data 113
    Factor Nº 1: Acceso a datos transaccionales
        más detallados 114
    Factor Nº 2: Acceso a datos sin estructurar 115
    Factor Nº 3: Acceso a datos de baja latencia
        (en tiempo real) 116
    Factor Nº 4: Integración de la analítica predictiva 117
Hoja de trabajo para la visualización de los Big Data 118
    Factores motrices de los Big Data: Ejemplo
        de mantenimiento predictivo 119
    Factores motrices de los Big Data: Ejemplo
        de satisfacción del cliente 120
    Factores motrices de los Big Data: Ejemplo de micro-
        segmentación de clientes 122
Los modelos de creación de valor de Michael Porter 124
Análisis Porter de las cinco fuerzas 125
    Análisis Porter de la cadena de valor 126
    Proceso de creación de valor: Ejemplo de merchandising ... 128
    Hoja de trabajo para la visualización de los Big Data:
        Ejemplo de merchandising 129
    Análisis Porter de la cadena de valor: Ejemplo
        de merchandising 131
    Análisis Porter de las cinco fuerzas: Ejemplo
        de merchandising 134
Resumen 138

Capítulo 8. Las ramificaciones de la interacción con el usuario — 139

Una interacción poco inteligente 140
Decisiones clave para crear una interacción adecuada
    con el cliente 141
Cómo usar la telefonía móvil para mejorar la comunicación
    con el cliente 142

Cómo descubrir y aprovechar los conocimientos
sobre los clientes 144
    Cómo reestructurar los procesos de administración
    del ciclo vital del cliente 146
    Cómo emplear los conocimientos sobre los clientes
    para obtener beneficios 147
Los Big Data pueden propiciar una nueva interacción
con el usuario 150
    Ejemplo B2C: Impulsar la interacción con el cliente
    minorista 150
    Ejemplo B2B: Impulsar la efectividad de la pequeña
    y mediana empresa 153
Resumen 157

Capítulo 9. Cómo identificar los casos de uso de los Big Data   159

El proceso de visualización de los Big Data 160
    Paso 1: Investigar iniciativas empresariales 161
    Paso 2: Obtener los datos y analizarlos............................. 164
    Paso 3: Taller de generación de ideas: Una lluvia
    de ideas nuevas 167
    Paso 4: Taller de generación de ideas: Priorizar los casos
    de uso de los Big Data 173
    Paso 5: Documentar los siguientes pasos 174
El proceso de priorización... 174
    El proceso de la matriz de priorización............................176
    Las trampas de la matriz de priorización 178
Cómo utilizar modelos de interacción con el usuario
para estimular el proceso de visualización............................ 180
Resumen 184

Capítulo 10. Ingeniería de soluciones   185

El proceso de ingeniería de soluciones...................................... 186
    Paso 1: Entender cómo hace dinero la organización 187
    Paso 2: Identificar las principales iniciativas
    empresariales de la organización......................................189
    Paso 3: Lluvia de ideas sobre el impacto empresarial
    de los Big Data 190
    Paso 4: Descomponer la iniciativa empresarial
    en casos de uso 192

Paso 5: Evaluar los casos de uso 193
Paso 6: Diseñar e implementar la solución de Big Data 194
La ingeniería de soluciones de hoy es la solución
    empresarial de mañana 196
    Ejemplo de analíticas del comportamiento del cliente 197
    Ejemplo de mantenimiento predictivo 198
    Ejemplo de efectividad en el marketing 199
    Ejemplo de reducción del fraude 201
    Ejemplo de optimización de red 202
Cómo leer un informe anual 203
    Ejemplo de una empresa de servicios 203
    Ejemplo de un minorista 205
    Ejemplo de una agencia de corredores de bolsa 206
Resumen 208

Capítulo 11. Ramificaciones de la arquitectura de los Big Data   209

Big Data: Es hora de trabajar con una nueva arquitectura
    de datos 209
Introducción a las tecnologías de los Big Data 211
    Apache Hadoop 212
    Hadoop MapReduce 213
    Apache Hive 213
    Apache Hbase 214
    Pig 214
    Nuevas herramientas analíticas 215
    Nuevos algoritmos analíticos 216
Cómo introducir los Big Data en el mundo
    del almacenamiento de datos tradicional 217
    Enriquecimiento de datos 218
    Federación de datos: La consulta es el nuevo ETC 219
    Modelado de datos: Schema on read 221
    Hadoop: La nueva generación de área de preparación
        y organización de datos 222
    Arquitecturas MPP: Acelere su almacén de datos 223
    Analíticas in-database: Cómo llevar la analítica
        a los datos 225
    Computación en la nube: Cómo proporcionar
        potencia de cálculo a los Big Data 226
Resumen 227

Capítulo 12. El viaje hacia los Big Data — 229

El crecimiento de los datos genera oportunidades
de negocio 230
Los métodos y tecnologías tradicionales no son suficientes 232
El Índice de Madurez de los Modelos de Negocio
de los Big Data 233
Cómo fomentar la colaboración entre la empresa y las TI 234
Aplicación de los conocimientos sobre Big Data 235
Los Big Data impulsan el proceso de creación de valor 236
Resumen 237

Capítulo 13. Una llamada a la acción — 239

Identifique las principales iniciativas empresariales
de la organización 239
Parta de la colaboración entre la empresa y las TI 240
Formalice su proceso de visualización 240
Utilice modelos para impulsar el proceso creativo 241
Conozca su tecnología y las posibilidades
de su arquitectura 241
Amplíe sus procesos empresariales internos 242
Descubra nuevas oportunidades de monetización 243
Conozca las ramificaciones de la organización 243

Índice alfabético — 245

Prefacio

15/04/2015

Piense diferente.

Sus competidores ya están sacándole partido a los Big Data, y es más, su infraestructura tradicional de las TI es incapaz de gestionar, analizar y actuar en base a los Big Data.

Piense diferente.

Los Big Data deberían importarle. El mayor impacto que pueden tener en su organización es su capacidad para actualizar los procesos empresariales existentes y descubrir nuevas posibilidades de monetización. Ninguna organización puede tener demasiados conocimientos sobre los elementos clave de su negocio como son los clientes, los productos, las campañas y las operaciones. Los Big Data pueden descubrir estos conocimientos con un nivel de granularidad menor y con una rapidez que permita tomar medidas al respecto. Los Big Data pueden impulsar nuevas aplicaciones de negocio, como marketing personalizado, servicios basados en la ubicación, mantenimiento predictivo, análisis de atribución y analíticas del comportamiento de la maquinaria. Los Big Data cumplen su promesa de reestructurar los procesos de creación de valor de la empresa y crear una interacción con el cliente completamente nueva, más atractiva y beneficiosa. Los Big Data tratan sobre la transformación empresarial, sobre pasar del planteamiento retrospectivo de la monitorización y el procesamiento de datos por lotes a la obtención de conocimientos empresariales en tiempo real.

Piense diferente.

Los Big Data nos empujan a aceptar la abundancia de datos (frente a la escasez) y a aferrarnos al potencial que supone analizar todos los datos, ya sean internos o externos a la organización, al nivel de detalle más bajo y en tiempo real. Por ejemplo, el modelo clásico de inteligencia empresarial "hágalo vd. mismo", que ha funcionado bien con gigabytes de datos, ha quedado obsoleto con la llegada de la era de los petabytes de datos, los miles de nodos de procesamiento de escalabilidad horizontal y el procesamiento *in-database*. Es más, la tecnología de bases de datos relacionales estándar es incapaz de expresar las ramificaciones complejas y la lógica iterativa en la que se basan las analíticas de los Big Data. Necesitamos una infraestructura actualizada y moderna que pueda sacarles partido.

Piense diferente.

Este mensaje no puede ser más oportuno, tratándose de los Big Data. Aunque buena parte del debate sobre los Big Data se centra en Hadoop y otras tecnologías innovadoras de los Big Data, su rentabilidad reside en la tecnología real y sus factores motrices: la combinación del software de gestión de datos y de analíticas avanzadas de código libre que hay por encima de las arquitecturas de escalabilidad horizontal orientadas al producto es 20 veces más barata que las arquitecturas de almacenamiento de datos actuales. La magnitud de este cambio económico nos empuja a replantear muchos de los modelos analíticos y de datos tradicionales. La transformación y el enriquecimiento de datos que era imposible hace tres años está ahora a nuestra disposición y a un precio asequible, y la capacidad de explotar petabytes de datos a través de cientos de dimensiones y miles de métricas en la nube es algo al alcance de todas las organizaciones, grandes o pequeñas.

Piense diferente.

¿Qué es lo que más frena con respecto a los Big Data? No hacer nada. Quedarse sentado. Esperar a que su proveedor de tecnología favorito le resuelva los problemas. Dejar que primero se asienten las revueltas aguas del mundo de la tecnología. Vale, ya ha incorporado Hadoop a su empresa, ha metido algunos datos y alguna gente ha jugado con ellos. Pero no es momento para experimentos científicos. Estamos ante una tecnología seria, cuyo valor para crear nuevos modelos de negocio basados en petabytes de datos en tiempo real, acompañados de analíticas avanzadas, ya han sido validados por varios sectores tan diversos como el minorista, los servicios financieros, las telecomunicaciones, la fabricación, la energía, el transporte y la hostelería.

Piense diferente.

¿Entonces qué hacemos? Intentar que las empresas y los principales representantes de las TI se entiendan entre sí, para que juntos identifiquen los procesos empresariales más importantes de nuestras organizaciones. A continuación, contemplar cómo pueden los Big Data (y en particular los datos transaccionales –oscuros–, sin estructurar, en tiempo real y el análisis predictivo) descubrir conocimientos aplicables sobre nuestros clientes, productos, campañas y operaciones. Utilizar los Big Data para tomar mejores decisiones más rápido y con mayor frecuencia, y descubrir nuevas posibilidades de monetización durante el proceso. Aprovechar los Big Data para hacer más dinero. Ponernos en marcha. Ser valientes. No tener miedo a cometer errores, y si fallamos, hacerlo rápido y seguir adelante. Aprender.

Piense diferente.

Introducción

Los Big Data son hoy en día el tema candente de la tecnología. Es de esos temas que surgen cada cuatro o cinco años y se convierten en una de esas tecnologías que se deben dominar para llegar a la tierra prometida: la "poción mágica" que resolverá todas las deficiencias y dificultades. Las organizaciones se enfrentan continuamente a la confusión y a las exageraciones que llegan por igual de fabricantes y analistas, en un intento de comprender lo que la tecnología puede hacer y lo que no. En algunos casos logran integrar ésta en el marco tecnológico de la organización: tecnologías como bases de datos relacionales, ERP, CRM, arquitecturas cliente-servidor, almacenamiento de datos, comercio electrónico, inteligencia empresarial (IE) y el software libre.

Sin embargo, los Big Data parecen diferentes, quizá porque su naturaleza está más relacionada con la transformación empresarial que con la tecnología, es decir, en hacer que la organización pase de una monitorización empresarial retrospectiva, limitada a datos que se procesan por lotes, a optimizar el entorno empresarial de manera predictiva, alimentándose de datos obtenidos en tiempo real.

La clave de los Big Data no está en igualarse a los demás, de implementar las mismas tecnologías para ser como el resto, sino en aprovechar los conocimientos únicos que se obtienen sobre los clientes, productos y operaciones y aplicarlos para reestructurar el proceso de creación de valor, optimizar las principales iniciativas empresariales y descubrir nuevas posibilidades de monetización. Los Big Data sirven para hacer dinero, y sobre eso trata este libro, sobre cómo utilizar estos singulares conocimientos prácticos sobre nuestros clientes, productos y operaciones para hacer dinero.

Este libro aborda las posibilidades de los Big Data desde una perspectiva pragmática y práctica. Aquí no encontrará muchas teorías, sino una gran cantidad de consejos, técnicas, metodologías, hojas de trabajo descargables y muchos ejemplos que he ido recopilando a lo largo de los años que llevo trabajando con las principales empresas del mundo. Conforme vaya leyendo este libro se encontrará con lo siguiente:

➤ Una definición común de los Big Data y de cómo aprovechar el Índice de Madurez de los Modelos de Negocio de los Big Data para indicarle a su organización las áreas empresariales específicas en las que los Big Data pueden ofrecer un valor empresarial significativo (capítulo 1).

➤ Una clase de historia sobre un evento anterior relacionado con los Big Data, con el que determinar qué partes de éste podrá aplicar a sus oportunidades empresariales actuales y futuras (capítulo 2).

➤ Un proceso para utilizar sus procesos empresariales actuales para identificar las métricas adecuadas que le permitirán centrarse en su iniciativa con los Big Data y buscar el camino al éxito empresarial (capítulo 3).

➤ Algunas recomendaciones y conocimientos que le permitirán crear una estructura empresarial totalmente eficiente y eficaz para apoyar sus iniciativas con los Big Data, incluyendo la integración de los nuevos roles (como son los equipos de la ciencia de los datos y la interacción con el usuario, además de los roles del director de datos y el director analítico) en su organización analítica y de datos (capítulo 4).

➤ Un repaso en el que comentaremos algunas de las trampas y dificultades que encontramos los humanos al tomar decisiones, incluyendo las ramificaciones de "la muerte del porqué", y en el que aprenderá a transmitir conocimientos prácticos que contrarrestan estos defectos humanos (capítulo 5).

➤ Una metodología para dividir o "descomponer" funcionalmente la estrategia empresarial de su organización y sus principales iniciativas empresariales en sus factores motrices clave, sus factores críticos de éxito y los requisitos tecnológicos, analíticos y de los datos de apoyo (capítulo 6).

➤ Un curso introductorio del MAE (Máster de Administración de Empresas) sobre Big Data (datos transaccionales desaprovechados, nuevas fuentes de datos sin estructurar, acceso a datos en tiempo real y analítica predictiva) y su aplicación a los procesos de creación de valor con modelos como el análisis de las cinco fuerzas y el análisis de la cadena de valor de Michael Porter, que le permitirán visualizar cómo pueden optimizar los Big Data los principales procesos empresariales de su organización y descubrir nuevas oportunidades de monetización (capítulo 7).

➤ Cómo pueden propiciar una interacción con el cliente más atractiva, relevante y provechosa los conocimientos sobre clientes y productos obtenidos de las nuevas fuentes de datos de comportamiento del cliente y uso de los productos, acompañadas de la analítica avanzada (capítulo 8).

- ► Una metodología (el taller de visión) que busca la colaboración entre las empresas y los grupos de interés de las TI para visualizar qué se puede hacer con los Big Data, descubrir ejemplos del impacto que pueden tener en los principales procesos empresariales y asegurar el acuerdo sobre los factores críticos de éxito y el resultado final deseado para los Big Data (capítulo 9).

- ► Un proceso para que todas las técnicas, metodologías, herramientas y hojas de trabajo persigan el mismo fin, un proceso para identificar, diseñar y generar soluciones y aplicaciones empresariales orientadas a los datos (capítulo 10).

- ► Un repaso por las principales tecnologías de los Big Data (Hadoop, MapReduce, Hive, etc.) y desarrollos analíticos (R, Mahout, MADlib, etc.) que hacen posible nuevos enfoques en la administración de datos y la analítica avanzada, en el que exploraremos el impacto que estas tecnologías podrían tener en nuestros entornos de almacenamiento de datos e inteligencia empresarial (capítulo 11).

- ► Un resumen de las mejores recomendaciones, métodos y técnicas de creación de valor en el *Big Data storymap*, una única imagen que engloba los puntos y las estrategias clave para transmitir el mensaje de que los Big Data serán capaces de optimizar los procesos de creación de valor y de descubrir nuevas posibilidades de monetización (capítulo 12).

- ► Y para concluir, una serie de "llamadas a la acción" que guiarán a su organización en su viaje por el mundo de los Big Data, desde la formación y el conocimiento, pasando por la identificación de dónde y cómo empezar dicho viaje, hasta el desarrollo y la implementación de soluciones y aplicaciones empresariales basadas en datos (capítulo 13).

- ► También podrá descargarse algunos ejemplos en inglés que se mencionan a lo largo del libro en la opción Complementos que encontrará en la ficha correspondiente a este libro en el sitio Web de Anaya Multimedia: `http://www.anayamultimedia.es`. Puede realizar la búsqueda de la ficha a través de la búsqueda sencilla o avanzada y sus diferentes opciones.

Lo bonito de dedicarse a los datos y a la analítica es que sólo estamos a un paso en lo que a tecnología se refiere de dar el siguiente gran salto en nuestra experiencia con los Big Data. Al principio eran los datos de los puntos de venta, los listados de llamadas y las tarjetas de crédito los que proporcionaron las primeras oportunidades a las empresas de productos de marca, las minoristas, las de servicios financieros y las de telecomunicaciones. Después, los clics de las Webs impulsaron el comercio *online* y el sector de los medios digitales. Ahora, los datos de los medios sociales, las aplicaciones para móviles y los recogidos por los sensores son los que alimentan la locura actual por los Big Data que llega a todas las empresas, tanto si son del tipo B2C (del negocio al consumidor) como el B2B (comercio en la red). Y la cosa no acaba ahí. Los datos de las tecnologías más recientes, como las computadoras corporales, el reconocimiento facial, el mapeo de ADN y la realidad virtual darán lugar a otra nueva época de posibilidades de creación de valor gracias a los Big Data.

Las organizaciones que, además de sobrevivir, prosperen durante estas turbulencias, serán aquellas que adopten los datos y las analíticas como uno de los pilares de su estructura. Empresas que desarrollen un apetito insaciable por los datos, tratándolos como un activo del que hay que hacer acopio, no un coste empresarial a evitar. Este tipo de organizaciones gestionarán las analíticas como parte de su propiedad intelectual, y por tanto deberán recopilarlas, alimentarse de ellas y en ocasiones incluso protegerlas legalmente.

Este libro está pensado para este tipo de organizaciones. Es una guía que contiene técnicas, herramientas y metodologías para alimentar ese insaciable apetito por los datos, para desarrollar una capacidad analítica y de administración de datos exhaustiva y para realizar los ajustes y las inversiones necesarias en la organización para aprovechar los conocimientos de sus clientes, productos y operaciones para optimizar los principales procesos empresariales y descubrir nuevas posibilidades de monetización.

1. La oportunidad de negocio de los Big Data

De vez en cuando surgen nuevas fuentes de información que poseen la capacidad de transformar el modo en el que las organizaciones obtienen, o gestionan, su valor empresarial. En la década de 1980 vimos cómo los escáneres de punto de venta cambiaron el equilibrio de poder entre los fabricantes de bienes de consumo envasados como Procter & Gamble, Unilever, Frito Lay y Kraft, y minoristas como Walmart, Tesco y Vons. La aparición de fuentes de datos detallados sobre ventas de productos, que pronto se vieron acompañadas por la información sobre la fidelidad del consumidor, proporcionó a los minoristas una perspectiva acerca de las ventas de productos, los patrones de compra de los clientes y las tendencias globales del mercado que hasta entonces no estaban al alcance de ninguno de los componentes de la cadena de valor fabricante-minorista. Las nuevas fuentes de datos han cambiado literalmente los modelos de negocio de muchas empresas.

Más tarde, a finales de la década de 1990, los clics en las Webs se convirtieron en la nueva moneda del conocimiento y permitieron a los comerciantes de la red obtener una importante ventaja competitiva frente a los que operaban a la antigua usanza. Esta mina de información oculta en los registros de las Webs proporcionó al comercio *online* una nueva perspectiva sobre las ventas de productos y los comportamientos de los compradores, permitiendo a los minoristas de la red manipular (a través de recursos como los mecanismos de recomendación) la interacción con el usuario para influir en las decisiones tomadas por éste a la hora de elegir los productos de su carrito. Una vez más, las empresas tuvieron que modificar sus modelos de negocio para sobrevivir.

Actualmente nos encontramos en medio de otra revolución de los negocios basados en datos. Hay nuevas fuentes de datos generados por medios sociales, móviles, sensores o máquinas que poseen el potencial de cambiar por completo el proceso de generación de valor de una organización. Los datos de los medios sociales proporcionan conocimientos sobre los intereses, las pasiones, las afiliaciones y las asociaciones de los usuarios que se pueden emplear para optimizar el proceso de captación de clientes (que va desde la captación en sí hasta la activación, la maduración, las ventas cruzadas/dirigidas, la retención o el desarrollo de estrategias de promoción).

Los datos generados por máquinas o sensores son una fuente de información en tiempo real con el nivel de detalle más preciso, lo que permite realizar un mantenimiento predictivo, hacer recomendaciones sobre el rendimiento de los productos y optimizar la red. Además, los dispositivos móviles permiten obtener conocimientos adicionales basándose en la localización del usuario y su compromiso en tiempo real, que permiten a los minoristas tradicionales competir directamente con los de Internet al proporcionar una interacción con el cliente mejor y más dirigida.

Los enormes volúmenes (entre terabytes y petabytes), la diversidad y la complejidad de los datos ponen a prueba la capacidad de la tecnología existente. Los almacenes de datos y las arquitecturas de inteligencia empresarial existentes no fueron diseñados para manejar en tiempo real petabytes de datos estructurados y sin estructurar. Esto ha derivado en los siguientes retos, tanto para las empresas tecnológicas como para las organizaciones empresariales:

- ▶ La rigidez de la inteligencia empresarial, los almacenes de datos y las arquitecturas de gestión de datos están impidiendo a las empresas identificar y explotar las oportunidades de negocio fugaces y en tiempo real.
- ▶ Los informes retrospectivos que emplean datos globales por lotes no pueden dar lugar a nuevas capacidades analíticas para desarrollar recomendaciones predictivas que determinen las decisiones de negocio.
- ▶ Los conocimientos derivados de los datos generados por medios sociales, móviles o máquinas no están disponibles con tiempo suficiente en un mundo en el que la interacción con el cliente en tiempo real es la norma.
- ▶ La generalización de datos y su muestreo destruye matices valiosos que son la clave para revelar nuevos conocimientos sobre los clientes, los productos, las operaciones y los mercados.

Este bombardeo de nuevos datos ha hecho necesaria una innovación de la tecnología, potenciada en gran medida por iniciativas de código libre de empresas de medios digitales como Google (Big Table), Yahoo! (Hadoop) y Facebook (Hive y HBase), así como de universidades (como Stanford, UC Irvine y MIT). Todos estos desarrollos basados en Big Data podrían paralizar los negocios si esperan a que todo se calme antes de seguir avanzando. Para los que se quedan esperando, todo son desventajas:

- Los competidores innovan más rápidamente y pueden descubrir ventajas relacionadas con los costes estructurales.
- Los beneficios y los márgenes se reducen porque los competidores pueden identificar, captar y conservar los clientes más valiosos.
- El descenso en su cuota de mercado se debe a su incapacidad de poner en el mercado los productos adecuados en el momento adecuado para los clientes adecuados.
- Las oportunidades de negocio perdidas tienen lugar porque los competidores tienen dispositivos de escucha en tiempo real que captan en tiempo real los sentimientos de los clientes, los problemas de rendimiento de los productos y las oportunidades de negocio que se pueden convertir en dinero al instante.

Es hora de avanzar, porque el riesgo de no hacerlo puede ser demoledor.

LA NECESIDAD DE TRANSFORMAR EL NEGOCIO

El movimiento de los Big Data está impulsando una transformación en los negocios. Las empresas que están adoptando los Big Data como medio de transformación están pasando de una visión retrospectiva que utiliza fragmentos parciales de datos globales o muestreados para monitorizar los negocios a un enfoque operativo predictivo y previsor que saca partido de todos los datos disponibles (incluyendo los datos estructurados y sin estructurar que puede haber más allá de los muros de la empresa) en tiempo real para optimizar el rendimiento empresarial (véase la tabla 1.1).

Tabla 1.1. Los Big Data tratan sobre la transformación de los negocios.

TOMA DE DECISIONES ACTUAL	TOMA DE DECISIONES MEDIANTE BIG DATA
"Vista atrás" a posteriori	Recomendaciones "mirando hacia adelante"
Menos de un 10 por cien de datos disponibles	Aprovechar los datos de fuentes diversas
Agrupados, incompletos, inconexos	En tiempo real, relacionados, controlados
Monitorización empresarial	Optimización empresarial

Véalo como la llegada de la empresa predictiva en tiempo real. En definitiva, todo gira en torno a los datos. Las empresas ávidas de información útil están sacando datos que estaban profundamente enterrados en sus sistemas transaccionales y operacionales, y los están integrando con datos que se encuentran fuera de las paredes de sus oficinas (como los de los medios sociales, dispositivos móviles, proveedores de servicios y datos disponibles públicamente). Estas organizaciones están descubriendo que los datos (y los conocimientos clave que se esconden en ellos) tienen el poder de transformar el modo en que las organizaciones ven a sus clientes, proveedores, productos, operaciones y mercados. En el proceso, las organizaciones líderes transforman su mentalidad acerca de los datos, que pasan de tratarse como un coste operacional a minimizar a ser considerados un recurso estratégico del que alimentarse y que hay que conseguir, depurar, transformar, enriquecer y analizar para obtener un conocimiento que permita realizar acciones. En definitiva, las empresas están buscando la manera de conseguir aún más datos para poder aplicarlos en el proceso de obtención de valor de la organización.

Caso práctico: Walmart

Los datos pueden transformar tanto las empresas como las industrias. Walmart es famosa por su uso de los datos para transformar su modelo de negocio.

> *La clave del éxito de su empresa [la de Sam Walton] en definitiva reside en vender artículos al menor precio posible, algo que ha podido hacer dejando a un lado a los intermediarios y regateando con los fabricantes para bajar los costes. La idea de "comprar barato, vender barato y vender mucho" se ha convertido en un modelo de negocio sostenible en gran medida gracias a que Walton, a petición de David Glass, su sucesor final, hizo una gran inversión en software que pudiera hacer un seguimiento del comportamiento del consumidor en tiempo real a partir de las lecturas de los códigos de barras de las cajas de Walmart.*
>
> *Compartió los datos en tiempo real con los proveedores para crear colaboraciones que permitieron a Walmart ejercer una presión significativa sobre los fabricantes para mejorar su productividad y volverse aún más eficientes. Conforme iba creciendo la influencia de Walmart también lo iba haciendo su poder para casi ordenar el precio, el volumen, el envío, el empaquetado y la calidad de muchos de los productos de sus proveedores. El resultado: Walton puso la relación proveedor-minorista patas arriba.*[1]

Walmart revolucionó el equilibrio de poder de la cadena de valor bienes de consumo-minorista. Antes de tener acceso a los datos de los escáneres de los puntos de venta, los fabricantes de bienes de consumo (como Procter & Gamble,

---

1. "The 12 greatest entrepreneurs of our time", Fortune/CNNMoney (http://money.cnn.com/galleries/2012/news/companies/1203/gallery.greatest-entrepreneurs.fortune/12.html).

Unilever, Kimberley Clark y General Mills) les dijeron a los minoristas la cantidad de productos que se les permitía vender, a qué precios y empleando qué promociones. Pero con el acceso a los conocimientos del cliente que se podrían deducir de los datos de los puntos de venta, los minoristas estaban ahora en una posición que les permitía saber más sobre el comportamiento de sus clientes: qué productos compraban, qué precios estaban dispuestos a pagar, qué promociones funcionaban mejor y qué productos tendían a meter en la misma cesta de la compra. Si a esto le sumamos la llegada de la tarjeta de cliente, los minoristas sabían con detalle qué combinación de productos, precios y campañas era la más atractiva para los clientes. No tardaron en dar instrucciones a los fabricantes de los artículos acerca de cuántos productos querían vender (predicción basada en la demanda), a qué precios (optimización de precios y beneficios) y qué promociones querían (efectividad promocional). Algunos de estos minoristas fueron incluso un paso más allá y averiguaron cómo hacer dinero con los datos de sus puntos de venta vendiéndoselos a su vez a los fabricantes. Por ejemplo, Walmart ofrece a sus fabricantes asociados un servicio de datos llamado Retail Link, que proporciona información sobre ventas e inventarios de los productos del fabricante vendidos a través de Walmart.

A lo largo de casi todas las organizaciones vemos multitud de ejemplos en los que los datos van acompañados de analíticas avanzadas que pueden transformar procesos empresariales clave como:

- **La adquisición:** Identificar qué proveedores son los más rentables para enviar los productos a tiempo y sin que sufran daños.

- **El desarrollo de productos:** Obtener información sobre el uso de los productos para acelerar los procesos de producción y mejorar la efectividad de los lanzamientos de nuevos productos.

- **Fabricación:** Identificar la maquinaria y las diferencias en el proceso que podrían ser indicadores de problemas de calidad.

- **Distribución:** Cuantificar los niveles de inventario óptimos y optimizar las actividades de la cadena de suministro en base a factores externos como el tiempo, las vacaciones y las condiciones económicas.

- **Marketing:** Identificar qué campañas y promociones de marketing son las más eficaces para lograr ventas, tráfico de clientes y la fidelidad de estos, o utilizar el análisis de atribuciones para optimizar la mezcla de mercadotecnia dados los objetivos de mercado, el comportamiento de los clientes y los comportamientos de los canales.

- **Gestión de precios y beneficios:** Optimizar precios de bienes "perecederos" como las verduras, los asientos de las líneas aéreas, las entradas de conciertos y la ropa de moda.

- **Merchandising:** Optimizar las rebajas en el merchandising en base a los patrones de compra actuales, los niveles de inventario y los conocimientos extraídos de los datos de los medios sociales sobre el interés en los productos.
- **Ventas:** Optimizar las asignaciones de recursos para ventas, la mezcla de productos, el modelado de comisiones y las asignaciones de cuentas.
- **Operaciones de tienda:** Optimizar los niveles de inventario en base a unas predicciones de patrones de compra dadas y acompañadas de datos locales sobre demografía, el tiempo y eventos.
- **Recursos humanos:** Identificar las características y los comportamientos de los empleados más eficaces y de más éxito.

EL ÍNDICE DE MADUREZ DE LOS MODELOS DE NEGOCIO DE LOS BIG DATA

Los clientes me suelen preguntar:

- ¿Hasta dónde nos pueden llevar los Big Data, desde el punto de vista empresarial?
- ¿Cuál podría ser el objetivo final?
- ¿Cómo me puedo comparar con los demás con respecto a la adopción de los Big Data en mi empresa como estímulo para los negocios?
- ¿Hasta dónde puedo llevar los Big Data para potenciar (o incluso transformar) mis procesos de creación de valor?

Como ayuda para responder a este tipo de preguntas, he creado el Índice de Madurez de los Modelos de Negocio de los Big Data. Este índice proporciona un banco de pruebas para que las empresas puedan medir cómo se enfrentan a las oportunidades que pueden ofrecerles los Big Data. Las organizaciones pueden utilizar este índice para:

- Hacerse una idea de dónde están con respecto a la explotación de los Big Data y las analíticas avanzadas para potenciar sus procesos de creación de valor y sus modelos de negocio (su estado actual).
- Saber dónde quieren estar en el futuro (su estado deseado).

Las organizaciones se están moviendo a velocidades diferentes en lo que respecta a la adopción de los Big Data y las analíticas avanzadas para crear ventajas competitivas para sí mismas. Algunas organizaciones se están moviendo con mucha cautela, porque no tienen claro por dónde empezar, y cuál de este puñado de innovaciones tecnológicas necesitan implementar para iniciar su viaje en el mundo de los Big Data. Otras se están moviendo a un ritmo más acelerado para integrar los Big Data y las analíticas avanzadas en sus procesos de negocio existentes, con el fin de mejorar su capacidad empresarial de toma de negocios.

Sin embargo, hay un pequeño grupo selecto que está mirando mucho más allá de simplemente mejorar sus procesos de negocio existentes con los Big Data. Estas organizaciones están ansiosas por identificar y aprovechar las nuevas oportunidades de convertir los datos en dinero. Es decir, buscan oportunidades de negocio para vender sus datos (junto con el análisis que han realizado de los mismos) a terceros, integrar las analíticas avanzadas en sus productos para crear productos "inteligentes" o aprovechar los conocimientos derivados de los Big Data para transformar su relación y su interacción con los clientes.

Vamos a utilizar el Índice de Madurez de los Modelos de Negocio de los Big Data que vemos en la figura 1.1 como entorno de trabajo no sólo para medir dónde se encuentra nuestra organización actualmente, sino también para extraer algunas ideas acerca de lo lejos que podemos llevar dentro de nuestra organización las oportunidades que ofrecen los Big Data.

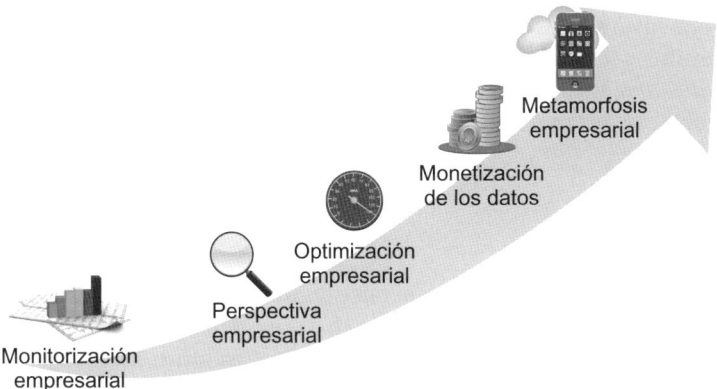

Figura 1.1. El Índice de Madurez de los Modelos de Negocio de los Big Data.

Monitorización empresarial

En la fase de Monitorización Empresarial implementamos la Inteligencia Empresarial (IE) y las capacidades de almacenamiento de datos tradicionales para monitorizar y elaborar informes sobre el rendimiento activo de las empresas. Llamada a veces "gestión del rendimiento empresarial", la monitorización empresarial utiliza la analítica básica para identificar áreas de la empresa con un rendimiento inferior o superior, y automatizar el envío de alertas con información pertinente a las partes implicadas cada vez que se dé una situación de este tipo. La fase de Monitorización Empresarial hace uso de las siguientes analíticas para identificar áreas del negocio que requieren más investigación:

- Tendencias, como las series temporales, las medias móviles o la estacionalidad.
- Comparaciones con periodos anteriores (semanas, meses, etc.), eventos o campañas (por ejemplo, una campaña de "vuelta al cole").
- Bancos de prueba con los periodos anteriores, las campañas anteriores y los bancos de prueba de la industria.
- Índices como el desarrollo de la marca, la satisfacción del cliente, el rendimiento de los productos y las finanzas.
- Porcentajes, como la cuota de mercado, la visibilidad de la publicidad y el porcentaje del gasto total.

La fase de Monitorización Empresarial es un magnífico punto de partida para su viaje por el mundo del los Big Data, puesto que ya ha pasado por todo el proceso (mediante sus inversiones en almacenamiento de datos e inteligencia empresarial) de identificar los procesos empresariales clave y capturar los KPI (*Key Performance Indicators*, Indicadores clave de desempeño), las dimensiones, las métricas, los informes y los paneles de gráficas en los que se apoyan estos procesos empresariales.

Perspectiva empresarial

La fase de Perspectiva Empresarial nos lleva al paso siguiente a la monitorización empresarial, al aprovechar las nuevas fuentes de datos sin estructurar mediante estadísticas avanzadas, analítica predictiva y minería de datos, junto al flujo de datos en tiempo real, para identificar los conocimientos materiales, significativos y aplicables que se puedan integrar en los procesos clave de la empresa. Esta fase busca integrar estos conocimientos empresariales en los sistemas operativos y administrativos existentes. Véalo como si se tratara de paneles "inteligentes", en los que en lugar de presentar sólo tablas de datos y gráficas, la aplicación va más allá y saca a la luz materiales y conocimientos que están enterrados en el detalle de los datos. Con esto, la aplicación podrá realizar recomendaciones específicas y aplicables, llamando la atención sobre un área de negocio en particular en la que se pueden llevar a cabo acciones específicas para mejorar el rendimiento empresarial. Un cliente la llamó la fase "dime qué tengo que saber", en la que nos encontramos con ejemplos como:

- En marketing, descubrir qué actividades o enfoques concretos de la campaña en funcionamiento son más eficaces que otros, acompañado de recomendaciones específicas sobre cuánto habrá que invertir en marketing para pasar a las actividades más eficaces.

- En la fabricación, descubrir qué maquinaria de producción está operando fuera de los límites de los gráficos de control (superiores o inferiores), acompañado de un calendario de mantenimiento priorizado con sugerencias de sustitución de piezas para cada máquina problemática.

- En la atención al cliente, descubrir qué compras y actividades de los titulares de la tarjeta oro han caído por debajo de un determinado umbral de actividad considerada normal, con una recomendación de enviarles un cupón de descuento por correo electrónico.

Para que su organización pase de la fase de Monitorización Empresarial a la de Perspectiva Empresarial deberá seguir estos pasos:

1. Dedicar tiempo a entender cómo emplean los usuarios los informes y las gráficas existentes para identificar los problemas y las oportunidades. Revisar en busca de situaciones en las que los usuarios imprimen informes y toman notas al margen. Buscar casos en los que los usuarios se descarguen informes en Excel o Access y descubrir qué hacen con los datos una vez descargados. Entender qué hacen los usuarios con los informes y las descargas existentes vale su peso en oro a la hora de identificar las áreas del negocio en las que las analíticas avanzadas y los datos en tiempo real pueden ser decisivos.

2. Entender cómo aquellos clientes que hacen uso de los análisis realizados en el paso 1 emplean estos para tomar decisiones. Pregúntese: "¿Qué hacen con los resultados del análisis? ¿Qué acciones intentan llevar a cabo? ¿Qué decisiones intentan tomar en base al resultado de los análisis?".

3. Cree un prototipo o proyecto piloto que ofrezca la oportunidad de integrar datos transaccionales detallados y nuevas fuentes de datos sin estructurar con las fuentes de información en tiempo real y las analíticas predictivas para poner de manifiesto de manera automática los problemas y oportunidades que se esconden en los datos (conocimientos) y generar recomendaciones aplicables.

Optimización empresarial

La fase de Optimización Empresarial es el nivel de madurez empresarial en el que las organizaciones utilizan los análisis integrados para optimizar partes de sus operaciones empresariales. Para muchas organizaciones, este es el Santo

Grial que les permite convertir ciertas partes de sus operaciones empresariales en aplicaciones basadas en análisis que optimizan las actividades empresariales seleccionadas de manera automática. Entre los ejemplos de optimización empresarial encontramos:

- ➤ Realizar la asignación de gastos para marketing en base al rendimiento de la campaña o la promoción actual.
- ➤ Planificar la distribución de recursos en base al historial de compras, el comportamiento de los compradores y el clima y los eventos locales.
- ➤ Optimizar la distribución y el inventario para los patrones de compra actuales y predichos, unido a los datos demográficos, del tiempo y de los eventos locales.
- ➤ Una política de precios basada en información que se haya deducido de los datos de los medios sociales sobre los patrones actuales de compra, los niveles de inventario y el interés en los productos.
- ➤ El comercio basado en algoritmos para los servicios financieros.

Los siguientes pasos muestran la transición de su organización desde la fase de Perspectiva Empresarial hasta la de Optimización Empresarial:

1. La fase de Perspectiva Empresarial consta de una lista de áreas en las que ya se encontrará desarrollando y enviando recomendaciones. Utilícela como punto de partida para componer la lista de áreas candidatas para la optimización. Evalúe estas recomendaciones de la perspectiva empresarial en función de su impacto comercial o financiero, las posibilidades de éxito y el rendimiento o la efectividad relativa de cada recomendación.

2. Para cada uno de los candidatos para la optimización, identifique las preguntas del negocio en que se apoya y el proceso de toma de decisiones (el proceso analítico). También deberá identificar las fuentes de datos necesarias y el tiempo/latencia de recepción de los datos (dependiendo de la frecuencia y la latencia de la toma de decisiones), los requisitos del modelado analítico y los requisitos del sistema operacional y la experiencia del usuario.

3. Por último, genere una muestra o prototipo de sus mejores candidatos para la optimización, con el fin de verificar la cartera de negocios, los informes financieros (la rentabilidad sobre la inversión o ROI) y el rendimiento de las analíticas.

También debería sopesar la creación de un proceso formal de gestión de las analíticas que permita a expertos en la materia auditar y evaluar periódicamente la efectividad y la relevancia de los modelos de optimización resultantes.

Cualquier científico de datos que se precie le dirá que su modelo analítico estará desfasado al minuto de su creación, debido a los cambios producidos en su entorno, en el mundo real.

Monetización de los Datos

La fase de Monetización de los Datos es en la que las organizaciones buscan sacarle partido a los Big Data para tener la posibilidad de obtener nuevos beneficios. Aunque la lista no es tan exhaustiva, incluye iniciativas relacionadas con:

- ➤ Crear un paquete con el cliente, el producto y los conocimientos de mercado para vendérselo a otras organizaciones.

- ➤ Integrar las analíticas directamente con sus productos para crear productos "inteligentes".

- ➤ Sacarle partido a conocimientos que se puedan convertir en acciones y recomendaciones personalizadas, basadas en el comportamiento y las tendencias del cliente para mejorar su relación con el cliente y sopesar detenidamente cuál es su experiencia al comprar.

Un ejemplo del primer tipo de iniciativa podría ser una aplicación para smartphones en la que los datos y conocimientos sobre el comportamiento del cliente, el rendimiento del producto y las tendencias del mercado se vendan a profesionales del marketing y fabricantes. Por ejemplo, MapMyRun (www.MapMyRun.com) podría crear un paquete que contuviera la información sobre el uso que hacen sus clientes de la aplicación para móviles y el conocimiento que tiene sobre su público de destino y el producto, y vendérselo a fabricantes de equipamiento deportivo, minoristas de artículos deportivos, compañías de seguros y prestadores de servicios médicos.

Un ejemplo del segundo tipo de iniciativa podrían ser las compañías que sacan partido de las nuevas fuentes de Big Data (datos generados por sensores, clics o selecciones realizadas por el usuario) mediante analíticas avanzadas para crear productos "inteligentes", como:

- ➤ Coches que aprenden de nuestro comportamiento al volante y utilizan esta información para ajustar los controles del conductor, los asientos, los espejos, el pedal del freno, los indicadores del panel y otros elementos conforme a nuestro estilo de conducción.

- ➤ Televisores y dispositivos grabadores que aprenden qué tipo de programas y películas nos gustan y utilizan los datos para hacer búsquedas por los distintos canales y grabar automáticamente para nosotros emisiones similares.

- Hornos que aprenden cómo nos gusta cocinar ciertas comidas y que emplean los datos para cocinarlas de esa manera automáticamente, incluyendo además recomendaciones sobre platos y métodos culinarios utilizados por gente similar a nosotros.

Un ejemplo del tercer tipo de iniciativa podrían ser las empresas que aprovechan los conocimientos y las recomendaciones aplicables para mejorar sus relaciones con el cliente y prácticamente reinventar su interacción con el cliente, como:

- Gráficas y estadísticas de pequeñas y medianas empresas (PYMES) del comercio *online* que comparan los niveles de inventario actuales e internos con los patrones de compra de los clientes para generar recomendaciones sobre precios y promociones.
- Informes de inversores que se empleen para evaluar los objetivos para la inversión, los niveles de ingresos actuales y las carteras comerciales actuales para hacer recomendaciones sobre la ubicación de recursos específicos.

Los siguientes pasos le serán de ayuda en la transición hacia la fase de Monetización de los Datos.

1. Identifique sus clientes objetivo y las soluciones deseadas. Céntrese en identificar las soluciones que mejoran el rendimiento de los negocios de los clientes y ayúdeles a hacer dinero. En una parte de este proceso necesitará especificar a las personas clave en la toma de decisiones económicas. Dedique tiempo a seguir a estas personas para entender qué decisiones intentan tomar, con qué frecuencia y en qué situaciones. Dedique tiempo a recopilar detalles acerca de qué objetivos persiguen, más que a entender lo que están haciendo.

2. Haga inventario de los recursos de datos de que dispone. Recopile los datos que tiene hasta ahora, identificando también qué datos podría conseguir esforzándose sólo un poco más. Esto le exigirá ver cómo se obtienen los datos de la fuente para explorar estrategias adicionales que permitan hacerse con más datos aún, y explorar fuentes externas que, en combinación con sus datos internos, devuelvan nuevos conocimientos sobre sus clientes, productos, operaciones y mercados.

3. Determine qué analíticas, enriquecimientos de datos y procesos de transformación de datos son necesarios para transformar sus recursos de datos en las soluciones que busca su clientela objetivo. Esto podría requerir la identificación de:

- Las preguntas y las decisiones de negocio que intentan hacer y responder las personas clave que ha identificado.
- Las analíticas avanzadas (algoritmos, modelos), el incremento de datos, la transformación y los procesos de enriquecimiento necesarios para crear soluciones que guíen las preguntas y las decisiones de negocio de las personas clave que ha identificado.
- Las características de la interacción con estas personas, como sus entornos de trabajo o el modo en que puede aprovechar las nuevas posibilidades móviles y de visualización de datos para mejorar dicha interacción.

Metamorfosis Empresarial

La fase de Metamorfosis Empresarial es el objetivo final de las organizaciones que quieren aprovechar los conocimientos que están recopilando sobre los patrones de compra de sus clientes, el comportamiento del rendimiento de los productos y las tendencias globales del mercado para transformar sus modelos de negocio en nuevos servicios y nuevos mercados. Por ejemplo:

- Empresas energéticas que se pasan al negocio de la optimización energética del hogar, recomendando cuándo hay que cambiar los electrodomésticos (basándose en el mantenimiento predictivo) e incluso qué marcas comprar, basándose en el rendimiento de los distintos electrodomésticos en comparación con los patrones de uso de los clientes, el clima local y las condiciones del entorno, como el suministro de agua de la zona y los costes energéticos.
- Fabricantes de equipos agrícolas que se transforman en negocios de optimización agrícola que analizan el rendimiento de las cosechas para unas condiciones concretas del suelo y del clima, y que hacen recomendaciones sobre semillas, fertilizantes, pesticidas y sistemas de riego.
- Minoristas que se pasan al negocio de la optimización del comercio, recomendando productos específicos para unos patrones de compra concretos de un cliente, en comparación con otros como él, incluyendo recomendaciones de productos que pueden no estar aún ni siquiera en sus tiendas.
- Líneas aéreas que se pasan a los viajes de placer, que además de ofrecer descuentos en los vuelos en función de los comportamientos y las preferencias de los pasajeros, también buscan y recomiendan de manera proactiva acuerdos con hoteles, coches de alquiler, limusinas, eventos deportivos o musicales, así como sitios, espectáculos y zonas comerciales en las áreas que visitan.

Para poder dar el paso hacia la fase de Metamorfosis Empresarial, las organizaciones tienen que pensar en apartarse del modelo de negocio centrado en el producto y pasar a un modelo de negocio que gire más en torno a la plataforma o el ecosistema.

Para profundizar en esta fase vamos a remontarnos un poco en la historia. En Norteamérica, el mercado de las consolas de videojuegos sufrió un gran retroceso en 1985. Los ingresos, que habían ascendido a 2.300 millones de euros en 1983, cayeron hasta los 73 millones de euros en 1985, una bajada de casi el 90 por cien. Esto estuvo a punto de acabar con una por entonces floreciente industria y llevó a la bancarrota a varias empresas, entre ellas Atari. Muchos analistas de negocios dudaron de la viabilidad a largo plazo de la industria del videojuego.

Este batacazo tuvo varias causas. En primer lugar, los fabricantes de hardware ya no tenían el control absoluto sobre el suministro de juegos para sus plataformas, y como consecuencia habían perdido la capacidad de asegurar que las tiendas de juegos no se fueran a saturar de productos. Juegos de una pobre calidad, como "Chase the Chuck Wagon" (sobre perros que comen comida, financiados por la compañía de comida para perros Purina), alejaron a los clientes de la industria.

Esta industria cobró un nuevo impulso en 1987, gracias al éxito de la Nintendo Entertainment System (NES). Para garantizar el éxito del ecosistema, Nintendo tomo medidas estrictas para asegurarse de que los juegos tuvieran una alta calidad a través de restricciones de licencia, manteniendo un estricto control del inventario de juegos en toda la industria e implementando un sistema de bloqueo mediante el cual sólo los juegos con certificación se podían utilizar en la plataforma Nintendo. Dentro de este proceso, Nintendo se aseguró de que los desarrolladores externos dispusieran de un mercado accesible y rentable.

Cuando las organizaciones se planteen el potencial de los Big Data para transformar sus modelos de negocio, deben empezar por entender cómo pueden aprovechar los Big Data y los conocimientos derivados de la analítica para transformar la organización, pasando de un modelo de negocio orientado al producto a uno orientado a la plataforma. De un modo muy similar a lo que hizo Nintendo, esto se consigue creando un mercado que permita a los demás (como los desarrolladores de aplicaciones, socios, revendedores y proveedores de soluciones externos) hacer dinero a partir de nuestra plataforma.

Vamos a tomar el ejemplo anterior de la compañía energética que se pasa al negocio de la optimización energética del hogar. La compañía podría recopilar algunos patrones de uso de la energía en el hogar y los electrodomésticos que podrían convertirse en conocimientos y recomendaciones. Por ejemplo, la empresa podría tomar la información del uso energético casero y hacer recomendaciones sobre cuándo deberían utilizar los consumidores sus electrodomésticos de mayor consumo, como lavadoras y secadoras, para minimizar los costes de la energía. La compañía energética podría ir un paso más allá y ofrecer un servicio que gestionara automáticamente el uso de lavadoras, secadoras y otros electrodomésticos de alto consumo, encendiendo la lavadora y la secadora a las 3 de la madrugada, cuando el precio de la energía es inferior.

Toda esta información sobre el uso coloca a la compañía en una buena posición para predecir cuándo van a necesitar mantenimiento ciertos electrodomésticos (por ejemplo, monitorizando sus patrones de uso a través de gráficas de control Seis Sigma para marcar problemas de funcionamiento que sobrepasan los límites establecidos). La compañía energética podría realizar recomendaciones de mantenimiento preventivo al propietario, e incluso proporcionar los nombres de tres o cuatro servicios locales con sus valoraciones en Yelp.

Pero la cosa no acaba aquí. Con todos los datos de funcionamiento y mantenimiento del producto, la empresa energética también se encuentra en una posición ideal para recomendar qué electrodomésticos son los mejores en función de los patrones de uso del cliente y los costes locales de la energía. Se podrían convertir en el consejero por defecto sobre electrodomésticos para hogares y empresas, recomendando las marcas a comprar en base al funcionamiento de los distintos aparatos en comparación con los patrones de uso de sus clientes, el clima local, las condiciones del entorno y los costes de la energía.

Por último, la compañía energética podría empaquetar toda esta información y conocimiento sobre el producto y su mantenimiento para vender los datos y los correspondientes análisis a fabricantes que puedan estar interesados en saber cómo se comportan sus productos en ciertas situaciones reales, frente a los de sus principales competidores.

Dentro de este escenario existen más aplicaciones y posibilidades de servicio que cualquier comerciante puede proporcionar por su cuenta. Esto abre la puerta a un modelo orientado a la plataforma que cree un ecosistema que permita a desarrolladores externos suministrar productos y servicios para dicha plataforma. Y por supuesto, esto coloca al proveedor en una posición que le permite sacar "tajada" al proceso, aplicando comisiones a las suscripciones, los alquileres, las transacciones y por presentar a nuevos clientes.

De un modo muy similar a como hizo Nintendo con los juegos desarrollados por terceros, y Apple y Google con sus respectivas tiendas de aplicaciones, crear una plataforma de este tipo, además de beneficiar a los clientes, que tienen un acceso más cómodo a una variedad más amplia de valiosas aplicaciones, también beneficia al proveedor de la plataforma, al crearle al cliente un alto nivel de dependencia de ésta (por ejemplo, elevando el precio que supone el cambio).

Las compañías que intentan hacer todo esto por sí mismas suelen acabar dudando, porque luchan por seguir el ritmo y la innovación de organizaciones más pequeñas y voraces que pueden localizar y actuar sobre una oportunidad del mercado con mayor rapidez. En lugar de intentar competir con estas empresas más pequeñas, se les proporciona el acceso a una plataforma sobre la que pueden crear, comercializar y potenciar sus aplicaciones y soluciones de un modo rápido y rentable.

Entonces, ¿cómo realiza nuestra empresa la metamorfosis de una compañía de productos a una compañía de plataforma o ecosistema? Esto suele llevar tres pasos:

1. Dedicar tiempo a investigar y hacer un seguimiento de nuestros clientes para entender qué soluciones buscan. Centrarse en lo que intenta conseguir el cliente, no en lo que hace. Tener una visión más amplia de sus necesidades dentro de cada área, como por ejemplo:

   ➤ Alimentar a la familia, frente a acciones como cocinar, comprar verduras e ir a un restaurante.

   ➤ El transporte personal, frente a acciones como comprar o alquilar coches, planificar el mantenimiento y llenar el depósito.

   ➤ El entretenimiento personal, frente a acciones como ir al cine, comprar DVD o descargarse películas.

2. Conocer los agentes potenciales del ecosistema (es decir, los desarrolladores) y cómo podrían ganar dinero con nuestra plataforma. Reunirse con ellos para sacar ideas y priorizar sus distintas posibilidades de convertir los datos en dinero para:

   ➤ Determinar, validar y purgar la cartera de negocio de los agentes del ecosistema.

   ➤ Identificar los requisitos de la plataforma que permiten a los agentes del ecosistema instrumentalizar, recopilar, analizar y actuar con facilidad sobre los conocimientos sobre los patrones de uso de sus clientes y el funcionamiento de los productos.

3. Como proveedores de la plataforma, centrarnos en el desarrollo del producto, el marketing, y la búsqueda de asociaciones para cerciorarnos de que la plataforma:

   ➤ Es fácil de desarrollar y no ofrece problemas de cara al marketing, las ventas, el servicio y el soporte del desarrollo de aplicaciones (como son la corrección de errores, el lanzamiento de nuevos productos y la incorporación de nuevos servicios).

   ➤ Es escalable y fiable en relación a su disponibilidad, fiabilidad, ampliación, almacenamiento de datos y capacidad de procesamiento analítico.

   ➤ Posee todas las herramientas, el procesamiento de datos, las aptitudes analíticas (como los motores de recomendación) y las capacidades móviles necesarias para el desarrollo de aplicaciones modernas.

- Simplifica el modo en que terceras partes cualificadas hacen dinero en relación a contratos, términos y condiciones y pagos y recaudaciones.
- Permite a los desarrolladores recopilar y analizar los datos del uso y el funcionamiento del producto para poder mejorar la interacción con sus clientes y ayudar a los desarrolladores a optimizar sus operaciones empresariales (como la política de precios, la promoción o la gestión del inventario).

En este paso se incluye la creación de modelos y prototipos que permitan simular la interacción con el usuario para poder conocer exactamente hasta qué punto pueden interactuar los clientes con la plataforma (por ejemplo, si la interfaz es la causante de la mayoría de problemas de los usuarios, o si los usuarios dedican un tiempo innecesario a algo). Aunque los simuladores son ideales para las aplicaciones Web o para móviles, no tema experimentar con interfaces que tienen distintos conjuntos de clientes de prueba para mejorar la interacción. Empresas como Facebook han realizado una experimentación real para refinar rápidamente esta interacción. Ponga todos los medios necesarios para poder ver cuáles son los patrones de uso, los posibles cuellos de botella y las causas de frustración de los usuarios al interactuar con la interfaz.

Conforme nuestra organización vaya subiendo en el índice de madurez del modelo de negocio de los Big Data, verá tres cambios culturales u organizativos:

- Los datos están pasando de ser un coste empresarial a minimizar a un recurso corporativo a explotar. Nuestra organización empieza a darse cuenta del valor de los datos, y cuantos más datos tenga con el máximo nivel de detalle, más conocimientos podrá extraer de ellos.
- Las analíticas y los algoritmos y modelos analíticos que las sustentan se están convirtiendo en una propiedad intelectual de la empresa que hay que gestionar, alimentar y a veces incluso proteger legalmente. Los modelos que perfilan, segmentan y siguen nuestros clientes, los modelos que miden la efectividad de una campaña o un tratamiento de salud, los modelos que utilizamos para predecir el mantenimiento de los equipos, todos ellos son potenciales diferenciadores del mercado que pueden explotar distintos valores empresariales y que quizá haya que proteger legalmente.
- Nuestra organización se siente cada vez más cómoda al tomar decisiones basadas en los datos y las analíticas. Los usuarios y la administración de la empresa cada vez tienen más confianza en los datos y empiezan a prestar atención a lo que les dicen acerca de sus empresas. La necesidad de confiar únicamente en la fuente de opinión más valiosa de la empresa da pie a una cultura empresarial que valora la toma de decisiones en base a lo que indican los datos y las analíticas.

OBSERVACIONES SOBRE LA MADUREZ DE LOS MODELOS DE NEGOCIO DE LOS BIG DATA

La primera observación es que las primeras tres fases del Índice de Madurez de los Modelos de Negocio de los Big Data están dirigidas a la parte interna: optimizar el proceso empresarial interno de la organización, como indica la figura 1.2. Esta parte del índice de madurez aprovecha los almacenes de datos de la organización y las inversiones en inteligencia empresarial, en especial los indicadores clave de rendimiento, los algoritmos de transformación de datos, los modelos de datos y los informes y gráficas relacionados con los procesos empresariales clave de la organización. Los Big Data ofrecen cuatro grandes posibilidades que las organizaciones pueden aprovechar para mejorar sus procesos internos, como parte del proceso de madurez:

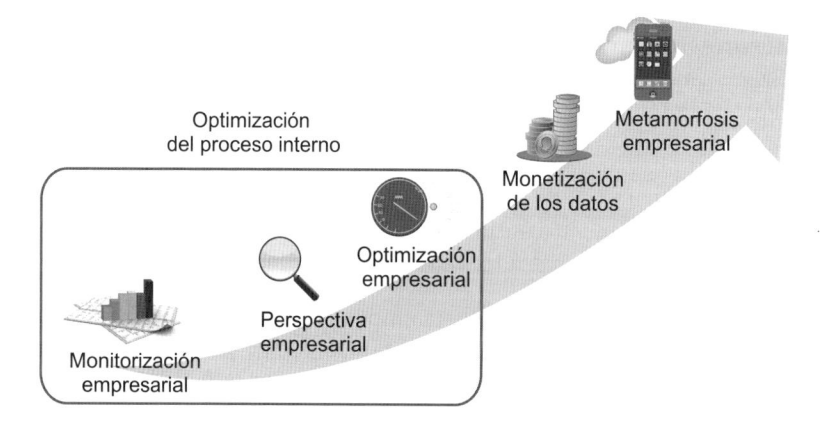

Figura 1.2. Índice de Madurez de los Modelos de Negocio de los Big Data: Optimización del proceso interno.

➤ Extraer todos los datos transaccionales con el nivel de detalle más bajo, buena parte de los cuales no se analizan actualmente debido al coste de almacenamiento. A esto lo llamamos "datos oscuros" de la organización.

➤ Integrar los datos no estructurados con los datos estructurados (transaccionales) detallados para proporcionar nuevas métricas y dimensiones con las que poder monitorizar y optimizar los procesos empresariales clave.

➤ Aprovechar las fuentes de datos en tiempo real (o de latencia baja) para acelerar la capacidad de la organización para identificar y actuar a tiempo en base a las posibilidades empresariales y del mercado.

LA OPORTUNIDAD DE NEGOCIO DE LOS BIG DATA

> ➤ Integrar la analítica predictiva en nuestros negocios clave para revelar conocimientos enterrados bajo la enorme cantidad de datos detallados, tanto estructurados como no estructurados. (Nota: Hacer que los usuarios empresariales filtren los datos para descubrir información funcionaba bien cuando se trataba de gigabytes de datos, pero no sirve para cantidades medidas en terabytes o petabytes).

La segunda observación es que las últimas dos frases del Índice de Madurez de los Modelos de Negocio de los Big Data están orientadas al exterior, a crear nuevas posibilidades de monetización en base a los conocimientos sobre el cliente, el producto y el mercado cosechados en las tres primeras fases del Índice de Madurez, como muestra la figura 1.3. Esta es la parte de la travesía de los Big Data que más llama la atención de las organizaciones: la posibilidad de aprovechar los conocimientos recopilados mediante la optimización de sus procesos empresariales internos para crear nuevas posibilidades de monetización. A esta área del Índice de Madurez de los Modelos de Negocio de los Big Data la llamamos coloquialmente la parte de "hacer más dinero".

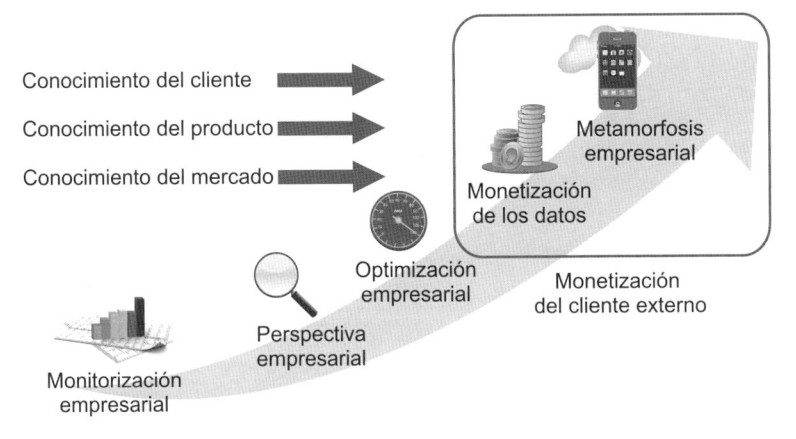

Figura 1.3. El Índice de Madurez de los Modelos de Negocio de los Big Data: Monetización del Cliente Externo.

RESUMEN

Este capítulo le ha mostrado qué intereses empresariales hay detrás del movimiento de los Big Data. Hemos hablado sobre el conjunto de nuevas fuentes de datos disponibles, que abarca datos estructurados, semiestructurados (como por ejemplo los archivos de registro generados por sensores) y no estructurados (es decir, documentos de texto, publicaciones en medios sociales, observaciones médicas, registros de servicio, comentarios de los consumidores...). También hemos hablado del auge de las fuentes de datos de acceso público que se encuentran más allá de las cuatro paredes de una organización.

Este capítulo también se ha ocupado brevemente de por qué el almacenamiento de datos tradicional y las tecnologías de inteligencia empresarial luchan contra el volumen de los datos, la amplia variedad de nuevas fuentes de datos no estructurados y los datos de alta velocidad que reducen el tiempo de latencia entre el momento en que ocurre un evento y cuándo está disponible esa información para ser analizada y tomar las decisiones pertinentes.

Pero lo más importante que ha aprendido probablemente sea cómo dirigir organizaciones que aprovechan los Big Data para transformar su negocio, pasando de una visión retrospectiva de la empresa con bloques de información parcial procesada por lotes para monitorizar el funcionamiento de su negocio, a un entorno que integre la analítica predictiva con fuentes de datos en tiempo real que saquen partido de toda la información disponible con el fin de optimizar la empresa.

Por último, hemos hablado del concepto del Índice de Madurez de los Modelos de Negocio de los Big Data como un medio del que dispone la empresa para identificar dónde está actualmente y visualizar adónde podría llegar si hiciera uso de los Big Data para descubrir nuevas posibilidades de monetización y transformación del negocio. Este capítulo también ha incluido varias directrices que le ayudarán a llevar a su empresa de una fase del Índice de Madurez a la siguiente.

2. Clase de historia sobre los Big Data

En el capítulo 1 hice alusión a cómo revolucionaron los escáneres de punto de venta los Big Data, transformando los bienes de consumo envasados y el mercado minorista a finales de la década de 1980 y en 1990. Vamos a dedicar algo más de tiempo a este hecho, puesto que de él se pueden extraer conocimientos aplicables a la revolución actual de los Big Data.

LOS BIENES DE CONSUMO ENVASADOS Y EL MERCADO MINORISTA

En la década de 1970 y los primeros 80, fabricantes de bienes de consumo envasados como Procter & Gamble, Unilever, Colgate-Palmolive, Kraft y General Mills, por citar sólo algunos, y grandes minoristas de comestibles, medicamentos y otros productos para grandes superficies tomaron sus decisiones de mercado basándose en datos de las auditorías bimestrales a tiendas de Nielsen. Es decir, Nielsen enviaba personal a una muestra de tiendas (sólo a unas 12 ciudades repartidas por los Estados Unidos) para realizar auditorías físicas, con el fin de contar cuántos productos había en la estantería, el precio de los productos, cuánto tiempo llevaba el producto en la parte frontal de la estantería, las ventas de productos dentro de esa tienda, y otros datos. Nielsen agrupaba esta información por categoría de producto, para poder calcular la cuota de mercado por volumen y por ingresos, la cuota de espacio en la estantería, etc. Los resultados de las auditorías se enviaban luego cada dos meses a los minoristas y los fabricantes de los productos, por lo general en un folleto. Los fabricantes también podían solicitar los datos en formato de cinta, pero el volumen de datos podía alcanzar fácilmente el megabyte.

De este modo, una empresa como Procter & Gamble utilizaba estos datos para su marca de dentífrico Crest, en combinación con sus propios datos internos de pedidos y envíos, para comparar sus ventas con las de otras marcas de dentífrico dentro de la categoría de ese producto. El equipo de la marca Crest utilizaba esta información para planificar, ejecutar y calcular sus estrategias de marketing en lo referente a gastos promocionales, presentaciones de nuevos productos y fijación de precios.

> Además de que los datos y los análisis de Crest sólo estaban disponibles bimestralmente, los libros de auditoría se enviaban varias semanas después del cierre de periodo de auditoría porque Nielsen debía cribar, limpiar y analizar los datos para garantizar su precisión y consistencia. Ni que decir tiene que podían pasar entre dos y tres meses tras el cierre de la campaña de marketing hasta que el fabricante llegaba a saber el éxito que había tenido su campaña, en lo referente a aumento de beneficios, unidades vendidas e incremento de cuota de mercado.

A finales de la década de 1980, Information Resources Inc. (IRI) presentó su producto Infoscan, que combinaba los sistemas de escáner de TPV con los códigos de barra (códigos de producto universal) para revolucionar el proceso de cadena de valor producto-minorista. El volumen de datos saltó de megabytes a gigabytes y pronto pasó a terabytes de datos de ventas de minoristas. Los sistemas de información ejecutiva existentes, basados en *mainframes*, sucumbieron ante un volumen de datos que requería la capacidad de procesamiento de una generación posterior, basada en arquitecturas cliente-servidor, y plataformas de datos como Britton-Lee, Red Brick, Teradata, Sybase IQ e Informix. También fue entonces cuando vio la luz la industria del software de la Inteligencia Empresarial (IE), como Brio, Cognos, Microstrategy y Business Objects, pues muchas de las primeras empresas de IE podían rastrear el origen de los primeros proyectos de "apoyo a la decisión" conducidos por Procter & Gamble en la década de 1980.

Por tanto, el volumen de datos dio un salto notable, superando a las plataformas tecnológicas existentes y requiriendo una generación de plataformas de datos y capacidades analíticas más avanzada. ¿Le suena? Pero lo más interesante y relevante no fue el salto en volumen de datos y sus requisitos asociados. La revolución de los escáneres de TPV hizo posible que empresas como Procter & Gamble, Frito Lay, Tesco y Walmart aprovecharan esta nueva fuente de datos y las recientes innovaciones tecnológicas para crear aplicaciones empresariales completamente nuevas, aplicaciones imposibles de crear hasta entonces. Del mismo modo que, como comentamos en el capítulo 1, se pasa por las fases de Perspectiva Empresarial y Optimización Empresarial del Índice de Madurez de los Modelos de Negocio de los Big Data, estas nuevas aplicaciones empresariales aprovecharon los datos detallados de los TPV y las innovaciones relacionadas con la gestión y el análisis de los datos para crear nuevas categorías de aplicaciones, como:

- **La predicción basada en la demanda**, en la que los fabricantes de bienes de consumo podían crear y actualizar sus previsiones de productos casi en tiempo real, basándose en las ventas de productos de los minoristas en la semana actual. Esto fue toda una revolución para empresas que vendían productos considerados valores fijos, que se vendían con relativa regularidad, como el papel higiénico, el dentífrico, el jabón, el detergente y la mayoría de productos alimentarios.

- **La optimización de la cadena de suministro**, en la que se combinan los datos detallados de las ventas de productos con los datos de inventario actualizados (de cada centro de distribución, cada tienda, y ordenado), permitió a minoristas y fabricantes dejar fuera de la cadena de suministro los costes del exceso de inventario, la retención y la distribución. El ahorro en el capital necesario para mantener la cadena de suministro en sí fue significativo, por no hablar de los ahorros en otras áreas como los productos estropeados, las pérdidas por daños, la mano de obra innecesaria o los costes de distribución y transporte.

- **La efectividad de la promoción del comercio**, que permitió a los fabricantes de bienes cuantificar con más rapidez qué promociones funcionaban mejor con qué minoristas, y hacer este análisis a tiempo para que tuviera un impacto real en los programas promocionales.

- **El análisis de la cesta de la compra**, que proporcionó a los minoristas un conocimiento más preciso sobre qué productos vender juntos a qué clientes en qué momento del año. Además de para cambiar la disposición de las tiendas de los minoristas, esta información se podía utilizar también para situar al minorista en una posición superior, desde la que informar a los fabricantes de las posibilidades óptimas de promoción de las ventas cruzadas.

- **La administración de categorías** fue un concepto completamente nuevo, defendido por los fabricantes de bienes. De un modo similar a cómo la gestión de marcas revolucionó la administración y el marketing de las marcas sólo un par de décadas antes, la Administración de categorías permitió a los fabricantes volver a aplicar muchos de los conceptos de administración de las marcas, pero a nivel de categoría de producto (por ejemplo, detergentes, papel higiénico, pañales o dentífricos en grandes cantidades) para poder mantener el nivel de la demanda global, la eficacia y el beneficio de la categoría. Esto creó un lenguaje común, con el que minoristas y fabricantes podían colaborar para gestionar las ventas y los beneficios globales de las categorías. El "campeón de la categoría", que era el título del papel asignado al fabricante del producto, era el responsable de la administración de la categoría del producto dentro de la tienda del minorista, y esto incluía el precio, el reabastecimiento, las promociones y el inventario.

- **La optimización de precios y ganancias**, donde las organizaciones determinan los precios óptimos para los productos (por tienda individual y por temporada) combinando los datos de las tiendas en tiempo real con los de las ventas históricas (la demanda), las tendencias de ventas del producto según la temporada y la disponibilidad del inventario (en mano y por pedido). Por ejemplo, los minoristas saben que pueden cobrar más por los mismos productos en las zonas más turísticas que en las zonas residenciales, gracias al grado de insensibilidad frente a los precios que suelen tener las personas que están de vacaciones.

- **La gestión de las rebajas**, mediante la cual los minoristas integraban los datos de ventas históricos de los TPV para productos de temporada o de ciclo corto, para reducir de un modo inteligente los precios de estos en base a los datos del inventario actual y las tendencias de demanda, optimizando así el proceso de gestión del producto o las rebajas en los precios. Por ejemplo, las tiendas de comestibles, las de las grandes superficies y las farmacias utilizaron los datos de los TPV y la analítica avanzada para decidir cuánto y en qué medida aplicar rebajas en Semana Santa, Navidad, el Día de San Valentín y otras fechas señaladas. Y las tiendas de las grandes superficies utilizaron estos datos para decidir cuándo y cómo rebajar los productos de temporada, como los bañadores, los anoraks, las botas para nieve y los artículos de moda.

- **Los programas de fidelización del cliente** me parecieron la mayor innovación. De repente, los minoristas tenían la posibilidad de ofrecer tarjetas de fidelización del cliente que se podían escanear en el momento de la compra, a cambio de descuentos en los productos y premios. Mire en su cartera o bolso y dígame de cuántos de estos programas es usuario. En mi caso, la lista sería Starbucks, Safeway, Walgreens, Sports Authority y Foot Locker, entre muchos otros. Esto permitió a los minoristas asociar productos y compras específicas a la información demográfica de cada uno de sus clientes. Las posibilidades de crear perfiles, ventas dirigidas y segmentación eran casi infinitas, y suponían una abundante fuente de conocimientos que los minoristas utilizaban para promocionar, vender y dar servicio a sus clientes más importantes.

La columna 2.1 resume los puntos clave de la influencia de los datos de los TPV sobre la transformación de la relación fabricante-minorista.

La combinación de nuevas fuentes de datos e innovaciones tecnológicas también condujo a nuevas posibilidades de monetización (la fase de Monetización de los Datos de nuestro Índice de Madurez de los Modelos de Negocio de los Big Data), como el Retail Link de Walmart, que proporcionaba información detallada de las ventas de productos a los socios fabricantes y distribuidores de los productos de Walmart. La creación de una plataforma o ecosistema desde el cual los socios y otros generadores de valores agregados pueden ofrecer nuevos servicios, posibilidades y aplicaciones es el inicio del paso hacia la fase de Metamorfosis Empresarial que comentamos en el capítulo 1.

- Los escáneres de los TPV y los códigos de barras sustituyeron a los datos bimestrales
- El salto en el volumen de datos exigió una generación más avanzada de plataformas y analíticas
- Las principales compañías explotaron los nuevos datos y tecnologías para ser más competitivos

- Predicción basada en la demanda
- Optimización de la cadena de suministro
- Efectividad de la promoción del comercio
- Análisis de la cesta de la compra
- Administración de categorías
- Optimización de precios y ganancias
- Gestión de las rebajas
- Programas de fidelización del cliente

Figura 2.1. Clase de historia de los Big Data: los fabricantes y los minoristas de la década de 1980 pasaron de los datos de las auditorías bimestrales a los de los escáneres de los TPV.

En definitiva, estos datos más detallados y de alta velocidad han cambiado el equilibrio de poder en la relación fabricante-minorista. Antes de la irrupción de los escáneres TPV, los fabricantes aprovechaban su conocimiento superior de los patrones de compra de sus clientes (minuciosamente recopilados a través de innumerables grupos de discusión, encuestas e investigaciones básicas) para elaborar las condiciones de venta y de pago de los minoristas. No obstante, por cortesía de los datos de los TPV y los conocimientos sobre los clientes que se desprenden de ellos, los minoristas se enteraron de repente de las pautas de conducta de sus compradores, su reacción a los precios y las promociones y sus preferencias a la hora de llenar la cesta de la compra. Los minoristas podían aprovechar estos conocimientos privilegiados sobre compradores y productos para indicar a los fabricantes el precio de los productos, las promociones y las condiciones de distribución.

QUÉ HEMOS APRENDIDO Y CÓMO APLICARLO AL MOVIMIENTO ACTUAL DE LOS BIG DATA

La aparición de los sistemas de TPV para minoristas dio lugar a nuevas fuentes de datos que necesitaban nuevas tecnologías para gestionar los datos y nuevo software analítico para analizar los datos. Pero la auténtica ventaja competitiva vino de organizaciones que explotaban las nuevas fuentes de datos y las innovaciones tecnológicas para deducir (o controlar) nuevas fuentes de distinción empresarial, ventaja competitiva y monetización.

¿Cómo se puede aplicar la clase de historia sobre los escáneres TPV al movimiento actual de los Big Data? Para empezar, el enorme tamaño de los nuevos volúmenes de datos estructurados y no estructurados de alta velocidad (internos y externos a la organización) están dejando obsoletas las herramientas tradicionales de gestión de la información y las técnicas de análisis y modelado de datos. Las fuentes de datos como los weblogs, las publicaciones en los medios sociales, las bajas médicas, los comentarios de los usuarios, los informes de investigación y los datos generados por máquinas y sensores están creando volúmenes de datos que ya tienen a algunas de las principales organizaciones manejando petabytes de datos, y planificando la inevitable crecida hasta los zettabytes. La gestión de datos y las plataformas de almacenamiento tradicionales no fueron diseñadas para el volumen, la velocidad o la complejidad de estos tipos de fuentes de datos.

Se deben diseñar nuevas herramientas para explotar este tsunami de nuevas fuentes de datos. Las empresas de medios digitales como Google, Yahoo! y Facebook, empresas cuya principal propuesta es trabajar con volúmenes enormes de datos y convertirlos en dinero, han tenido que desarrollar nuevas tecnologías para gestionar y analizar estos datos, creando tecnologías como Hadoop, MapReduce, Pig, Hive y HBase.

Pero al final, esta carrera la ganarán aquellas organizaciones que exploten las nuevas fuentes de datos, junto con los avances en la gestión de datos y las tecnologías de analítica avanzada, para mejorar o enriquecer los procesos empresariales existentes o crear nuevas aplicaciones de negocio que proporcionen fuentes de distinción empresarial únicas. De un modo muy similar a cómo han logrado Procter & Gamble (con la Administración de Categorías), Walmart (con la Optimización de la Cadena de Suministro) y Tesco (con los Programas de Fidelización del Cliente) una ventaja competitiva a partir de las nuevas fuentes de datos y las innovaciones tecnológicas, las empresas actuales deberían centrarse en determinar de qué modo pueden reestructurar los datos y las innovaciones tecnológicas sus procesos actuales de generación de valor para ofrecer un nuevo valor a sus clientes, así como descubrir nuevas fuentes de ingresos y beneficios para sus organizaciones.

RESUMEN

Este capítulo ha cubierto la parte de la historia correspondiente a finales de la década de 1980, en la que los datos de los escáneres TPV dieron lugar a una primera revolución de los Big Data. El volumen de estos escáneres pasó pronto de los megabytes a los gigabytes y finalmente a los terabytes de datos, reemplazando a los datos procedentes de las auditorías bimestrales, que se utilizaban antes para tomar decisiones publicitarias, promocionales o relacionadas con precios y ubicaciones.

Hemos visto cómo el volumen, la diversidad y la velocidad de los datos de los TPV han dejado obsoletas la gestión de los datos y las tecnologías analíticas existentes hasta la fecha. El software de los sistemas de información ejecutiva, que se ejecutaba en *mainframes*, no podía con semejante volumen de datos, y eso dio paso a la aparición de tecnologías de procesamiento de datos como las plataformas especializadas en la gestión de datos (Red Brick, Teradata, Britton Lee, Sybase IQ) y los nuevos paquetes de software analítico (Brio, Cognos, Microstrategy, Business Objects).

Por último, el capítulo ha descrito cómo los ganadores finales han sido aquellas empresas capaces de crear nuevas aplicaciones de negocio basadas en la analítica, como la administración de categorías y la predicción basada en la demanda. De repente, los minoristas con acceso inmediato a los escáneres TPV y con datos de una clientela fiel sabían más de lo habitual sobre el comportamiento de sus clientes y sus preferencias, lo que les permitió cambiar el equilibrio de poder de la industria y prescribir a los fabricantes las condiciones relativas a los precios, el empaquetado, la promoción y la colocación de los productos en las tiendas.

3. El impacto empresarial de los Big Data

Las organizaciones empiezan a darse cuenta de que los Big Data están más relacionados con la transformación de las empresas que con la transformación de las TI. Los Big Data permiten a las empresas responder a preguntas que antes no podían y hacer más dinero tomando a tiempo decisiones con mayor fidelidad que antes, obteniendo nuevos conocimientos que pueden suponer una diferenciación empresarial y proporcionar nuevos resultados. Vamos a echar un vistazo a un ejemplo de cómo los Big Data están transformando el modo en que vemos los negocios.

Las organizaciones principales han estado explotando durante décadas nuevas fuentes de datos, además de nuevas tecnologías, para conseguir una diferenciación empresarial y una ventaja competitiva, y en su mayor parte, la llegada de estas nuevas fuentes de datos y tecnologías no ha cambiado, realmente, las preguntas que las empresas usuarias intentan hacer y responder:

- ¿Quién es mi cliente más valioso?
- ¿Cuáles son mis productos más importantes?
- ¿Cuáles de mis campañas tienen más éxito?
- ¿Cuáles de mis canales funcionan mejor?
- ¿Cuáles son mis empleados más eficaces?

Cuanto más pienso en estas "preguntas de ejemplo", más me doy cuenta de que responder a estas preguntas no es nada sencillo. Gracias a los conocimientos nuevos que las nuevas fuentes de Big Data ponen a disposición de las empresas, éstas pueden llevar este tipo de preguntas "sencillas" al siguiente nivel de sofisticación y comprensión.

Vamos a examinar la pregunta del cliente más valioso. Una pregunta de este tipo suele ir vinculada a los ingresos (¿no es así como muchas empresas actuales siguen identificando a sus clientes más valiosos?). ¿O estamos hablando de los clientes más aprovechables, teniendo en cuenta aspectos como el compromiso, que engloba al coste publicitario y de venta, el coste del servicio, las devoluciones y el historial de pagos (que es un modo de pensar de empresas más actuales). O bien, si metemos en la ecuación a los medios sociales, ¿nos estamos refiriendo a los clientes más influyentes y el valor financiero asociado a su círculo de amigos?

Las empresas se están dando cuenta de que sus clientes más aprovechables quizás no sean en realidad los más valiosos, debido a la influencia de la red o el "efecto defensa".

Este efecto puede ejercer una influencia significativa y tener un efecto persuasorio en una gran comunidad de clientes, y en la rentabilidad de las "cestas de la compra" asociadas con dicha comunidad. Pasa lo mismo que con la pregunta del producto más importante, que los minoristas han entendido bastante bien (pensando en productos como la leche, que lleva gente a las tiendas aunque no genere muchos beneficios en sí) y los fabricantes de bienes de consumo también (pensando en estrategias de categorías y el uso de productos paralelos para proteger al núcleo de productos de mayor precio).

Esta nebulosa de palabras difíciles de definir, como valioso, importante y exitoso, permiten a las empresas usuarias ir más allá de las meras medidas financieras y considerar las contribuciones globales de estos clientes, productos y campañas al negocio. Esta es la base de un debate empresarial más serio sobre qué fuentes podrían ser críticas al definir "valioso" y qué modelos analíticos se podrían utilizar para cuantificar "valioso". Son el punto de partida de una maravillosa conversación que podemos tener con nuestras empresas usuarias para definir estas valiosas, importantes y exitosas palabras teniendo en cuenta lo que pueden ofrecer los Big Data y la analítica avanzada.

EL IMPACTO DE LOS BIG DATA: LAS PREGUNTAS QUE LAS EMPRESAS USUARIAS PUEDEN RESPONDER

Los Big Data han cambiado los matices para definir y cuantificar términos como valioso, importante y exitoso. Son estos matices los que alimentan los conocimientos que son la fuente de la ventaja competitiva y la diferenciación empresarial. Las nuevas fuentes de datos, junto con las nuevas posibilidades en analítica avanzada, dan lugar a respuestas más precisas y proporcionan un entendimiento más completo de nuestra clientela, nuestros productos y las operaciones que pueden tener repercusión en varios aspectos del negocio, como:

- Las promociones, para identificar qué campañas publicitarias y promociones son más eficaces para llevar gente a las tiendas, tráfico a las Webs y generar ventas.
- El marketing, para optimizar los precios de los productos perecederos como comestibles, asientos de avión y ropa de moda.
- Las ventas para optimizar la ubicación de recursos de ventas escasos frente a las mejores opciones de venta y las cuentas más importantes o de mayor potencial.
- Las compras, para identificar qué proveedores tienen los costes de distribución más ajustados para los productos de alta calidad dentro de un plazo razonable.
- La producción, para identificar el rendimiento de la maquinaria y las variantes del proceso que podrían ser indicadores de problemas de fabricación, procesamiento o calidad.
- Recursos humanos, para identificar las características y el comportamiento de los empleados más eficaces y de mayor éxito.

EMPLEAR LA MÉTRICA ADECUADA EN LA ADMINISTRACIÓN

Como el béisbol es una de mis pasiones, y en honor del revelador libro "Moneyball: The Art of Winning an Unfair Game", de Michael Lewis (Norton, 2004), pensé que sería pertinente comentar cómo la búsqueda y la identificación de la métrica adecuada, además de cambiar cómo se administra el deporte del béisbol, posee el mismo impacto sobre el modo de llevar una empresa.

En 2004, Lewis escribió el libro "Moneyball", que relataba el modo en que los Oakland A's y Billy Beane, su gerente general, utilizaban los nuevos datos y métricas para determinar el valor de cualquier jugador en concreto. Los A's eran los únicos que en aquel momento hacían uso de la sabermetría, que es la aplicación del análisis estadístico a los datos del béisbol para evaluar y comparar el rendimiento de cada jugador en particular. El resultado fue que los A's se hicieron con una ventaja competitiva demostrable para determinar cuánto debían pagar a un jugador en concreto que jugaba en una posición específica, sobre todo en la costosa época de las agencias libres.

Como consecuencia, los A's disfrutaron de una notable ventaja en el coste que les suponían sus victorias frente a un equipo como los Yankees. La figura 3.1 muestra esta comparación. Por desgracia para Billy Beane y los Oakland A's, otros equipos (entre los que destacan los Boston Red Sox) copiaron este modelo y redujeron la ventaja competitiva de que disfrutaron brevemente los A's. Pero así son los negocios competitivos, ¿no? Ya se trate de deportes, minoristas, bancos, espectáculos, telecomunicaciones o salud.

	Salarios (en millones de €)		Victorias		Coste por victoria (en millones de €)		
	A's	Yankees	A's	Yankees	A's	Yankees	A's % de Yankees
2005	40,4	204,6	88	95	0,46	1,60	29%
2004	43,3	134,5	91	101	0,47	1,33	36%
2003	36,7	111,5	96	101	0,38	1,10	35%
2002	29,2	91,9	103	103	0,28	0,89	32%
2001	24,7	82,0	102	95	0,24	0,86	28%
2000	23,4	64,3	91	87	0,25	0,74	35%
	197,8	636,2	571	582	0,34	1,05	32%

Indicadores clave Yankees:
- Media de bateo
- Carreras producidas
- Porcentajes de campo
- Robos

Indicadores clave A's:
- Porcentaje en base
- Porcentaje de slugging

Figura 3.1. Coste de cada victoria en nóminas: Athletics frente a Yankees.

Entonces, ¿cómo se puede sobrevivir en un mundo en el que la ventaja competitiva que nos dan las analíticas puede tener un recorrido tan corto? Pues innovando constantemente, pensando de un modo diferente y buscando nuevas fuentes de datos y herramientas analíticas para hacer públicos estos conocimientos significativos, reales y aplicables, que pueden diferenciar nuestra empresa de nuestros competidores.

Uno de los retos de las métricas es que la gente acaba aprendiendo a sacarles partido en provecho propio. Siguiendo con el ejemplo del béisbol, vamos a tomar como ejemplo la métrica del Porcentaje de Campo. Este porcentaje se calcula como el número total de jugadas (ocasiones menos errores) dividido entre el número total de ocasiones. Algunos jugadores han descubierto que una de las maneras de mejorar su porcentaje de campo es dejar de intentar jugar las pelotas que caen fuera de la zona en la que se sienten cómodos. Si no te esfuerzas mucho por la bola, no se puede considerar un error. Aunque esto podría ser positivo para las cifras del rendimiento individual del jugador, obviamente aporta bien poco a un equipo que quiere que todos sus jugadores intenten hacer jugadas en el campo. Veamos cómo funciona esto.

Supongamos que un jardinero tiene 1.000 ocasiones y dentro de esas 1.000 comete 20 errores, lo que nos da un porcentaje del 20 por cien (véase la figura 3.2). Pero si el jugador no va a por las 100 ocasiones con más dificultad (en las que se generan 900 ocasiones de jugada en el campo), probablemente esté rebajando significativamente el número de errores (supongamos que lo recorta en 10 errores), y esto resulta en un incremento del porcentaje hasta el 98,9 por cien.

- Ejemplo: Porcentaje de campo
  - Porcentaje de campo: total de jugadas (ocasiones menos errores) dividido entre el número total de ocasiones.

$$\text{Porcentaje de campo} = \frac{(\text{Ocasiones} - \text{Errores})}{\text{Número total de ocasiones}}$$

- Pero un jugador puede "engañar" al sistema si no intenta jugar las ocasiones que presentan más dificultad.

	Lo intenta	No lo intenta
Número de ocasiones	1000	900
Errores (ejemplo)	20	10
Porcentaje de campo	98,0%	98,9%

Al no intentar jugar las 100 más difíciles, se estima que el jugador comete un 10 por cien menos de errores y así mejora su porcentaje.

- Nota: En los datos de 2011 para defensores centrales, los porcentajes de campo del nº1 y el nº11 estaban separados por 0,9 puntos porcentuales (del 100,0 al 99,1 por cien).

Figura 3.2. Un error al escoger la métrica puede dar pie a comportamientos erróneos.

Aunque esa diferencia porcentual del 0,9 (98,9 menos 98,0) entre ambos planteamientos puede parecer insignificante, basta con indicar que la diferencia entre el jardinero central nº 1 y el nº 11 de las Grandes Ligas en 2011 fue sólo del 0,9 por cien. Esta diferencia probablemente se traduzca en millones de dólares en sus contratos.

Por tanto, lo que se extrae de esto es que algunos jugadores han averiguado que mejoran su rendimiento intentando jugar sólo aquellas pelotas que les resultan más cómodas. No es precisamente el comportamiento más adecuado para llegar a las Series Mundiales.

Entonces, ¿cómo puede cambiar el mundo de los Big Data esta medida? Los estadios de béisbol tienen instaladas videocámaras repartidas por todo el recinto que nos permiten tener una visión bastante completa de la dinámica del juego. Uno de los beneficios de estas cámaras es que nos dan un nuevo conjunto de métricas que predicen mejor el rendimiento de los jugadores.

Por ejemplo, las videocámaras actuales pueden medir cuántos metros puede cubrir un jugador concreto dentro de un periodo de tiempo determinado, dentro de su posición en el campo. Esto nos conducirá finalmente a la creación de una métrica de rango de eficacia que medirá qué parte del campo puede cubrir el jugador, y con qué eficacia la cubre. Esta métrica permitirá a los administradores deportivos valorar de un modo diferente a los jugadores, porque este rango de eficacia predice mucho mejor el rendimiento que el porcentaje de campo tradicional.

Como se observa en la figura 3.3, el jardinero central es muy eficaz cubriendo el terreno que tiene ante sí a ambos lados y al centro (indicado por el área circular gris), pero es menos eficiente en la parte trasera (indicado por las áreas circulares blanca y negra).

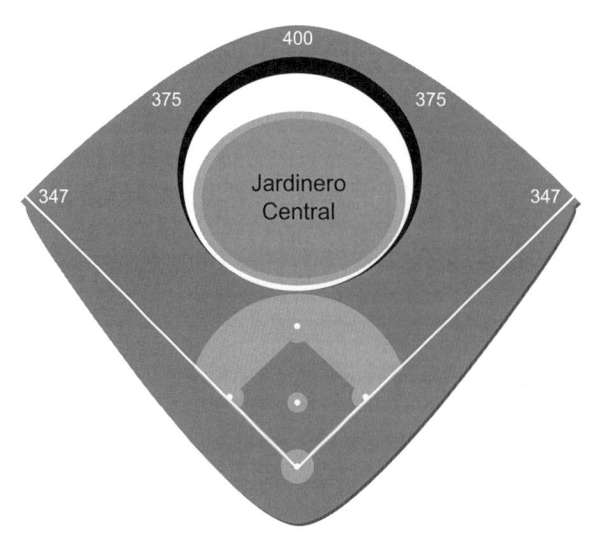

Figura 3.3. Los Big Data llegan al béisbol.

Como en el mundo del béisbol, las organizaciones deben vigilar constantemente en busca de las métricas que mejor predigan el rendimiento empresarial. Las nuevas fuentes de datos y posibilidades analíticas que hacen posibles los Big Data albergan el enorme potencial de ser quien revele estos significativos conocimientos que podemos medir y aplicar para transformarlos en una ventaja competitiva, ya sea en el estadio de béisbol o en el terreno de juego empresarial.

POSIBILIDADES DE MONETIZACIÓN DE DATOS

La monetización de los datos son sin duda el santo grial del debate sobre los Big Data: ¿Cómo aprovecho mis vastos conocimientos sobre el cliente, los productos y las operativas para proporcionar nuevos productos y servicios que generen ingresos, mejoren el rendimiento de los productos y la interacción con el cliente, creando una relación más cercana con éste?

Eso nos lleva a otra pregunta: ¿Y por dónde empezamos este debate? Permítame ponerle un ejemplo extraído del mundo de los medios digitales para mostrarle un proceso que otras industrias pueden utilizar para descubrir nuevas posibilidades potenciales de convertir datos en dinero.

Ejemplo de monetización de datos de los medios digitales

Las empresas de medios digitales como Yahoo!, Google, Facebook y Twitter trabajan para dominar el proceso de monetización de los datos. Es lo que deben hacer, puesto que todo su modelo de negocio se ha creado en torno a ello. Estas compañías trabajan con bytes para crear servicios, a diferencia de la mayoría del resto de compañías, que trabajan con átomos para crear productos físicos como zapatos, tractores, casas y burritos con doble de pollo y guacamole.

¿Cuáles son, entonces, los procesos que deben seguir estas empresas de medios digitales para saber cómo monetizar sus recursos de datos? El proceso de monetización parte de dos conceptos clave:

1. ¿Quiénes son mis clientes objetivo (personas influyentes) y por qué soluciones empresariales estarían dispuestos a pagar?

2. ¿De qué activos de datos dispongo (o podría disponer)?

Para estar en una posición que le permita iniciar el proceso de monetización, deberá poseer un sólido conocimiento de estas dos cuestiones.

Los activos de los medios digitales y el conocimiento del usuario objetivo

Primero, las compañías de medios digitales necesita identificar y sobre todo entender a su clientela objetivo (es decir, quién toma las decisiones de campaña y publicitarias millonarias) y qué información y conocimientos necesita para tomar estas decisiones. Las empresas de medios digitales están dirigidas a estos tres tipos de clientela: planificadores y compradores de medios, directores de campaña y ejecutivos de los medios digitales. Estos tomadores de decisiones de los medios digitales compran "soluciones" como las siguientes:

➤ Públicos, como pueden ser mujeres trabajadoras, poseedores de tierras, jubilados o domingueros.

➤ Inventarios (como deportes, economía, noticias y ocio) disponibles en días y horas del día determinadas.

➤ Resultados de medidas, como el coste por miles (CPM), el coste por adquisición (CPA), las ventas de productos y las conversiones (incluyendo aquí cuando se logra que el visitante proporcione su dirección de correo electrónico, pida una cita o haga una reserva).

Para cada uno de estos objetivos, las empresas de medios digitales necesitan conocer las preguntas que intentan responder, las decisiones que intentan tomar, bajo qué circunstancias las van a tomar y dentro de qué tipo de entorno o interacción con el usuario suelen trabajar cuando tienen que responder a estas preguntas y tomar decisiones.

A continuación, estas empresas evalúan la amplitud, profundidad y calidad de sus activos de datos, entre los que se incluyen:

- Los visitantes y sus datos demográficos o psico-demográficos asociados, y lo que sabemos de su comportamiento.
- Las propiedades y el tipo de contenido que proporcionan los diversos anuncios que poseen (*banners* y anuncios en todos los formatos estándar de la Web) en páginas como Yahoo! Finance, Yahoo! Sports o Yahoo! Entertainment.
- Actividades que realizan los visitantes sobre estas propiedades (por ejemplo, si la han visualizado en pantalla, han pasado el ratón sobre un anuncio, han hecho clic sobre éste o introducido una palabra clave), incluyendo la frecuencia, cuánto hace y en qué secuencia.

Este tipo de proceso de evaluación también debería incluir qué datos adicionales se podrían recopilar mediante la adquisición de datos, así como a través de técnicas de instrumentación y experimentación más robustas.

La transformación y el enriquecimiento de la monetización de datos

El desafío principal es, por tanto, transformar, aumentar, enriquecer y volver a empaquetar los activos de datos en forma de soluciones que los clientes de los medios digitales objetivo quieran comprar. Por ejemplo, las compañías de medios digitales configuran sus sitios y etiquetan a sus visitantes (mediante cookies) para captar los sitios Web y las búsquedas realizadas por los visitantes para poder determinar o deducir información adicional sobre estos, como:

- Datos geográficos como el código postal, la ciudad y el país.
- Información demográfica como el género, la edad, los ingresos, la clase social, la religión, la raza y los datos de la familia.
- Información psico-demográfica como el estilo de vida, la personalidad y los valores.
- Atributos del comportamiento como los hábitos de consumo, los estilos de vida, los patrones de compra y uso, la forma de gastar dinero y tiempo y factores similares.
- Categorías de productos de interés (a Schmarzo le gustan Chipotle, Starbucks, los Cubs y los Giants, y todo lo que tenga que ver con el baloncesto).
- Influencias sociales como los intereses, las pasiones, las asociaciones y las afiliaciones.

Una vez recopilada toda esta información, las compañías de los medios digitales necesitan la capacidad de procesamiento de datos y los conocimientos analíticos avanzados para perfilar, segmentar y empaquetar a estos visitantes en un formato de público que los anunciantes y las agencias publicitarias quieran comprar. Este proceso de transformación, aumento y enriquecimiento de los datos se repite después para convertir propiedades en inventarios, actividades del visitante en tratamientos digitales y campañas en resultados como ventas y conversiones (véase la tabla 3.1).

> La estructura de la tabla inferior muestra el paso uno en el lado derecho, pues representa las soluciones finales que queremos ofrecer. El paso 2 está en el lado izquierdo porque representa los activos de datos clave, que al atravesar el paso 3 se transformarán y enriquecerán hasta convertirse en las soluciones deseadas.

Tabla 3.1. Ejemplo de monetización de datos. Compañía de medios digitales.

PASO 2: EVALUAR ACTIVOS DE DATOS	PASO 3: IDENTIFICAR LOS REQUISITOS DE TRANSFORMACIÓN, ENRIQUECIMIENTO Y ANÁLISIS	PASO 1: DEFINIR SOLUCIONES PARA EL ANUNCIANTE EN MEDIOS DIGITALES
Visitante	Información demográfica Información psico-demográfica Información sobre el comportamiento Conocimientos sobre redes sociales y dispositivos móviles	Públicos ¿A qué público me dirijo? ¿Qué público es el más fiel? ¿A qué públicos similares me puedo dirigir?
Propiedades (sitios)	Categorías de productos (deportes, economía) Públicos Premium contra Resto ¿Qué otras categorías de productos debería utilizar?	Inventario ¿Qué inventarios son más eficaces? ¿Qué categorías de productos son más eficaces?
Actividades Web	Impresiones Clics Búsquedas de palabras clave Publicaciones y actividad en la Web Actividad en dispositivos móviles	Enfoques publicitarios ¿Qué enfoques publicitarios son más eficaces? ¿Cuáles son los niveles mínimos de frecuencia y tiempo desde la última vez? ¿Cuál es la secuencia de tratamiento óptima?

PASO 2: EVALUAR ACTIVOS DE DATOS	PASO 3: IDENTIFICAR LOS REQUISITOS DE TRANSFORMACIÓN, ENRIQUECIMIENTO Y ANÁLISIS	PASO 1: DEFINIR SOLUCIONES PARA EL ANUNCIANTE EN MEDIOS DIGITALES
Campañas	Instrumentación Analíticas (atribución, conocimiento del público, bancos de pruebas) Optimización y predicciones Recomendaciones Interacción con el usuario	Ventas/Conversiones /CPM ¿Alcanzaré los objetivos de campaña (predicción)? ¿Cuál será el impacto si ajusto la asignación de gastos? ¿Qué cambios de los recomendados mejorarán el rendimiento? ¿Cómo puedo optimizar los gastos de la conexión entre medios?

Basándonos en este ejemplo, estos son los pasos que nuestra compañía debe seguir para poder entender mejor cómo monetizar sus activos de datos.

1. Identificar a los clientes objetivo y las soluciones que desean (el potencial de las soluciones y los conocimientos necesarios) para poder optimizar su rendimiento y simplificar sus trabajos. Identificar y perfilar las empresas cliente objetivo o los agentes clave en estas soluciones, e internalizar el modo en que estos clientes utilizarán esta solución dentro de su entorno de trabajo actual. Cuantificar el valor empresarial de estas soluciones y documentar las preguntas que se hacen los usuarios y las soluciones empresariales que las empresas usuarias deben hacerse como parte de las soluciones deseadas.

2. Inventariar y evaluar nuestros activos de datos, es decir, identificar los "nombres" más importantes y valiosos de nuestro negocio. Entender qué datos adicionales se podrían recopilar para enriquecer nuestra base de activos de datos mediante la adquisición y una instrumentación y una estrategia de experimentación más robustas.

3. Conocer los procesos de incorporación, transformación, limpiado, clasificación, enriquecimiento y análisis de datos necesarios para transformar nuestros activos de datos en soluciones empresariales. Documentar aquellos conocimientos y analíticas que podemos empaquetar y que satisfagan la necesidad de nuestros clientes de una solución que optimice el rendimiento empresarial y simplifique su trabajo. Identificar los procesos de enriquecimiento y análisis de datos

necesarios para transformar los datos en conocimientos prácticos y entender cómo estos conocimientos se expresan por sí solos dentro de la interacción con el usuario.

Las organizaciones tienen muchas oportunidades de mejorar el rendimiento de los productos, de refinar el diseño y el desarrollo de productos, de prevenir el fallo de los productos y de mejorar la experiencia global del usuario (comprador, conductor, paciente, suscriptor, miembro). Cada vez más, los datos y los conocimientos que de ellos se derivan se convierten en un componente clave, y un diferenciador potencial, de los productos y los servicios que proporcionan las compañías.

Resumen

En este capítulo hemos visto cómo hacer las preguntas adecuadas es uno de los puntos de partida clave en nuestro viaje por los Big Data. Hemos aprendido cómo han cambiado los Big Data los matices para definir y cuantificar términos como valioso, importante y exitoso, y hemos visto algunos ejemplos de su utilidad para hacer las preguntas adecuadas en el entorno empresarial, con el fin de obtener una respuesta lo más fidedigna posible.

Después hemos analizado cómo los Big Data hacen posible que las organizaciones identifiquen nuevas medidas y métricas que sean mejores predictores del rendimiento empresarial. Hemos comentado el impacto que el libro "Moneyball" y el mundo de la sabermetría ha tenido en los equipos de béisbol, concretamente en los Oakland A's, haciendo un estudio más a fondo de las métricas adecuadas para optimizar el éxito del béisbol en su campo. También hemos visto un ejemplo de cómo los Big Data están llevando el mundo de las analíticas de datos al siguiente nivel de excelencia predictiva, con nuevos conocimientos sobre el rendimiento de los jugadores de béisbol que pueden predecir mejor el éxito durante el partido.

El capítulo termina con un debate sobre cómo podemos monetizar nuestros activos de datos. Hemos visto cómo puede nuestra organización aprovechar estos recursos para ofrecer nuevas oportunidades de negocio y una relación empresarial más competitiva y diferente, mediante unos conocimientos superiores acerca del cliente, el producto y el mercado. He utilizado como ejemplo el mundo de la publicidad en los medios digitales, y he proporcionado un enfoque práctico para que vea cómo puede explorar su organización las posibilidades de monetización de datos mediante el conocimiento de los clientes objetivo (personas o agentes clave) y las soluciones deseadas, el conocimiento de los activos de datos, y la identificación de los procesos de transformación, enriquecimiento y análisis de datos necesarios para transformar estos recursos de datos en soluciones empresariales.

4. El impacto de los Big Data en la organización

Uno de los impactos más significativos de los Big Data es el cambio en la organización o la transformación necesaria para soportar y explotar las posibilidades que ofrecen. Es necesario redefinir viejos roles e introducir otros nuevos, creando por igual tanto posibilidades como preocupaciones en individuos y organizaciones. El propósito de este capítulo es indicar el alcance probable de estos cambios en la organización y preparar los almacenes de datos existentes y a los profesionales en inteligencia empresarial para las posibilidades que esta nueva trayectoria les ofrece.

La inteligencia empresarial (IE) y la ciencia de los datos (que incluye las estadísticas avanzadas, la analítica predictiva, la ingeniería de datos, la programación y la visualización de datos) poseen roles diferentes y requieren conocimientos y métodos diferentes. Ninguna es sustituta de la otra. De hecho, las dos se complementan mucho entre sí, pues cada una hace que destaquen los puntos fuertes de la otra. La IE se ha centrado tradicionalmente en entender los procesos empresariales clave con un nivel de detalle suficiente como para poder crear métricas, informes, gráficas, alertas y algunas analíticas básicas (tendencias, comparaciones) que apoyen dichos procesos. Para apoyar estos procesos empresariales clave, los analistas de IE han pasado por el proceso de capturar los roles, las responsabilidades y las expectativas de las empresas usuarias, identificando los indicadores de rendimiento clave que permiten medir el rendimiento de estos procesos empresariales, y captando, acumulando, filtrando y haciendo accesibles los datos (con los niveles de granularidad y frecuencia necesarios) en los que se sustenta la monitorización de estos procesos empresariales. El conocimiento de estos procesos es el punto de unión entre los mundos de la IE y la ciencia de los datos.

La figura 4.1 y la tabla 4.1 muestran unas útiles representaciones visuales de los mundos complementarios de la IE y la ciencia de los datos. Se suele pensar en la IE como en una retrospectiva, como si se tratase de un espejo retrovisor de la empresa, centrado en qué ha pasado y por qué (visión a posteriori). La ciencia de datos se suele asociar con el pensamiento en el futuro, en mirar adelante, como si fuera el parabrisas de la empresa, la que predice lo que va a ocurrir (visión de futuro), descubriendo perlas ocultas en los enormes volúmenes de datos estructurados y no estructurados (conocimientos). Sin embargo, muchas de las implementaciones de la IE sí incluyen algunos análisis básicos como los análisis de series temporales, comparaciones con periodos anteriores y modelados del tipo "y si", para ayudar a la empresa a tomar decisiones de futuro como: ¿Cuánto debo cobrar? ¿A qué clientes me debo dirigir? ¿Cuántos empleados voy a necesitar?

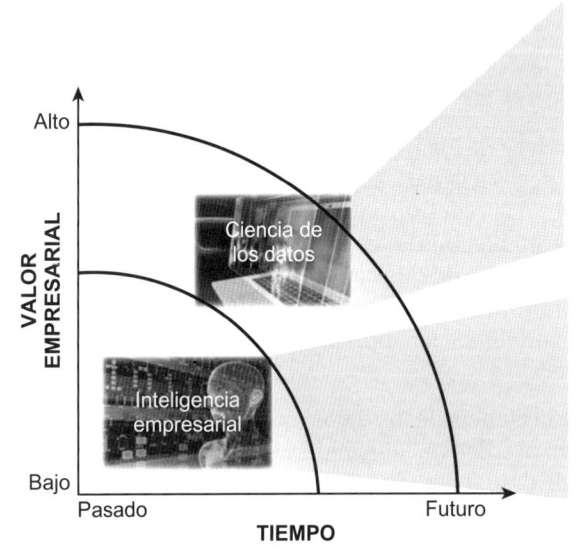

Figura 4.1. Evolución del proceso analítico.

Tabla 4.1. Inteligencia Empresarial frente a Ciencia de los Datos.

TÉCNICAS Y TIPOS DE DATOS TÍPICOS	PREGUNTAS HABITUALES
Inteligencia empresarial	
Informes estándar y a medida, gráficas, alertas, consultas, detalles de análisis estadísticos básicos por encargo	¿Qué ha pasado en el último trimestre? ¿Cuánto hemos vendido?
Datos estructurados, fuentes tradicionales, conjuntos de datos manejables	¿Dónde está el problema? ¿En qué situaciones se da?

TÉCNICAS Y TIPOS DE DATOS TÍPICOS	PREGUNTAS HABITUALES
Ciencia de los datos	
Optimización, modelado predictivo, predicción, recomendaciones, análisis estadístico avanzado	¿Y si...? ¿Cuál es la situación óptima para nuestro negocio?
Datos estructurados/no estructurados, cualquier tipo de fuente, conjuntos de datos muy grandes	¿Qué ocurrirá a continuación? ¿Y si estas tendencias continúan? ¿Por qué está sucediendo esto?

Una de las principales diferencias entre los analistas de IE y los científicos de datos es el entorno en que trabajan. Los especialistas en IE tienden a trabajar dentro del entorno de un almacén de datos muy estructurado. Estos entornos suelen estar orientados a la producción, con contratos que ofrecen una gran cobertura de servicio para garantizar que los informes y las gráficas se generarán en el plazo apropiado. Añadir una nueva fuente de datos (tarea que se suele medir en meses) u obtener la aprobación para mantener datos más granulares y/o más historial en el almacén de datos es una tarea muy delicada y que no puede realizar cualquiera.

Sin embargo, los científicos de datos crean un *sandbox* analítico independiente en el que cargar cualquier cosa que caiga en sus manos (de fuentes de datos tanto internas como externas) y con el nivel de granularidad o el historial que necesiten. Una vez dentro de este entorno, el científico de datos tiene libertad total para hacer lo que le plazca (por ejemplo, perfilar datos, transformar datos, crear nuevas métricas compuestas y desarrollar, probar y refinar modelos analíticos). Los científicos de datos necesitan un entorno en el que puedan explorar fácilmente los datos sin preocuparse del impacto sobre el rendimiento del almacén de datos de producción y los sistemas de IE que generan los informes y las gráficas de mantenimiento. La tabla 4.2 muestra un claro resumen de los, por naturaleza, distintos tipos de trabajo que realizan los analistas de IE frente a los de los científicos de datos.

Tabla 4.2. Las responsabilidades del analista de IE frente a las del científico de datos.

ÁREA	ANALISTA DE IE	CIENTÍFICO DE DATOS
Centro de atención	Informes, indicadores clave de desempeño, tendencias	Patrones, correlaciones, modelos
Proceso	Estático, comparativa	Exploratorio, experimentación, visual

ÁREA	ANALISTA DE IE	CIENTÍFICO DE DATOS
Fuentes de datos	Planificadas previamente, añadidas poco a poco	Escogidas sobre la marcha, según se necesite
Transformación	Se planifica por adelantado y meticulosamente	Según vaya haciendo falta, en la propia base de datos, enriquecimiento
Calidad de los datos	Una sola versión válida	Tolerante, con probabilidades
Modelo de datos	Lógico/relacional/formal	Conceptual/semántico/informal
Resultados	Informar de lo que ha ocurrido	Predecir qué va a pasar
Análisis	A posteriori	Predecir, anticipar, prever

CICLO VITAL DE LA ANALÍTICA DE DATOS

Las mejores organizaciones dedicadas a los Big Data están revelando y publicando continuamente nuevos descubrimientos sobre clientes, productos y conocimientos de mercado de las empresas. En consecuencia, estas organizaciones necesitan desarrollar un proceso exhaustivo que además de definir cómo se revelarán y publicarán estos conocimientos, defina claramente los roles, las responsabilidades y las expectativas de todos los implicados clave, es decir, las empresas usuarias, los administradores de los almacenes de datos, los analistas de IE y los científicos de datos. Vamos a utilizar el ciclo vital de la analítica para conocer mejor cómo colaboran todos estos grupos de interés (véase la figura 4.2).

Este diagrama de flujo destaca las responsabilidades clave de cada uno de los principales participantes:

> ➤ El usuario profesional (que también incluye al analista empresarial) es el responsable de definir sus procesos empresariales clave, así como de identificar la métricas y los indicadores de rendimiento clave utilizados para medir estos procesos empresariales. El usuario profesional es el único que conoce las preguntas que intentan responder y las decisiones que intentan tomar. Es el único que intenta aprovechar los datos y conocimientos disponibles para responder a estas preguntas y tomar las decisiones.

EL IMPACTO DE LOS BIG DATA EN LA ORGANIZACIÓN

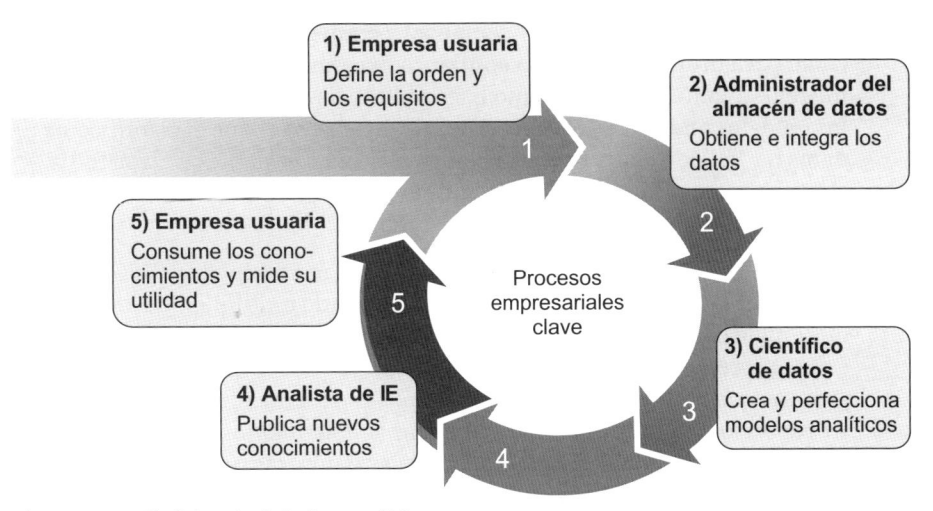

Figura 4.2. El ciclo vital de la analítica.

Diagrama circular con los pasos del ciclo:
1) **Empresa usuaria**: Define la orden y los requisitos
2) **Administrador del almacén de datos**: Obtiene e integra los datos
3) **Científico de datos**: Crea y perfecciona modelos analíticos
4) **Analista de IE**: Publica nuevos conocimientos
5) **Empresa usuaria**: Consume los conocimientos y mide su utilidad

Centro: Procesos empresariales clave

- El administrador del almacén de datos (o DBA en algunos casos) es el responsable de definir, desarrollar y administrar la plataforma de datos. Las herramientas tradicionales empleadas por este participante solían ser almacenes de datos, mercados de datos y la venta de datos de funcionamiento. No obstante, las nuevas innovaciones tecnológicas están haciendo posible que el administrador del almacén de datos amplíe su rol al tener en cuenta nuevas tecnologías como Hadoop, el procesamiento en memoria y las bases de datos virtuales. Estas nuevas plataformas de datos admiten tanto datos estructurados como no estructurados y proporcionan acceso a datos ubicados dentro de la organización, así como fuentes de datos escogidas existentes fuera de las cuatro paredes de la organización. Estas plataformas de datos modernas también permiten la posibilidad de insertar y analizar *feeds* de datos en tiempo real, de modo que reciban un "goteo de datos".

- El científico de datos es el responsable de explotar los datos de la organización (datos estructurados y no estructurados que son tanto internos como externos a la propia organización) para descubrir nuevos conocimientos acerca del negocio. Los científicos de datos son acaparadores de datos que buscan nuevas fuentes de datos con las que alimentar los conocimientos analíticos que impulsan los procesos empresariales clave de la organización. Los científicos de datos necesitan un entorno de trabajo (un *sandbox* analítico) en el que almacenar, transformar, enriquecer, integrar, interrogar y visualizar libremente los datos en busca de relaciones y conocimientos enterrados a lo largo de las distintas fuentes de datos. Necesitan un entorno que les permita crear, probar y refinar los modelos de datos rápidamente (en cuestión de minutos u horas, no de días y semanas) y equivocarse las veces suficientes como para proporcionarles la confianza necesaria en la calidad de los modelos analíticos. Esto último hace referencia al punto del desarrollo de los modelos analíticos y los procesos de prueba en el que el científico de datos ha "fallado" las veces suficientes al probar variables y algoritmos como para tener la seguridad de que el modelo resultante es el mejor modelo analítico.

➤ El analista de IE es el responsable de identificar, administrar, presentar y publicar las métricas clave y los indicadores de rendimiento clave que emplearán las empresas usuarias para monitorizar y medir su éxito empresarial. Los analistas de IE desarrollan los informes y las gráficas que las empresas usuarias emplean para dirigir los negocios y proporcionan un "canal" para publicar conocimientos analíticos por medio de estos informes y gráficas para las empresas usuarias. Aquí es donde la visión empresarial predictiva y en tiempo real da sus frutos.

➤ Y por último, el proceso analítico completa el ciclo volviendo a las empresas usuarias, que emplean los informes, las gráficas y los conocimientos analíticos resultantes para dirigir sus negocios. Son ellas, y la eficacia de las decisiones que tomen, quienes en definitiva determinarán la efectividad del trabajo realizado por el administrados del almacén de datos, el científico de datos y el analista de IE. Finalmente, los resultados de las decisiones que tomen las empresas usuarias se podrán guardar para alimentar la siguiente iteración del ciclo vital analítico.

La naturaleza exacta de los roles, las responsabilidades y las expectativas de estos distintos grupos de interés variará según la organización, e incluso según el proyecto. Puede que algunas empresas usuarias se sientan más cómodas con las estadísticas y las analíticas predictivas e intenten hacer parte del trabajo analítico por su cuenta. Lo mismo ocurre con los analistas de IE que buscan ampliar sus habilidades introduciendo conocimientos sobre analítica y visualización de datos avanzada.

Debe quedar claro que los roles y las responsabilidades de cada participante se centran un proceso empresarial clave objetivo. Los roles y las responsabilidades podrían cambiar perfectamente para cada proceso empresarial clave, dependiendo de las habilidades, capacidades y áreas de interés de los diferentes participantes. Por tanto, este ciclo vital analítico debe verse más como un entorno de trabajo que sirva en cierto modo de guía para la colaboración entre organizaciones que como un conjunto de reglas y responsabilidades fijas que ignoran las capacidades y los intereses individuales de los distintos grupos de interés.

ROLES Y RESPONSABILIDADES DE LOS CIENTÍFICOS DE DATOS

Nuestro siguiente paso es profundizar aún más en los roles y las responsabilidades específicas de los científicos de datos. El ciclo vital del científico de datos representado en la figura 4.3 proporciona una panorámica de alto nivel sobre los descubrimientos del científico de datos y el proceso de análisis. Destaca la gran naturaleza iterativa del trabajo del científico de datos, en el que muchos de los pasos se repiten en orden para asegurar que el científico está empleando el modelo analítico "correcto" para dar con los conocimientos "correctos". Vamos a examinar las tareas y las habilidades específicas necesarias para cada uno de los pasos del ciclo vital del científico de datos.

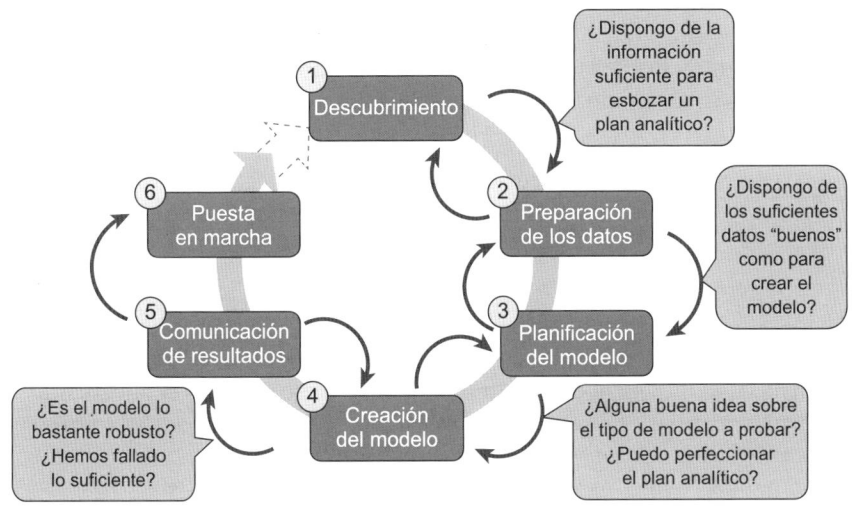

Figura 4.3. El ciclo vital del científico de datos.

Descubrimiento

El descubrimiento se centra en las siguientes actividades de los científicos de datos:

➤ Obtener un conocimiento detallado de los procesos empresariales y el dominio del negocio, incluyendo las métricas clave y los indicadores de rendimiento clave con los que miden el éxito las empresas usuarias.

➤ Recoger las preguntas y las decisiones empresariales más importantes para las que las empresas usuarias buscan respuesta, para apoyar el proceso empresarial objetivo. Esto también debería incluir la frecuencia y la línea temporal óptima de estas respuestas y decisiones.

➤ Evaluar los recursos disponibles (por ejemplo, las habilidades de la gente, la administración de datos y las herramientas analíticas y las fuentes de datos) y pasar por el proceso de enfocar el problema empresarial como una hipótesis analítica. Esta es también la etapa en la que los científicos de datos crean el plan de desarrollo analítico inicial que se utilizará para guiar y documentar los modelos y conocimientos analíticos resultantes.

Hay que tener en cuenta que saber en qué entornos operativos o de producción se deben publicar los conocimientos analíticos es algo que se debe tener claro en el plan de desarrollo analítico. Esta información será fundamental para que los científicos de datos sepan dónde deben poner en práctica los modelos y conocimientos analíticos. Esta es una oportunidad ideal para colaborar estrechamente con los analistas de IE, que probablemente ya hayan definido las métricas y los procesos necesarios para sustentar la iniciativa empresarial. El analista de IE tendrá un conocimiento adecuado del entorno de toma de decisiones y los requisitos de las empresas usuarias que permitirán impulsar el plan de desarrollo analítico de los científicos de datos.

Preparación de los datos

La preparación de los datos se centra en las siguientes actividades del científico de datos:

➤ Proporcionar un espacio de trabajo analítico, o *sandbox* analítico, en el que el científico de datos pueda trabajar libre de las restricciones del entorno de producción de un almacén de datos. Lo ideal sería que dicho entorno permitiese que el científico de datos pudiera disponer de todo el alojamiento para datos y la potencia analítica requerida, permitiéndole ajustar estos requisitos a lo largo de todo el proceso de análisis.

➤ Obtener, filtrar, alinear y analizar los datos. Para esto influye el uso de técnicas de visualización de datos y herramientas que permitan entender los datos, identificando (y eliminando cuando sea preciso) los *outliers* dentro de los datos y analizando las carencias que hay en los datos para determinar su calidad global, de modo que se pueda establecer si los datos son "lo bastante buenos".

➤ Transformar y enriquecer los datos. El científico de datos utilizará técnicas analíticas, como transformaciones logarítmicas y ondículas, para contemplar los posibles sesgos de los datos. También empleará técnicas de enriquecimiento de datos para crear nuevas métricas compuestas como la frecuencia (¿cada cuánto?), la proximidad (¿cuánto hace?) y la secuencia (¿en qué orden?). Hará uso de herramientas estándar como SQL y Java, así como de otras tanto comerciales como de código libre para extraer, transformar y cargar (ETC) los datos.

Al final de este paso, el científico de datos necesitará sentirse lo bastante cómodo con la calidad y la riqueza de los datos como para avanzar a la siguiente etapa del proceso de desarrollo analítico.

El científico de datos dispone de varias ocasiones de colaborar con el equipo del almacén de datos, en especial el equipo ETC, para entender qué herramientas ETC y de transformación están disponibles y en uso actualmente, y qué códigos o algoritmos de transformación ya se han desarrollado.

Planificación del modelo

La planificación del modelo se centra en las siguientes actividades:

- ➤ Determinar los diferentes modelos, métodos, técnicas y sistemas de trabajo analíticos a explorar como parte del desarrollo del modelo analítico. Puede que el científico de datos ya crea que sabe qué modelos y técnicas analíticas son las apropiadas, pero siempre es buena idea tener un plan para probar al menos una alternativa, para asegurarse de que no se desaprovecha la oportunidad de crear un modelo más predictivo.
- ➤ Determinar la correlación y el paralelismo entre variables para seleccionar las variables clave a utilizar en el desarrollo del modelo. El científico de datos querrá cuantificar en la medida de lo posible las variables causa/efecto. Tendrá que utilizar un enfoque práctico, lo que puede suponer incluso una buena oportunidad para volver a conectar con el analista de IE y las empresas usuarias para asegurarse de que las variables seleccionadas "tienen sentido". Recuerde, la correlación no implica siempre causa, por lo que debe tener cuidado y escoger variables que además de tener sentido se puedan medir más adelante.

Creación del modelo

La creación del modelo se centra en las siguientes actividades:

- ➤ Cribar los conjuntos de datos antes de hacer comprobaciones y pruebas. Puede que haya que probar nuevas técnicas de transformación para ver si la calidad, la fiabilidad y las capacidades predictivas de los datos se pueden mejorar.
- ➤ Evaluar la viabilidad y fiabilidad de los datos a utilizar en los modelos predictivos. Habrá que tomar decisiones subjetivas acerca de la calidad y fiabilidad de los datos, si son "lo bastante buenos" como para utilizarlos para desarrollar los modelos analíticos. Una vez más, puede que haya que probar nuevas técnicas de transformación para ver si se puede mejorar la calidad de los datos.

> Por último, desarrollar, probar y perfeccionar los modelos analíticos. Se realizan pruebas para ver qué variables y modelos analíticos proporcionan los conocimientos analíticos de mayor calidad, más predictivos y más aplicables.

Este paso debe repetirse varias veces, para perfeccionar a cada iteración la criba de datos, la evaluación de su fiabilidad y determinar la calidad y el poder de predicción del modelo analítico. Y no se trata de un proceso encauzado, pues el científico de datos fallará varias veces al probar diferentes variables y técnicas de modelado antes de quedarse con "la buena". Aquí reside el "arte" del proceso de desarrollo del modelo analítico, en el que el científico de datos, como un artesano, "juega" con los datos para ver qué posibilidades predictivas pueden desgranarse de los datos y del modelo analítico. ¡Esta es la etapa divertida!

Comunicar los resultados

En el paso de comunicar los resultados los científicos de datos se centran en las siguientes actividades:

> Establecer la calidad y la fiabilidad del modelo analítico y la importancia, la capacidad de ser medidos y la aplicabilidad de los conocimientos analíticos resultantes. El científico de datos necesita estar seguro de que el proceso y el modelo analítico han sido los correctos y han logrado los objetivos analíticos deseados para el proyecto.

> Desarrollar las gráficas pertinentes para comunicar los conocimientos, resultados y recomendaciones derivados del modelo analítico. Es fundamental que los grupos de interés (las empresas usuarias, analistas y los analistas de IE) entiendan y acepten los conocimientos analíticos resultantes. Si los participantes no confían en los resultados, entonces el trabajo habrá sido en vano.

Los analistas de IE son aliados naturales en esta parte del ciclo vital de la ciencia de los datos. Los analistas de IE poseen sólidos conocimientos de lo que hay que mostrar a las empresas usuarias y de cómo hacerlo. Conocen el entorno de trabajo de las empresas usuarias y las herramientas de presentación, los informes operativos y los paneles de administración en los que probablemente se publiquen las analíticas resultantes.

Los analistas de IE pueden ayudar a garantizar que las analíticas resultantes se presentarán a los participantes de una manera o en un formato que les resulte válido.

Puesta en marcha

En el paso de puesta en marcha los científicos de datos se centran en las siguientes actividades:

- ➤ Transmitir las recomendaciones, los informes, las instrucciones, el código y los documentos técnicos finales.
- ➤ Opcionalmente, crear un laboratorio piloto o analítico para verificar el caso de negocio, además del rendimiento económico de las inversiones (ROI) y el avance en la analítica.
- ➤ Implementar los modelos analíticos en los entornos operativos y en producción. Esto implica trabajar con los equipos de puesta en práctica y de producción para determinar cómo mejorar para que broten los resultados y los conocimientos analíticos. Ambos equipos pueden ayudar a determinar cómo trasladar a producción los modelos analíticos, de modo que puedan ejecutarse de manera periódica y planificada, algo que debería haberse cubierto en el plan de desarrollo de las analíticas.
- ➤ Integrar los resultados analíticos en sistemas de informes operativos y paneles de administración, como *call centers*, sistemas de ventas, sistemas de adquisición y sistemas financieros.

La fase de puesta en marcha es otra área en la que la colaboración entre los científicos de datos y los analistas de IE no debería tener precio. Muchos analistas de IE ya han realizado la integración de informes y paneles en sistemas de funcionamiento, además de crear centros de excelencia para difundir el aprendizaje y los conocimientos analíticos por toda la organización.

NUEVOS ROLES EMPRESARIALES

Los Big Data están haciendo que las organizaciones se replanteen el modo en que gestionan, mantienen y protegen sus nuevos activos de Big Data: conocimientos analíticos, modelos analíticos y datos. Vamos a analizar tres nuevos roles críticos que se deben añadir al equipo de los Big Data.

El equipo de la interacción con el usuario

Las principales organizaciones de Big Data están empezando a darse cuenta de que, si los resultados de las analíticas de los Big Data no se presentan a los grupos de interés de un modo intuitivo y aplicable, ¿de qué sirve entonces todo esto? Estas organizaciones están viendo que necesitan tener un equipo de interacción con el usuario (IU) que forma parte del equipo de los Big Data.

Cuando estaba en Yahoo!, tuve la inmensa suerte de trabajar con dos expertos en usabilidad e interacción con el usuario que me mostraron el valor de una interfaz de usuario tan fácil de usar como sencilla (como lo puede ser el iPod de Apple). Empresas de Internet como Yahoo!, Amazon e eBay fueron algunas de las primeras en entender la importancia de la IU. Otras empresas no tardaron en emplear un diseño centrado en el usuario como núcleo diferenciador para desarrollar productos y servicios competitivos y atractivos. El diseño centrado en el usuario se define como:

> El diseño centrado en el usuario es un proceso en el que se presta una amplia atención a las necesidades, los deseos y las limitaciones de los usuarios finales de un producto en cada etapa del proceso de diseño. Este diseño se puede describir como un proceso de resolución de problemas que se compone de varias etapas, y que además de necesitar de diseñadores que analicen y prevean cómo es probable que los usuarios utilicen un producto, también comprueben con usuarios reales la validez de sus suposiciones, en relación al comportamiento del usuario en las situaciones del mundo real.[1]

Los arquitectos de la IU y los diseñadores me han enseñado la importancia de las herramientas y las técnicas de IU, como son:

- ➤ Personas influyentes que documenten y entiendan claramente las características de uso, los procesos de toma de decisiones y el entorno de trabajo dentro del que trabajarán los usuarios objetivo.
- ➤ Realizar una toma gráfica de requisitos de usabilidad, navegación y patrones de uso, y trasladarla al papel.
- ➤ Bocetos esquemáticos en los que empiecen a cobrar vida los requisitos de usabilidad del usuario, sobre todo en lo referente a la navegación por la interfaz, para encontrar la información necesaria (por ejemplo, que esté todo a la vista y no a dos clics de distancia).
- ➤ Bocetos breves que permitan a los usuarios interactuar con ellos para identificar defectos de usabilidad, problemas de navegación y suposiciones poco precisas sobre su uso.

Nuevos roles de administración sénior

Las organizaciones empiezan a darse cuenta de que deben tratar sus datos y analíticas como recursos corporativos estratégicos. Esto conduce a la creación de dos nuevos roles administrativos sénior: el director de datos y el director

---

1. http://es.wikipedia.org/wiki/Dise%C3%B1o_centrado_en_el_usuario

analítico. Estos dos nuevos roles se verán envueltos en la administración activa de los recursos de datos de la compañía y la propiedad intelectual de las analíticas.

El director de datos será el responsable de obtener, almacenar, enriquecer y aprovechar los activos de datos de la compañía. Este puesto probablemente se cubra con personas con experiencia en economía o finanzas, puesto que buscarán maneras de dotar de un valor económico a los datos que poseen y los que quieren obtener. El director de datos podría tener las siguientes responsabilidades:

- **Inventario de datos:** Muchas organizaciones ni siquiera saben qué fuentes de datos poseen, por lo que este rol debería ser el responsable de inventariar los datos (buscando adquisiciones de datos redundantes o innecesarios) y determinar cómo se están utilizando esos datos (para saber si la organización debería seguir recopilándolos). Este rol también tendría la responsabilidad crítica de identificar y evaluar las fuentes de datos externas que estén a su alcance.

- **Valoración económica de los datos:** Determinar un entorno de trabajo en el que poder establecer el valor económico de los datos de la organización, en especial cuando se busque adquirir más datos externos, de socios o de terceros.

- **Monetización de los datos:** Establecer un proceso con el que evaluar de manera continua los activos de datos de la organización para poder convertirlos en dinero a través de una mejora en la toma de decisiones, incorporando los datos a productos físicos o empaquetándolos para vendérselos a otras organizaciones.

- **Instrumentación:** Desarrollar estrategias para determinar cómo utilizar las etiquetas, los indicadores y los sensores de todas sus plataformas operativas, Web y móviles para recopilar datos adicionales sobre el cliente, el producto y el funcionamiento.

- **Control de datos:** Desarrollar y ejecutar (auditar) un conjunto de procesos que garantice que los activos de datos importantes se van a gestionar de un modo oficial y congruente en toda la empresa para garantizar que tengan el nivel adecuado de claridad y precisión.

El director analítico será el responsable de recopilar y monitorizar los modelos analíticos y los conocimientos analíticos resultantes que se han desarrollado e implementado por toda la organización. El director analítico ideal sería alguien con una licenciatura en derecho para proteger legalmente la propiedad intelectual (PI) de las analíticas de la organización, que incluye modelos de datos, modelos analíticos y algoritmos analíticos. El rol de director analítico podría cubrir las siguientes responsabilidades:

> **Activos analíticos:** Colaborar con el equipo de ciencia de los datos para inventariar los modelos y algoritmos analíticos que hay en toda la organización.

> **Valoración analítica:** Establecer un marco de trabajo y un proceso para establecer el valor económico de los activos analíticos de la organización.

> **Gestión de la propiedad intelectual:** Desarrollar procesos y administrar un repositorio para recopilar y compartir la PI empresarial (control de entrada/salida y versiones).

> **Registro de patentes:** Gestionar el registro de patentes y el proceso de seguimiento para enviar patentes para proteger la PI de las analíticas clave de la organización.

> **Protección de la propiedad intelectual:** Monitorizar el uso de las analíticas de la industria para identificar potenciales violaciones de la PI, y supervisar las medidas legales que se tomen para detener las violaciones de la PI o llegar a los acuerdos necesarios.

> **Monetización de la propiedad intelectual:** Búsqueda activa de socios empresariales y posibilidades de vender o conceder licencias de la PI de las analíticas de la empresa.

Vemos que las organizaciones intentan ampliar el equipo de la ciencia de los datos y los puestos de liderazgo sénior para sacarle más partido aún a la ventaja competitiva que proporcionan los Big Data. El equipo de interacción con el usuario es una potente incorporación al equipo científico, en el sentido de que el rol que el equipo posee se centra únicamente en asegurar que se envían las analíticas adecuadas a los usuarios adecuados en el momento adecuado de la manera más aprovechable y pertinente posible, y los roles de director de datos y director analítico garantizan que la organización va a obtener, gestionar, empaquetar y valorar adecuadamente los activos de datos y de propiedad intelectual. Hay puestos en el equipo directivo cuyo objetivo y cuyo éxito viene definido por su capacidad para convertir estos activos en dinero.

Liberar la creatividad empresarial

Ah, esa angustia de no conocer las respuestas "adecuadas". Las organizaciones luchan contra el proceso de determinar cuáles son las respuestas "adecuadas", lo que da lugar a montones de debates inútiles y posturas que causan divisiones acerca de quién lleva más razón. Este proceso debilitador incluso recibe un nombre (parálisis del análisis), en el que las distintas partes de la discusión sacan a la palestra sus visiones sesgadas para anular las del contrario e intentar seguir justificando que están en posesión de la razón. Pero no todo es negativo, pues los conceptos de experimentación e instrumentación pueden conseguir liberar

EL IMPACTO DE LOS BIG DATA EN LA ORGANIZACIÓN

a las organizaciones de esta parálisis del análisis proporcionando una salida: un modo de avanzar que permita pasar del debate, la frustración y la parálisis a las acciones.

A muchas organizaciones los conceptos de experimentación e instrumentación les son un poco ajenos. Las empresas de Internet (como Yahoo!, Google, Facebook, Amazon) y las que se dedican al marketing directo han integrado estos dos conceptos en sus procesos analíticos y de fidelización del cliente. Han aprovechado los conceptos de experimentación e instrumentación para liberar el pensamiento empresarial (explorando libremente nuevas ideas y poniendo a prueba intuiciones) pero de una manera científica, que deriva claramente en un nuevo aprendizaje empresarial.

Vamos a ver cómo puede adoptar nuestra empresa estos mismos conceptos como parte de su estrategia para los Big Data. Vamos a empezar por definir estos dos conceptos clave:

➤ La experimentación se define como el acto, el proceso, la práctica o el hecho de realizar experimentos, donde un experimento es un test, una prueba o intento, un acto u operación cuya finalidad es descubrir algo desconocido o probar un principio o suposición.

➤ La instrumentación se define como el arte y la ciencia de medir y controlar las variables del proceso dentro de un área de producción o fabricación.

Juntos, estos dos conceptos pueden liberar a las organizaciones que sufren de parálisis del análisis, que mantienen una lucha para ver qué decisión tomar cuando no están seguras, decisiones del tipo: "¿Debería aumentar los precios un 10 por ciento o reducirlos un 10 por ciento? ¿Debería utilizar el anuncio rojo o el púrpura? ¿Debería ofrecer la promoción A o la B?".

La conjunción de estos dos conceptos puede potenciar el proceso que hace a una empresa plantearse esos "y si" que son tan fundamentales en las empresas que se acercan a los Big Data. El ciclo analítico de los "y si" puede llevar a anticipar el entendimiento del potencial empresarial de las nuevas fuentes de datos estructurados y no estructurados, que se encuentran tanto dentro como fuera de la organización, junto con analíticas avanzadas y metodologías de la ciencia de los datos (véase la figura 4.4).

Este ciclo analítico ayuda a las organizaciones a debatir libremente ideas diferentes sin tener que preocuparse de qué ideas están adelantadas a su tiempo. En consecuencia, las organizaciones pueden adoptar un entorno de experimentación para favorecer el libre flujo de nuevas ideas. Las organizaciones pueden dejar que sean los resultados los que digan qué ideas son las "correctas", en vez de que esa decisión la tome la persona con mayor rango o la que más insista. Da poder a la organización para retar al pensamiento convencional, y da poder al pensamiento creativo, del que pueden emerger ideas potencialmente aprovechables. Ya no hace falta pasar horas o días interminables debatiendo quién ha tenido la mejor idea; sólo hay que poner a prueba las ideas y dejar que los datos hablen.

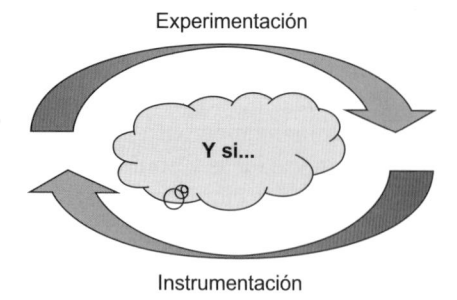

Figura 4.4. El ciclo de experimentación del "y si".

Vamos a ver un ejemplo de cómo podemos aprovechar el ciclo analítico del "y sí":

1. Desarrolle la hipótesis o teoría que se desea probar. Por ejemplo, yo creo que mi público objetivo responderá más favorablemente a la oferta A, mientras que mi colega piensa que la oferta B es más atractiva para nuestro público objetivo.

2. Cree un experimento (por ejemplo, un entorno de prueba con sus casos de prueba correspondientes) que pueda demostrar o refutar la hipótesis. También es conveniente identificar las métricas con las que mediremos los resultados del test (por ejemplo, la frecuencia de los clics, el tráfico de la tienda, las ventas). En este ejemplo vamos a crear pruebas para tres casos: la oferta A, la oferta B y un grupo de control. Vamos a emplear técnicas de muestreo para seleccionar los miembros de nuestros grupos de prueba y de control, y a asegurarnos de que el resto de variables potenciales se mantienen constantes durante la prueba (por ejemplo, misma hora del día, público de las mismas características, mismo canal, marco temporal, etc.).

3. Instrumente todos los casos de prueba, con el fin de medir los resultados. En este ejemplo es pertinente asegurarse de que cada uno de los tres casos de prueba está convenientemente "etiquetado" y de que estamos capturando todos los datos relevantes para determinar quién responde a qué ofertas, quién no ha respondido y cuáles han sido los resultados de estas respuestas.

4. Haga las pruebas. En nuestro ejemplo, determinaríamos las fechas de inicio y finalización de las pruebas, realizaríamos las pruebas, recopilaríamos los datos y resultados relevantes y daríamos la prueba por concluida.

5. Cuantifique los resultados de la prueba. Para ello, observaríamos quién ha hecho clic en qué anuncios, determinaríamos el resultado final y elegiríamos un ganador. Y lo más importante: a continuación pasaríamos a la siguiente prueba.

El acierto de una organización que adopta el ciclo analítico de experimentación e instrumentación del "y si" reside en que se prueban ambas ideas, dejando que sean los datos los que nos digan cuál es la correcta. Este ciclo emplea la experimentación y la instrumentación para hacer posible que la organización explore y pruebe nuevas ideas libremente, permitiéndole avanzar sin el lastre de la parálisis en el análisis. De hecho, los Big Data son el antídoto para esta parálisis, pues ofrecen a las organizaciones datos, herramientas y metodologías con las que probar las ideas, aprender de estas pruebas y seguir avanzando.

RESUMEN

En este capítulo hemos comentado el impacto empresarial de los Big Data, y más en concreto el impacto empresarial de incorporar al científico de datos al proceso del ciclo vital analítico ya existente. Hemos visto un ciclo vital analítico en el que los roles, las responsabilidades y las expectativas de cada participante clave (empresas usuarias, DBA/administradores de almacenes de datos, científicos de datos y analistas de IE) están claramente definidas para garantizar una estrecha colaboración de cara a un proceso empresarial orientado.

El capítulo también ha profundizado en los roles y las responsabilidades específicas del científico de datos como parte del ciclo vital de la ciencia de los datos. Se han descrito cada una de tareas clave dentro de las distintas etapas del ciclo vital de la ciencia de los datos, y también se han identificado las tareas específicas en las que una estrecha colaboración entre los equipos del almacén de datos, de ETC y de IE podría ser beneficiosa para el científico de datos.

A continuación hemos hablado sobre los nuevos roles empresariales que vienen determinados por las necesidades y el potencial de los Big Data. Hemos comentado la importancia del equipo de interacción con el usuario y el papel de este equipo con respecto al equipo de los Big Data. También hemos comentado los nuevos roles administrativos sénior (el director de datos y el director analítico) y la naturaleza crítica de dichos roles para obtener, conservar, enriquecer e incluso proteger legalmente el creciente catálogo de activos de datos de la compañía.

Por último, hemos visto el efecto liberador de pasarse a la cultura de la experimentación, potenciando el pensamiento "y si" en la empresa, y cómo el concepto de experimentación puede liberar la mentalidad creativa tanto en las personas como en el conjunto de la organización.

5. Cómo funciona la teoría de la decisión

Uno de los aspectos interesantes de los Big Data es cómo desafían al pensamiento convencional en lo referente a cómo deberían utilizar las analíticas los usuarios profesionales de perfil no analítico. Hay un artículo de Chris Anderson llamado "The End of Theory: The Data Deluge Makes the Scientific Method Obsolete" que me dejó intrigado sobre el poder de los Big Data y la analítica avanzada, y sobre todo acerca de lo que la combinación de los Big Data y la analítica avanzada puede suponer para la interacción con el usuario. La premisa del artículo era que las enormes cantidades de datos devolvían conocimientos sobre empresas sin recurrir a los pesados modelos estadísticos que suelen hacer falta cuando se utilizan conjuntos de datos de muestra. Esta es la parte que más me intrigó:

> Google ha conquistado el mundo publicitario empleando sólo matemática aplicada. No ha pretendido saber nada acerca de la cultura y las convenciones de la publicidad; simplemente ha apostado por los mejores datos y las mejores herramientas analíticas. Y ha acertado en su decisión.[1]

Google ha conseguido una posición dominante en una industria (la publicitaria) sin saber realmente nada sobre ella. No han llegado a ella por conocer y perfeccionar las técnicas publicitarias, sino aplicando la analítica a inmensas fuentes de datos detallados para identificar lo que funciona sin tener que preocuparse de por qué funciona.

EL DESAFÍO DE LA INTELIGENCIA EMPRESARIAL

Este es el momento "ajá" clave que los profesionales de los Big Data tienen que comprender: que podemos aprovechar estos conjuntos de datos vastos, detallados y diversos para obtener conocimientos significativos, materiales

---

1. http://www.wired.com/science/discoveries/magazine/16-07/pb_theory

y aplicables sobre nuestros procesos empresariales. No es necesario aplicar técnicas estadísticas a estos enormes conjuntos de datos para saber por qué se dan ciertos comportamientos o por qué ocurren ciertas cosas, porque no trabajamos con muestras, sino con la población de datos al completo.

Los usuarios profesionales, que por naturaleza no son expertos en análisis estadístico, han luchado por aprender e integrar el análisis estadístico en sus procesos diarios. Las herramientas de inteligencia empresarial han fracasado en su intento de ayudar a los usuarios profesionales a pasar de los informes a los conocimientos analíticos y la optimización porque las herramientas no eran las adecuadas para ayudar a los usuarios a entender por qué había ocurrido algo. Era necesaria una práctica y un oficio estadístico considerable para ayudar a los usuarios profesionales a cuantificar causas y efectos, con el fin de crear los modelos necesarios para predecir por dónde había que seguir, y eso quedaba fuera del alcance de sus habilidades e intereses. En consecuencia, la transición de los usuarios a una visión predictiva y anticipatoria de sus negocios cayó en un "abismo analítico" (véase la figura 5.1).

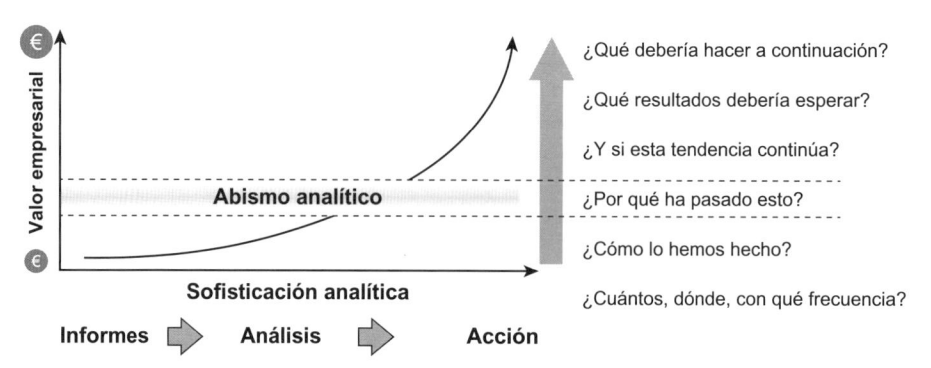

Figura 5.1. El abismo analítico.

El abismo analítico es esa área del análisis de datos en la que los usuarios intentan aplicar algorítmicos estadísticos a sus datos para poder cuantificar causas y efectos, identificando la correlación entre determinadas acciones y los resultados obtenidos. Los usuarios piensan que, si consiguen cuantificar causas y efectos, estarán en una posición mejor para adoptar el proceso exploratorio "y si", predecir qué resultados deberían esperar de qué acciones y tener alguna pista acerca de lo que deberían hacer a continuación para mejorar el rendimiento empresarial.

Sin embargo, intentar convertir un usuario profesional medio en un especialista en estadística (una versión simplificada de un científico de datos) no funcionó en los primeros años de la década de 2000 y sigue sin funcionar hoy en día. Las aspiraciones del usuario profesional medio no pasan por convertirse en un experto en estadística o en un científico de datos. Se encuentran en el mercado minorista, la medicina, las telecomunicaciones, la banca u otros sectores, porque le gusta ese trabajo, no porque desee dominar las estadísticas o tratar con grandes conjuntos de datos. Las herramientas actuales son demasiado pesadas como para que ese proceso sea trivial. ¿Qué se hace entonces?

Los Big Data ofrecen la posibilidad de mitigar esta necesidad de dominar la estadística para poder entender por qué ocurren las cosas. Gracias al amplio y diverso espectro de datos detallados disponibles y las potentes herramientas analíticas se puede determinar que algo funciona sin preocuparse de por qué ha funcionado. Esto puede hacerle tener un concepto diferente de la interfaz de usuario y el contexto y la forma en que presentarle sus conocimientos empresariales a sus usuarios.

LA MUERTE DEL PORQUÉ

Los Big Data, acompañados de la analítica avanzada, permiten a las organizaciones identificar materiales significativos y conocimientos aplicables que están enterrados en los datos, sin necesidad de entender su porqué. Este concepto proporciona las bases para un proceso analítico totalmente diferente. En lugar de presentar una serie interminable de informes y gráficas en un panel con la esperanza de que los usuarios puedan manipularlos a su modo para descubrir dónde está la clave del rendimiento empresarial, las organizaciones pueden aprovechar la analítica predictiva para invertir el proceso analítico tradicional y presentarles a sus usuarios profesionales sólo aquellos conocimientos que sean relevantes para sus negocios. Esto se logra aprovechando las analíticas avanzadas, las nuevas fuentes de datos detallados, estructurados o no, y los *feeds* en tiempo real para revelar y mostrar a los usuarios profesionales sólo esos materiales y conocimientos aplicables enterrados en los datos.

Este proceso analítico basado en conocimientos significa que el proceso analítico del usuario puede partir de estos conocimientos enterrados, acompañados de recomendaciones específicas para mejorar el rendimiento empresarial. Este nuevo proceso analítico puede seguir siendo un apoyo para los procesos de descubrimiento y exploración, proporcionándoles a los usuarios profesionales la capacidad de profundizar en los detalles de estos conocimientos. Pero esta perspectiva utiliza el proceso analítico tradicional de la manera equivocada: en lugar de iniciar el proceso analítico con un número abrumador de gráficas y tablas, con la esperanza de que el usuario pueda manipularlas para encontrar algo de interés, el "proceso analítico basado en conocimientos" trabaja con conocimientos específicos en áreas que puedan tener un impacto en el rendimiento empresarial (véase la figura 5.2).

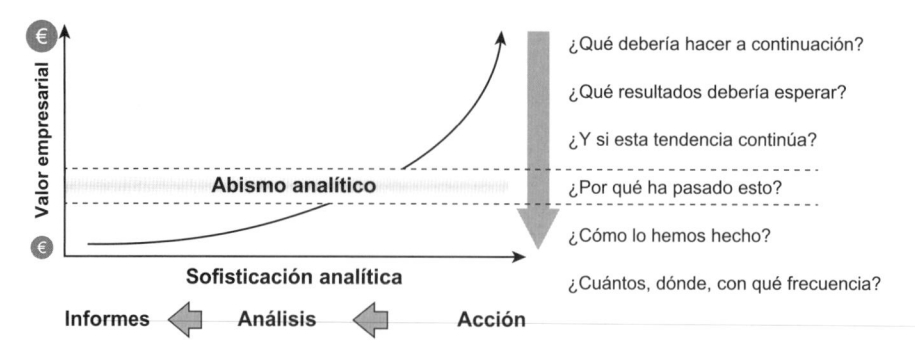

Figura 5.2. La muerte del porqué.

LAS RAMIFICACIONES DE LA INTERFAZ DE USUARIO DE LOS BIG DATA

Este nuevo proceso analítico basado en conocimientos puede dar pie a una interfaz de usuario completamente nueva y más productiva. Las interfaces de los paneles tradicionales muestran a los usuarios profesionales multitud de gráficas y tablas sin relación entre sí. El proceso de descubrimiento de datos, consistente en intentar encontrar algo de interés en las gráficas y en las tablas (separar el grano de la paja, yendo de arriba para abajo) queda para el usuario. Con independencia de cómo se lleva a cabo el proceso analítico basado en conocimientos, la interfaz de usuario se puede simplificar de modo que sólo muestre la información o los conocimientos necesarios para dirigir u optimizar el negocio. Piense en el modo en que el iPod revolucionó el mercado existente de los MP3 proporcionando una interfaz de usuario caracterizada por su sencillez, cuyas únicas posibilidades para los usuarios eran reproducir las canciones y las listas de reproducción que querían reproducir. Con las analíticas avanzadas que permiten los Big Data, la interfaz de usuario se podría centrar en la transmisión de dos tipos de información clave: los conocimientos y las recomendaciones.

Los conocimientos son comportamientos o funcionamientos inusuales (por ejemplo, dos desviaciones estándar fuera del funcionamiento normal, un 200 por cien sobre o bajo el rendimiento previsto) que podrían requerir una investigación más a fondo por parte del usuario. Los conocimientos pueden aprovecharse, ya se trate de modelos analíticos sencillos (tendencias en series temporales, comparaciones con periodos anteriores, bancos de pruebas) o avanzados (analítica predictiva, minería de datos, análisis regresivo) para identificar situaciones del funcionamiento que se salen de los límites normales. Estos conocimientos serían el punto de partida de una investigación más detallada a realizar por el usuario. Algunos ejemplos de conocimientos podrían ser:

- ¿Sabía que las ventas del producto A al segmento de [Padres Separados] de la clientela ha sido del 150 por cien con respecto a las del último periodo?
- ¿Sabía que la campaña publicitaria [Vuelta al Cole 2011] está un 50 por cien por debajo de las conversiones previstas a falta sólo de 2 semanas para su finalización?
- ¿Sabía que el nivel de divergencia de la máquina [Turbina 120 de la Planta de Charles City] supera los límites de control normales en un 20 por cien?

Las recomendaciones son acciones específicas que se generan en base a un análisis detallado de los conocimientos y el estado actual de la empresa. Las recomendaciones sacarían partido de un modelado analítico avanzado y de los *feeds* en tiempo real para analizar los intereses empresariales y las variables, actualizar o perfeccionar los modelos analíticos y hacer recomendaciones específicas. Algunos ejemplos de recomendaciones son:

- Recomendamos rebajar de precio la categoría de productos [Iluminación Navideña] en un 25 por cien a partir del 9 de diciembre, y aumentar la rebaja al 50 por cien el 16 de diciembre.
- Recomendamos aumentar el presupuesto medio en un 22 por cien para el anuncio [Chevy Suburban] y reducir el presupuesto medio en un 33 por cien para el anuncio [Chevy Volt] durante el resto de la campaña [Temporada de Vacaciones].
- Le recomendamos que repare el tambor de su lavadora [Maytag Modelo 3200] durante los próximos 5 días, pues hay una probabilidad de fallo del producto del 95 por cien.
- Recomendamos la estancia en el hospital del paciente A101-23V durante un día más debido a su alta probabilidad de volver a ingresar.

La interfaz de usuario podría empezar por estos Conocimientos y Recomendaciones, ordenados en función de su impacto potencial en la empresa. Si el usuario desea más detalles sobre los Conocimientos y las Recomendaciones, pulsaría un botón **Más** para acceder a los detalles adicionales. Si el usuario quisiera activar la recomendación proporcionada, pulsaría el botón **Activar** (véase la figura 5.3).

Las analíticas que apuntalan los conocimientos y las recomendaciones pueden ser bastante complejas, pero este tipo de complejidades probablemente no sean de la incumbencia del usuario profesional, que lo que quiere es que los datos le digan lo que está pasando en su negocio y que la tecnología le haga recomendaciones en base a lo que se ha aprendido previamente y a las prácticas aconsejadas. Además, las analíticas se pueden ser personalizadas, haciendo que aprendan por sí solas, de modo que estén constantemente perfeccionando los modelos analíticos en base a la respuesta del usuario y sus preferencias, qué le gusta, qué no y por qué (como hacen por ejemplo los servicios de música *online*, que usan este tipo de interacción para saber más de nuestras preferencias musicales).

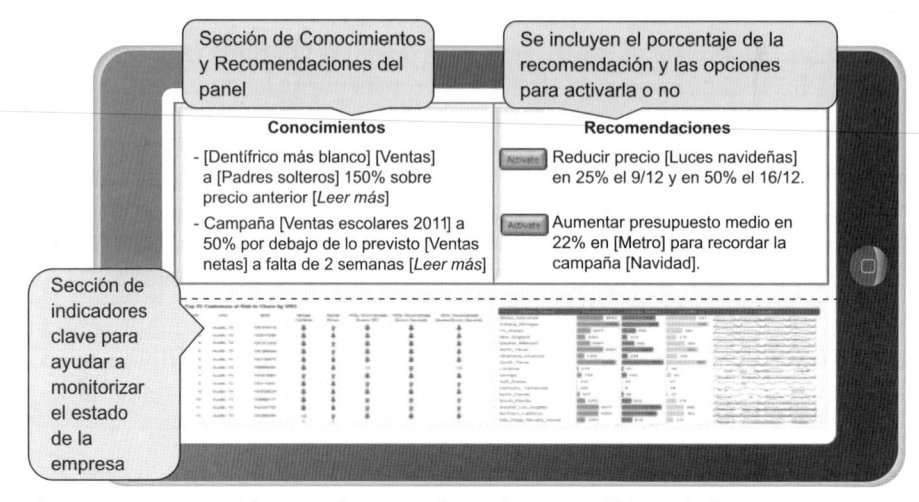

Figura 5.3. Interacción con el usuario basada en analíticas de los Big Data.

Las fuentes de datos enormes y detalladas, acompañadas de las herramientas analíticas más potentes, proporcionan la capacidad de identificar conocimientos importantes, tangibles y aplicables en los datos sin obligar a los usuarios a tener las habilidades o la experiencia analíticas para cuantificar por qué pasan las cosas. Hacen posible una nueva interfaz de usuario, centrada en proporcionar unos conocimientos y unas recomendaciones enormemente simplificados, que ayude a los usuarios profesionales a optimizar sus procesos empresariales clave.

EL FACTOR HUMANO DE LA TOMA DE DECISIONES

La idea de las organizaciones es utilizar los Big Data para estar más orientadas a las analíticas en sus procesos de toma de decisiones. Sin embargo, hay que salvar varios escollos para que esa transformación transcurra como se desea. Uno de estos escollos está en la propia naturaleza del ser humano, en cómo toma las decisiones y en cómo nuestra composición genética trabaja en nuestra contra al analizar datos y tomar decisiones.

El cerebro humano es una herramienta pobre para tomar decisiones. Nuestra capacidad de decisión ha evolucionado durante millones de años de supervivencia en la sabana. Los humanos se han vuelto muy buenos reconociendo patrones: hemos pasado de "yo creo que eso de ahí no es más que un tronco que hay detrás de los matojos" a "hum, eso parece un antílope", y de ahí a "¡ostras, que es un tigre de dientes de sable!". La necesidad nos ha hecho muy buenos reconociendo patrones y tomando decisiones de supervivencia rápidas e instintivas en base a esos patrones.

Lamentablemente, los humanos no somos muy buenos procesando números (no creo que haga falta procesar muchos para localizar al tigre de dientes de sable). En consecuencia, los humanos han aprendido a confiar en la heurística, el instinto, la regla de tres, información anecdótica y la intuición para guiar nuestras decisiones. Pero como cabía esperar, estos trucos fallan estrepitosamente cuando las fuentes de datos son muy grandes, diversas y de alta velocidad.

Es importante que seamos conscientes de este defecto si queremos transformar nuestra organización y nuestra gente para que todo gire en torno a la analítica.

Las trampas de la toma de decisiones

Vamos a ver algunos ejemplos de trampas de decisión que conducen a la mente humana a tomar decisiones poco acertadas, incorrectas o incluso fatales.

Trampa Nº1: El exceso de confianza

Damos una importancia excesiva a lo que llegamos a saber y suponemos que lo que no sabemos no es importante. Los casinos de Las Vegas se basan en este defecto humano (y en lo que le gusta decir a mi hijo, que "el juego es un impuesto para los que son malos en matemáticas").

Por ejemplo, el fondo de inversión Long-Term Capital Management (LTCM), con dos ganadores del Premio Nobel en su equipo, devolvió aproximadamente un 40 por cien por año entre 1994 y 1998. Otros operadores de fondos no tardaron en copiar sus técnicas, por lo que el LTCM buscó nuevos mercados en los que los demás no pudieran copiarles. LTCM cometió el error fatal de suponer que estos nuevos mercados funcionaban del mismo modo que los antiguos. En 1998, el valor de la cartera de valores cayó hasta los 440.000 millones de € y un consorcio de inversión tuvo que tomar el control del LTCM para evitar una caída del mercado.

Las compañías cometen errores similares al sobrevalorar su experiencia en un mercado existente cuando se pasan a un mercado nuevo (por ejemplo, AT&T con los ordenadores) o lanzan un nuevo producto de una categoría diferente (como Procter & Gamble con el zumo de naranja). Las empresas no investigan ni analizan lo suficiente como para identificar y modelar los intereses empresariales y los riesgos competitivos y mercantiles de pasarse a un mercado o a una categoría de producto nueva. Esta trampa la podemos resumir brevemente en estos puntos:

- **La trampa:** Los humanos prestamos mucha atención a lo que ya conocemos y suponemos que lo que no conocemos no es importante.
- **Ejemplo empresarial:** Las empresas sobreestiman su experiencia en su mercado actual cuando se pasan a un nuevo mercado y no investigan lo suficiente para entender las diferencias y los riesgos de pasarse a dicho mercado.
- **Cómo evitar la trampa:**
    - Implementar procesos estructurados de toma de decisiones.
    - Investigar para reunir todos los hechos y entender los riesgos.
    - Utilizar comisiones revisoras.

Trampa Nº2: El sesgo de la obstinación

Por obstinación nos referimos a la tendencia humana a aferrarse a un hecho y utilizarlo como punto de referencia en las decisiones, aunque dicho punto no posea una relevancia lógica en la decisión en cuestión. Durante una toma de decisiones normal, las personas se obstinan, o confían en exceso, con informaciones específicas y luego dan ese valor como bueno para otros elementos coyunturales. Por lo general, una vez se crea esa obstinación, la información está sesgada.

Pongamos el ejemplo de humanos discutiendo para decidir cuándo vender unas acciones. Si alguien compra unas acciones a 20 euros y luego ve que suben a 80 euros, le va a costar venderlas cuando empiecen a bajar porque nos obstinaremos en que su precio son 80 euros. Esto se dio mucho durante la burbuja de las "punto com", cuando la gente vio que sus *stock options* alcanzaban máximos inimaginables, y fue dejando que bajaran poco a poco hasta cero porque se habían obstinado en que su valor era mucho mayor.

Este sesgo de la obstinación tiende a aparecer en los precios, las inversiones y las decisiones de compra de las organizaciones. Esta trampa la podemos resumir brevemente en estos puntos:

- **La trampa:** Esa leve tendencia humana a obsesionarse con un hecho, tomándolo como punto de referencia para las decisiones, aún a pesar de que puede no guardar una relevancia lógica con la decisión a tomar.
- **Ejemplo empresarial:** Compramos unas acciones a 20 euros y vemos que suben hasta los 80 euros, pero cuando bajan a 40 nos negamos a vender y obtener beneficios porque nos hemos obstinado con venderlas a 80.

- **Cómo evitar la trampa:**
  - Consultar la opinión de varios expertos.
  - Desarrollar modelos para entender las dinámicas y las relaciones empresariales.
  - Planificar en base a un proceso continuo, no a un evento.

Trampa N°3: La aversión al riesgo

Nuestra tolerancia al riesgo es muy inconsistente. La aversión al riesgo es una manifestación de la preferencia general de la gente por la certeza frente a la incertidumbre y por minimizar la magnitud del peor resultado posible al que se puede ver expuesta. La aversión al riesgo se observa en el rechazo de una persona a aceptar una oferta con una recompensa incierta en vez de otra con una recompensa más segura, aunque posiblemente más pobre.

Por ejemplo, puede que un inversor contrario al riesgo decida poner su dinero en una cuenta bancaria con un interés bajo pero garantizado, en vez de hacerlo en unas acciones que pueden tener unos beneficios altos pero que corren el riesgo de perder su valor. Otro ejemplo sería la oposición de una empresa a dejar de comercializar un producto estrella, aunque sea ya antiguo o ya no tenga salida, frente a la llegada de un nuevo producto prometedor. Esta trampa la podemos resumir brevemente en estos puntos:

- **La trampa:** La tolerancia humana al riesgo es muy inconsistente.
- **Ejemplo empresarial:** Las empresas invierten en productos tradicionales en apuros a costa de los recién llegados; tienen miedo de deshacerse de ellos aunque sus competidores lo estén haciendo.
- **Cómo evitar la trampa:**
  - Emplear un proceso estructurado que recopile y pondere tanto los riesgos como el coste de oportunidad de no hacer nada.
  - Utilizar expertos externos para minimizar los sesgos en el criterio.

Trampa N°4: No saber cuáles son los gastos no recuperables

Muchas empresas suelen tirar un buen dinero después de hacer malas inversiones porque no entienden el concepto de los gastos no recuperables. En economía, los gastos no recuperables son gastos retrospectivos (pasados) que ya han tenido lugar y que no se pueden recuperar. A veces se comparan con los gastos esperados, que son gastos futuros que quizá se puedan evitar o modificar si se toma alguna medida. Sin embargo, los gastos no recuperables hay que ignorarlos al tomar decisiones de futuro.

Por ejemplo, la gente que ve entera una película hasta el final, a pesar de que no le está gustando. ¿Por qué lo hace? La mayoría de nosotros la ve porque ha pagado por ello, pero lo cierto es que el precio de la película es un gasto no recuperable.

Como ejemplo empresarial tenemos a Coca Cola (con la New Coke) e IBM (con el OS/2), dos casos en los que se siguió dedicando una buena cantidad de dinero a una mala decisión de inversión porque habían invertido bastante tiempo y dinero (además de la implicación personal) en estos productos y su intención era recuperar lo invertido, incluso a riesgo de perder otras oportunidades empresariales más lucrativas. Hoy día vemos que esto ocurre en los gastos de campañas publicitarias en curso, decisiones de justificación de marca y el rechazo a abandonar mercados o categorías de productos que no funcionan. Esta trampa la podemos resumir brevemente en estos puntos:

➤ **La trampa:** La gente suele tirar bastante dinero después de hacer malas inversiones porque no entienden el concepto de los gastos no recuperables.

➤ **Ejemplo empresarial:** New Coke, OS/2 de IBM, Microsoft Digital Marketing.

➤ **Cómo evitar la trampa:**

   ➤ Crear modelos empresariales que consideren los gastos no recuperables como tales.

   ➤ Asegurarse de que el análisis sólo tenga en cuenta los nuevos costes incrementales.

   ➤ Utilizar expertos externos para minimizar los sesgos en el criterio.

Trampa Nº5: La forma de presentar los datos

El modo en que se enuncia o se presenta una opción puede repercutir en la decisión a tomar. Cuando la información se presenta en formatos diferentes, altera las decisiones de las personas. La gente tiene tendencia a hacer elecciones inconsistentes, dependiendo de si al formular la pregunta ésta se centra en las pérdidas o en las ganancias.

Veamos un ejemplo en el que a los participantes se les ofrecieron dos soluciones alternativas para un grupo de 600 personas afectadas por una enfermedad mortal ficticia:

➤ La opción A salvaría las vidas de 200 personas (el 33 por cien se salva y el 66 por cien muere).

➤ La opción B ofrecía un 33 por cien de probabilidades de salvar a las 600 personas y un 66 por cien de no salvar ninguna.

Estas decisiones tienen el mismo valor esperado, 200 vidas salvadas, pero la opción B es arriesgada. De las dos opciones, el 72 por cien de participantes escogió la opción A, mientras que sólo el 28 por cien escogió la B. Sin embargo, a otro grupo de participantes se les presentó la misma situación, con las mismas estadísticas, pero se les describió de un modo diferente:

➤ Si elegían la opción C, morirían 400 personas.

➤ Si elegían la opción D, existía un 33 por cien de probabilidades de que no muriese nadie y un 66 por cien de que murieran los 600.

En este caso, el 78 por cien de los participantes escogió la opción D (que equivale a la opción B), mientras que sólo el 22 por cien de los participantes escogió la opción C (que equivale a la opción A).

Como puede observarse, la forma de presentar los datos de estas opciones paralelas causa un efecto: los dos grupos optaron por opciones diferentes porque fueron expresadas empleando un lenguaje diferente. En el primer grupo se puso énfasis en las vidas salvadas; en el segundo, en las vidas perdidas. Esta trampa la podemos resumir brevemente en estos puntos:

➤ **La trampa:** El modo en que se enuncia o se presenta una opción puede repercutir en la decisión a tomar. La gente tiene tendencia a hacer elecciones inconsistentes, dependiendo de si al formular la pregunta ésta se centra en las pérdidas o las ganancias.

➤ **Ejemplo empresarial:** Contratación de seguros de vida, planes de jubilación.

➤ **Cómo evitar la trampa:**

   ➤ Cerciorarse de que los modelos de decisión toman la misma referencia y se basan en las mismas suposiciones.

   ➤ Crear modelos desde muchas perspectivas para asegurarse de que a las variables se les asigna el peso adecuado.

Otras trampas de la toma de decisiones que también hay que tener en cuenta:

➤ Las burbujas. La falsa sensación de seguridad que da sentirse parte de un grupo numeroso.

➤ Las cuentas hechas de cabeza.

➤ La negativa a aceptar errores (el revisionismo histórico).

➤ Confundir suerte con habilidad.

➤ El sesgo hacia lo relativo.

➤ Dar demasiado énfasis a lo más llamativo.

➤ No respetar la aleatoriedad.

¿Qué se puede hacer?

La clave está en guiar, y no reprimir, la intuición humana (guardarraíles en vez de vías del tren). Vamos a ver algunas medidas que podemos tomar para guiar la toma de decisiones al transformar nuestra empresa en una organización basada en la analítica:

- ➤ Utilizar modelos analíticos para ayudar a los que toman las decisiones a entender y cuantificar los riesgos y los beneficios de las decisiones. Aprovechar las herramientas y las técnicas estadísticas de fiabilidad probada para mejorar la comprensión de las probabilidades. Emplear una disciplina analítica estructurada que detecte y pondere tanto los riesgos como las posibilidades.

- ➤ Confirmar y volver a confirmar que estamos utilizando las métricas apropiadas (piense en "Moneyball"). El simple hecho de que una métrica concreta haya sido siempre la apropiada no significa que sea la adecuada para esta decisión en concreto.

- ➤ Ponga a prueba las suposiciones de sus modelos. Compruebe la vulnerabilidad del modelo y sus suposiciones utilizando las técnicas como el Análisis de Sensibilidad y Monte Carlo. Por ejemplo, si se hubiera cuestionado la creencia de que los precios de las casas nunca bajarían, la caída del mercado inmobiliario se podría haber evitado.

- ➤ Consulte diversas opiniones al revisar un modelo. Evite el pensamiento en grupo, que es otro error de la toma de decisiones. El pensamiento en grupo es una trampa en la que nos rodeamos de gente que piensa como nosotros, y por consiguiente ya predispuesta a estar de acuerdo con cualquier idea y decisión que se les presente. Tenga a alguien que le lleve la contraria (como Tom Hanks en la película "Big"). Utilice técnicas de asesoramiento en el proceso de decisión para cerciorarse de que se escuchan todas las voces y se tienen en cuenta todos los puntos de vista.

- ➤ Tenga cuidado con el modo en que presenta las decisiones.

- ➤ Cree modelos de negocio que traten adecuadamente los gastos no recuperables. Asegúrese de que el modelo y el análisis sólo tiene en cuenta los nuevos costes incrementales. Asegúrese de que sus modelos incluyen los costes de las oportunidades.

- ➤ Utilice comisiones revisoras y reuniones para comentar las decisiones tomadas con el fin de ver qué ha funcionado, qué no y por qué.

- ➤ Tenga cuidado con las remuneraciones ilógicas; los humanos somos máquinas de optimización de ingresos.

CÓMO FUNCIONA LA TEORÍA DE LA DECISIÓN

El salto hacia la cultura de las analíticas es un potente estímulo para la empresa, pero en esta transformación debe tenerse en cuanta algo más que la tecnología. También deberá entender, controlar y educar a la gente frente a las trampas comunes de la toma de decisiones para garantizar que la transformación será la correcta.

RESUMEN

En este capítulo hemos visto cómo el acceso a conjuntos de datos enormes y diversos está cambiando el modo de realizar los análisis. En vez de dedicar tiempo a entender qué ha provocado algo, las organizaciones están más interesadas en ver qué les dicen los datos. Este método no funciona en todas las situaciones, pues hay casos en lo que lo importante es entender por qué ha ocurrido algo (como en los cuidados sanitarios o al establecer prioridades entre los heridos de un accidente múltiple). Pero en muchos casos, la velocidad al tomar una decisión es más importante que llegar a la decisión "perfecta" (como es el caso de los precios, la administración de los beneficios, la gestión de las rebajas, los anuncios a mostrar o la detección de fraudes). Citando al General George S. Patton, "Un buen plan para hoy es mejor que un plan perfecto para la semana que viene".

A continuación hemos visto que los conocimientos y las recomendaciones que pueden derivarse de los Big Data y las analíticas avanzadas podrían tener repercusión en la interacción con el usuario y la interfaz de usuario. En lugar de emplear el modelo de Inteligencia Empresarial que les da acceso a los usuarios a sus datos con la esperanza de que puedan arreglárselas para llegar a los conocimientos (que es algo así como encontrar una aguja de plata en un pajar de agujas de cromo), ahora podemos aprovechar la analítica predictiva y los *feeds* de datos en tiempo real para descubrir conocimientos y recomendaciones y presentárselos directamente a los usuarios profesionales. Esto puede tener un impacto notable en el modo en que los usuarios profesionales interactúan con los datos, además de mejorar también la productividad y la eficacia empresarial.

Por último, nos hemos divertido un poco analizando cómo funciona la mente humana cuando intenta tomar la mejor decisión posible. Hemos visto las tendencias humanas que cortocircuitan los procesos de decisión deseados y nos llevan a decisiones que son menos óptimas, erróneas o incluso fatales. El capítulo ha descrito algunas técnicas y procesos que puede poner en práctica en su empresa para asegurarse de que estas trampas de la toma de decisiones no mermarán la capacidad de su empresa para tomar decisiones basadas en los datos o las analíticas.

6. Crear una estrategia para los Big Data

Uno de los retos clave a los que se enfrentan las empresas de las TI al prepararse para dar el salto al mundo de los Big Data es garantizar que esta iniciativa es valorada, o resulta valiosa, para los grupos de interés. Lamentablemente, estos se han vuelto bastante inmunes a las promesas de las TI acerca de las maravillas de los nuevos avances tecnológicos. Tienen reparos a la hora de aceptar que otra nueva tecnología va a resolverles todos sus problemas con los datos y la analítica. A los grupos de interés se les ha estado engañando continuamente acerca de la facilidad de uso y las capacidades de estas nuevas tecnologías, lo que ha conducido a la aparición de barreras entre las TI y las empresas.

A continuación vamos a ver un documento que garantizará la relevancia empresarial de su iniciativa con los Big Data. Aunque no se trata de un ejercicio trivial, le ofrece un proceso y un marco de trabajo que podrá repetir para asegurarse de que sus intentos con los Big Data contemplan las iniciativas clave. El documento establece una disciplina que puede seguir cualquier organización, siempre que sepa realmente cuáles son las iniciativas empresariales clave de su organización y se centre en ellas. El documento es:

➤ Conciso, pues cabe en una página, por lo que cualquiera puede consultarlo rápidamente para asegurarse de que está trabajando en los puntos más prioritarios.

➤ Claro, pues define lo que tienen que hacer la organización y las personas para cumplir las iniciativas estratégicas marcadas.

➤ Relevante para los grupos de interés, al partir y centrarse en el proceso de apoyo a la estrategia empresarial global de la organización, identificando las iniciativas empresariales de apoyo antes de pasar a los requisitos tecnológicos, analíticos, de arquitectura y de datos.

DOCUMENTO DE ESTRATEGIA PARA LOS BIG DATA

El documento de estrategia para los Big Data se compone de las siguientes secciones, que se resumen en la figura 6.1:

Estrategia empresarial

Iniciativas empresariales:
- Iniciativas empresariales específicas en las que se sustenta la estrategia empresarial

Resultados & FCE

Resultado deseado — Resultado deseado
- Factores críticos de éxito
- Factores críticos de éxito

Tareas | Tareas clave a realizar para tener éxito

Fuente de datos nº1 | Fuente de datos nº2 | Fuente de datos nº3 | Fuente de datos nº4

Figura 6.1. El documento de estrategia para los Big Data.

- ➤ **Estrategia empresarial:** La estrategia empresarial elegida se incluye como título del documento, para definir claramente el ámbito en el que se centrará la iniciativa de los Big Data. El título no debería tener más de una frase, pero aun así debería proporcionar los detalles suficientes para identificar el objetivo empresarial global, como por ejemplo: "Mejorar la intimidad con el cliente", "Reducir los costes de mantenimiento operativo" o "Mejorar la efectividad en los lanzamientos de nuevos productos".

- ➤ **Iniciativas empresariales:** Esta sección divide la estrategia empresarial en las iniciativas empresariales en las que se sustenta. Una iniciativa empresarial se define como un proyecto multidisciplinario que dura entre 9 y 12 meses, con objetivos económicos o empresariales claramente definidos en los que se mide el éxito de la iniciativa empresarial. No suele haber más de entre tres y cinco iniciativas empresariales por estrategia empresarial. Más de eso ya se considera una lista de deseos.

- ➤ **Resultados y Factores Críticos de Éxito (FCE):** Contiene los resultados y los factores críticos de éxito necesarios para llevar a cabo con éxito las iniciativas empresariales clave de la organización. Los resultados definen el estado final deseado o ideal. Los factores críticos de éxito definen "lo que hay que hacer" para que la iniciativa empresarial tenga éxito.

CREAR UNA ESTRATEGIA PARA LOS BIG DATA

➤ **Tareas:** Proporciona el siguiente nivel de detalle, pues documenta las tareas específicas que hay que realizar a la perfección para sustentar las iniciativas empresariales marcadas. Se trata de las tareas clave en las que deberán colaborar las distintas partes de la organización para satisfacer las iniciativas empresariales. Esta es la sección "cómo se hace" del documento, y es en este nivel de detalle en el que se definen, asignan y miden las tareas personales y los objetivos de la gestión. Lo normal es tener entre 8 y 12 tareas clave definidas y vinculadas a las iniciativas empresariales objetivo como parte del documento de estrategia para los Big Data.

➤ **Fuentes de datos:** Por último, el documento destaca las fuentes de datos clave necesarias para sustentar la estrategia empresarial y las iniciativas empresariales clave de apoyo. La definición de las tareas debería proporcionar un sólido conocimiento de las métricas y medidas clave, las dimensiones empresariales de relevancia, el nivel de granularidad y la frecuencia del acceso a los datos.

Ejemplo de intimidad con el cliente

Para que le sea más fácil crear un documento de estrategia para los Big Data, vamos a ver un ejemplo basado en la intimidad con el cliente (véase la figura 6.2).

Mejorar la intimidad con el cliente para poder aprovechar mejor su implicación

Iniciativas empresariales:
1. Aumentar la afiliación (más afiliados y más renovaciones)
2. Aumentar la implicación del cliente (vender más productos, proporcionar más servicios)

Resultados & FCE

Lograr un conocimiento íntimo de la fase vital y el comportamiento del cliente

Actuar en base a este conocimiento íntimo del cliente para crear demanda y estimularla

El éxito de esta estrategia se basa en nuestra capacidad de...
1. Optimizar los puntos de distribución: comunicaciones y productos
2. Aprovechar la información: perfil, segmentación y valor económico del cliente
3. Integración en plataformas operativas: gestión del contacto, métricas de rendimiento

Tareas
- Recopilar **información** durante los contactos con el cliente en ambos sentidos
- Aplicar la **inteligencia** empresarial práctica sobre la familia de cada cliente
- Usar la inteligencia empresarial para tener una interacción **relevante** con cada cliente
- Hacer un seguimiento de la ejecución y los **resultados** de la operación

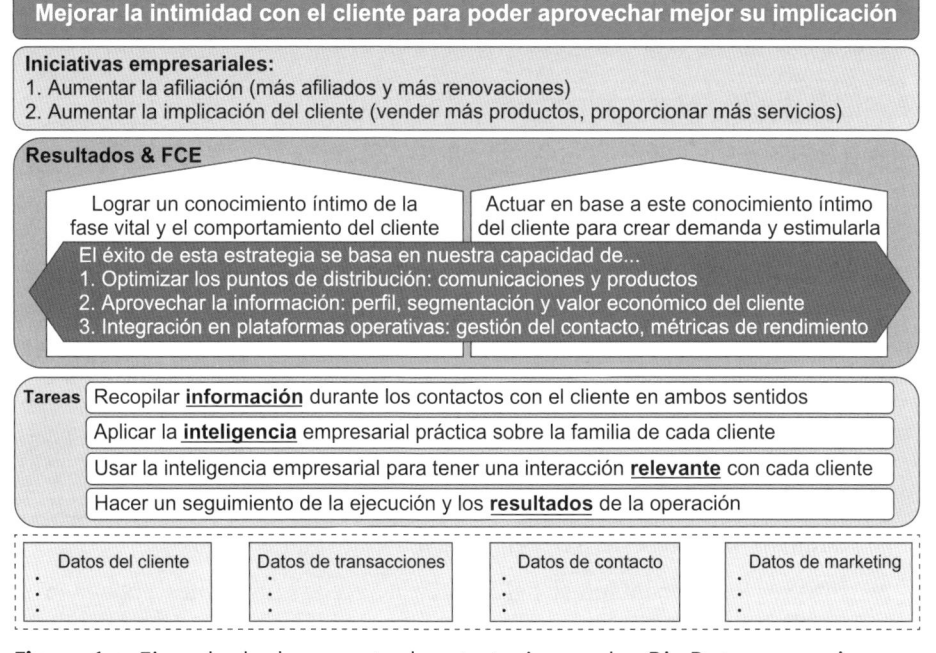

Datos del cliente | Datos de transacciones | Datos de contacto | Datos de marketing

Figura 6.2. Ejemplo de documento de estrategia para los Big Data para mejorar la intimidad con el cliente.

Estrategia empresarial

El título del documento indica la estrategia empresarial en la que se centrará la iniciativa de los Big Data, que en este caso es "Mejorar la intimidad con el cliente para poder aprovechar mejor su implicación". El título define el ámbito de la estrategia (nos centraremos en mejorar las relaciones con el cliente, no en mejorar el mantenimiento predictivo de los componentes de la red), pero como puede ver, no contiene suficientes detalles como para pasar a la acción.

Iniciativas empresariales

Esta sección contiene las iniciativas empresariales en las que se sustenta la estrategia empresarial de intimidad con el cliente. Estas iniciativas empresariales recogen los objetivos finales buscados, perfilan qué es lo que se aspira a conseguir y definen cómo se medirá el éxito. Como ejemplos de iniciativas empresariales relevantes para apoyar la estrategia empresarial de intimidad con el cliente tenemos:

- ➤ Aumentar la afiliación, consiguiendo más afiliados, renovando a los existentes o aprovechando las promociones para conseguir nuevos afiliados.
- ➤ Aumentar la implicación del cliente, vendiendo más productos, proporcionando más servicios o servicios complementarios de marketing colaborativo.

Resultados y factores críticos de éxito

Esta sección contiene los detalles de "lo que hay que hacer" para apoyar adecuadamente la ejecución de las iniciativas empresariales de intimidad con el cliente. Como ejemplos relevantes de FCE podemos nombrar:

- ➤ Desarrollar un conocimiento íntimo de la fase vital, el comportamiento y las áreas de interés de nuestros clientes.
- ➤ Actuar en base a este conocimiento íntimo del cliente para crear demanda y estimular las compras.
- ➤ Optimizar los puntos de distribución o de contacto con el cliente, a través de comunicaciones y de productos y servicios orientados al cliente.
- ➤ Obtener y aprovechar la información adicional sobre el cliente y su familia, como su perfil, su segmentación y su valor económico.
- ➤ Integrar los conocimientos del cliente y las recomendaciones a poner en práctica en plataformas operativas que incluyan la gestión del contacto, métricas de rendimiento y herramientas analíticas.

Tareas

Esta sección proporciona el siguiente nivel de detalle, relacionado con las tareas específicas en las que las distintas organizaciones necesitan colaborar para que se lleven a cabo correctamente las distintas iniciativas empresariales (la etapa "cómo se hace"). Aquí podríamos incluir las siguientes tareas (recuerde, lo normal es citar entre 8 y 12 tareas).

- ➤ Recopilar información (aumentando el uso de sondeos, preguntas y los medios que ofrece Internet).
- ➤ Generar información correcta y específica sobre la familia de cada cliente que deje la vía libre a líneas de actuación.
- ➤ Utilizar esta información para tener la interacción pertinente con cada cliente.
- ➤ Hacer un seguimiento de la ejecución de la operación y los resultados.

Fuentes de datos

Por último, el documento destaca algunas de las principales fuentes de datos necesarias para sustentar las iniciativas empresariales clave. En este caso, necesitaríamos disponer de las siguientes:

- ➤ Datos del cliente (demográficos, de comportamiento, psico-demográficos).
- ➤ Datos de transacciones (compras, devoluciones).
- ➤ Datos de contacto (comentarios del consumidor, conversaciones por correo o medios sociales).
- ➤ Datos de marketing (gastos de campaña, clientes potenciales, conversiones).

Pasar del documento de estrategia a la acción

Una vez tenemos el documento de estrategia para los Big Data relleno con la estrategia empresarial, las iniciativas empresariales, los factores críticos de éxito, las tareas clave y las fuentes de datos definidas, la siguiente etapa es identificar la inteligencia empresarial (IE) en que se apoya, las analíticas avanzadas y los requisitos del almacén de datos (véase la figura 6.3).

El documento de estrategia divide los requisitos tecnológicos en los siguientes componentes:

- ➤ Identificar las métricas, las medidas e indicadores claves de rendimiento con los que se medirá el progreso y el éxito de cada una de las iniciativas clave.

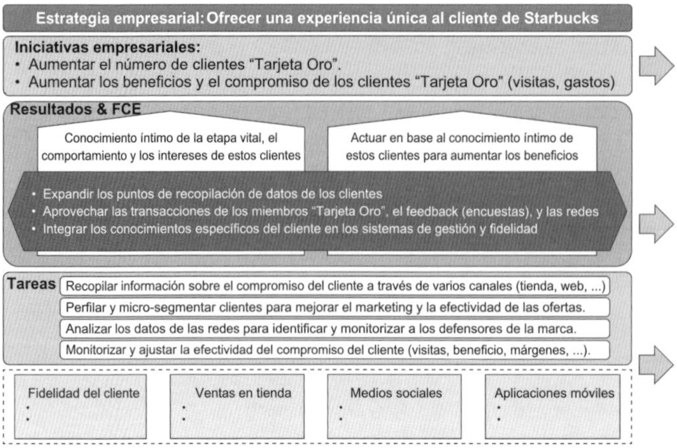

Requisitos de los Big Data

Estrategia empresarial: Ofrecer una experiencia única al cliente de Starbucks

Iniciativas empresariales:
- Aumentar el número de clientes "Tarjeta Oro".
- Aumentar los beneficios y el compromiso de los clientes "Tarjeta Oro" (visitas, gastos).

Resultados & FCE
- Conocimiento íntimo de la etapa vital, el comportamiento y los intereses de estos clientes
- Actuar en base al conocimiento íntimo de estos clientes para aumentar los beneficios
- Expandir los puntos de recopilación de datos de los clientes
- Aprovechar las transacciones de los miembros "Tarjeta Oro", el feedback (encuestas), y las redes
- Integrar los conocimientos específicos del cliente en los sistemas de gestión y fidelidad

Tareas
- Recopilar información sobre el compromiso del cliente a través de varios canales (tienda, web, ...)
- Perfilar y micro-segmentar clientes para mejorar el marketing y la efectividad de las ofertas.
- Analizar los datos de las redes para identificar y monitorizar a los defensores de la marca.
- Monitorizar y ajustar la efectividad del compromiso del cliente (visitas, beneficio, márgenes, ...)

Fidelidad del cliente | Ventas en tienda | Medios sociales | Aplicaciones móviles

- Identificar los medidores de rendimiento claves con los que se medirá el éxito.
- Identificar las preguntas mediante métricas, dimensiones, jerarquías.
- Identificar decisiones empresariales, el flujo/proceso decisivo, y los requisitos del equipo de interacción.
- Identificar los algoritmos analíticos y los requisitos de modelado (predecir, anticipar, optimizar, recomendar).
- Identificar los datos de apoyo (fuentes, granularidad, dimensionalidad, frecuencia de actualización, métodos de acceso, etc.)

Figura 6.3. El documento de estrategia identifica los requisitos de los Big Data en los que nos apoyaremos.

➤ Identificar las preguntas, las métricas y las dimensiones empresariales (mediante el análisis) necesarias para sustentar las iniciativas empresariales. También debería captar las posibles relaciones empresariales jerárquicas en esta etapa.

➤ Identificar las decisiones empresariales y el flujo de las decisiones necesario para cada tarea. Compruebe o cree prototipos de estas tareas y decisiones clave para validar que ha capturado todas las preguntas empresariales, métricas/hechos y dimensiones necesarias. Recopile los requisitos de las decisiones empresariales, el flujo/proceso decisivo y los requisitos del equipo de interacción.

➤ Identifique los algoritmos analíticos y los requisitos de modelado y transformación de datos en que se apoyarán los componentes predictivos de cada una de las tareas clave. Busque la posibilidad de insertar nuevos "verbos" predictivos, como calificar, prever, optimizar, recomendar y predecir, en las preguntas y decisiones empresariales.

➤ Identificar las fuentes de datos de apoyo, incluyendo medidas, dimensionalidad, atributos dimensionales, granularidad, frecuencia de actualización, ubicación del almacenamiento y métodos de acceso.

CREAR UNA ESTRATEGIA PARA LOS BIG DATA

A resultas de este trabajo, nos encontramos en posición de definir la pila tecnológica y la arquitectura de analíticas y datos necesaria, incluyendo la Administración de Datos Maestros (ADM), el enriquecimiento de datos ETL/ELT, el almacenamiento de datos, la IE y los requisitos de las analíticas avanzadas necesarios para sustentar la estrategia empresarial de intimidad con el cliente.

EJEMPLO: DOCUMENTO DE ESTRATEGIA PARA LOS BIG DATA PARA STARBUCKS

Vamos a ver otro ejemplo de documento de estrategia para los Big Data utilizando a Starbucks, una empresa de la que soy un gran fan y uno de sus muchos miembros Tarjeta Oro. A continuación vemos un extracto del Informe Anual de Starbucks de 2011, que nos servirá como guía para el desarrollo del documento de estrategia para los Big Data para Starbucks (véase la cita más abajo). Quisiera dejar claro que todos los datos empleados en este ejemplo de Starbucks proceden de fuentes públicas, y que el desarrollo de este documento se basa totalmente en mi experiencia personal como consumidor de sus productos y usuario de su sitio Web, sus aplicaciones móviles y sus tiendas.

> *Nuestro objetivo como minoristas es ser los principales minoristas y la marca de café líder en cada uno de nuestros mercados objetivo, vendiendo el café y los productos relacionados de mayor calidad, de modo que cada cliente tenga una experiencia única en Starbucks. Esta experiencia se construye en base a un mejor servicio al cliente, así como en unas tiendas gestionadas por la empresa y con un buen mantenimiento, que reflejen las personalidades de las comunidades en las que operan, consiguiendo de este modo clientes muy fieles.*
>
> *Informe Anual de Starbucks de 2011*

En el Informe Anual de Starbucks de 2011 podemos observar que la estrategia empresarial de esta cadena se centra en que "...cada cliente tenga una experiencia única en Starbucks". Si trabajamos a partir de esta estrategia empresarial concreta, podríamos utilizar el proceso articulado anteriormente en este capítulo para crear un documento de estrategia para los Big Data para Starbucks y dividir su estrategia en sus requisitos empresariales, y en consecuencia, los requisitos de los Big Data (véase la figura 6.4).

Lo primero es identificar entre dos y cuatro iniciativas empresariales clave en las que sustentar la estrategia empresarial "Ofrecer una experiencia única al cliente de Starbucks". Dos de esas iniciativas podrían ser:

➤ Aumentar el número de clientes "Tarjeta Oro", pasando de seis millones a nueve millones en los próximos 12 meses.

➤ Aumentar los beneficios y el compromiso de los clientes "Tarjeta Oro" incrementando las visitas a las tiendas, los gastos por visita, los defensores y la probabilidad de que cada miembro Tarjeta Oro nos recomiende (lo ideal sería que para cada una de estas métricas del compromiso del cliente existiera una cifra objetivo).

Estrategia empresarial: Ofrecer una experiencia única al cliente de Starbucks

Iniciativas empresariales:
- Aumentar el número de clientes "Tarjeta Oro".
- Aumentar los beneficios y el compromiso de los clientes "Tarjeta Oro" (visitas, gastos, ...)

Resultados & FCE

| Conocimiento íntimo de la etapa vital, el comportamiento y los intereses de estos clientes | Actuar en base al conocimiento íntimo de estos clientes para aumentar los beneficios |

- Expandir los puntos de recopilación de datos de los clientes
- Aprovechar las transacciones de los miembros "Tarjeta Oro", el feedback (encuestas), y las redes
- Integrar los conocimientos específicos del cliente en los sistemas de gestión y fidelidad

Tareas
- Recopilar información sobre el compromiso del cliente a través de varios canales (tienda, web, ...)
- Perfilar y micro-segmentar clientes para mejorar el marketing y la efectividad de las ofertas.
- Analizar los datos de las redes para identificar y monitorizar a los defensores de la marca.
- Monitorizar y ajustar la efectividad del compromiso del cliente (visitas, beneficio, márgenes, ...).

| Fidelidad del cliente | Ventas en tienda | Medios sociales | Aplicaciones móviles |

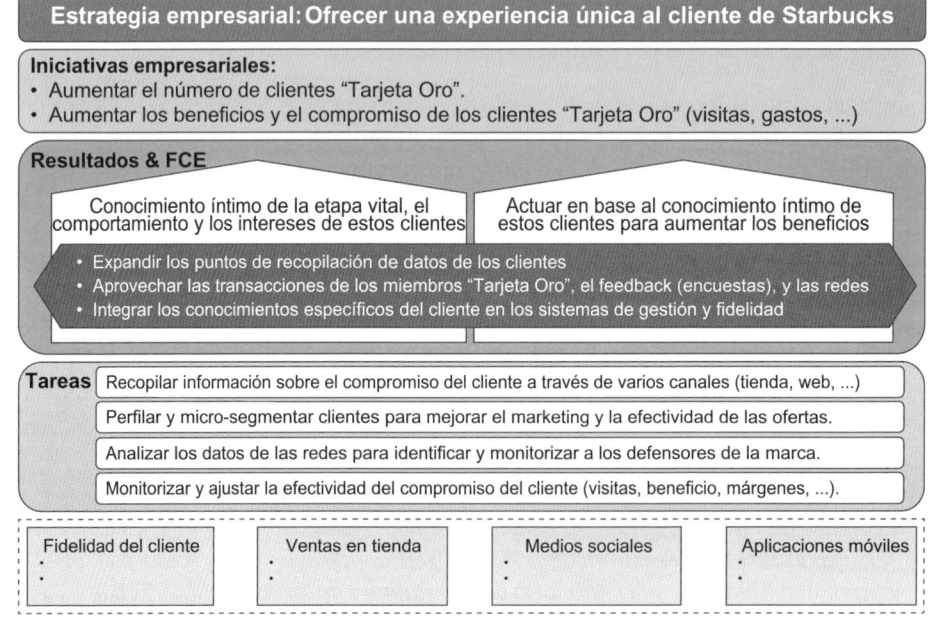

Figura 6.4. Documento de estrategia para los Big Data para Starbucks.

Probablemente haya algunas iniciativas empresariales más que Starbucks podría anunciar para apoyar esta estrategia empresarial, pero vamos a centrarnos sólo en estas dos por ahora.

A continuación sería pertinente identificar los resultados deseados que Starbucks querría alcanzar para sustentar estas iniciativas empresariales. Estos resultados serían:

➤ Desarrollar un conocimiento íntimo de la etapa vital, los comportamientos y las preferencias de los clientes Tarjeta Oro, así como de qué cosas les interesan y les apasionan.

➤ Actuar en base al conocimiento íntimo de estos clientes para aumentar los beneficios de las tiendas a la par que se mejora la experiencia global del cliente de Starbucks.

También necesitará definir los factores críticos de éxitos en los que se sustenta, que podrían ser:

- Ampliar el número de puntos de recopilación de datos de los clientes, aprovechando los medios sociales, la aplicación de Starbucks para móviles, el sitio Web y otras técnicas de comunicación más tradicionales como el correo directo, el correo electrónico y las encuestas.

- Aprovechar las transacciones de los miembros Tarjeta Oro, sus reacciones (encuestas) y los datos de las redes sociales y los dispositivos móviles para obtener una imagen mucho más completa y precisa (perfil) de los distintos tipos o segmentos de clientes Tarjeta Oro.

- Descubrir y después integrar los conocimientos específicos de los clientes en los sistemas de operaciones (*call centers*, marketing directo, opiniones en tiendas), administración (informes de tiendas y cuadros de administración) y de fidelización (servicio al cliente, marketing).

A continuación, el documento de estrategia para los Big Data captura las tareas específicas que Starbucks necesita que ejecuten sus diferentes funciones empresariales. Aquí es donde ponemos el plan en marcha, trasladando la estrategia empresarial "Ofrecer una experiencia única al cliente de Starbucks" a las operaciones del día a día de cada uno de los empleados de la cadena. Estas tareas clave podrían ser:

- Proporcionar más y mejores posibilidades de recopilar información sobre el compromiso del cliente a través de varios canales: en la tienda, por la Web, en las redes sociales y en los dispositivos móviles.

- Perfilar y micro-segmentar los clientes para mejorar el marketing y ser más eficaces; haciendo hincapié en doblar el número de segmentos de clientes con perfil a finales de año.

- Analizar los datos de las redes sociales para identificar y monitorizar a los defensores de la marca; medir y monitorizar la probabilidad de que los clientes Tarjeta Oro nos recomienden (*Likelihood to Recommend*, LTR).

- Monitorizar, medir y ajustar la efectividad del compromiso de los clientes, incluyendo el número de visitas, los beneficios por visita, el margen por visita, las tendencias de la cesta de la compra y los defensores de la marca.

Por último, determinamos las fuentes de datos necesarias para sustentar la estrategia empresarial y las iniciativas empresariales clave de Starbucks. Estas fuentes de datos podrían ser:

- Datos demográficos, estilo de vida, preferencias de ubicación y datos de comportamiento asociados.

- Historial de compra de productos del cliente.

- Datos de ventas de productos en las tiendas.
- Publicaciones y opiniones en los medios sociales.
- Datos de localización de las aplicaciones móviles (unidos a los datos de compra de productos).

Lo útil del proceso de desarrollo de este documento de estrategia es que además de definir las fuentes de datos y las capacidades analíticas en las que debe centrarse la organización para proporcionar un soporte completo a la estrategia empresarial, también define lo que las fuentes de datos y las capacidades analíticas no necesitan en este momento concreto. Hace de valla de contención para que la organización siga centrada, a la par que desarrolla simultáneamente las capacidades de los Big Data a largo plazo, proporcionando la hoja de ruta empresarial pertinente para introducir nuevas tecnologías e innovaciones en los Big Data.

Ahora ya estamos en situación de identificar los requisitos de la administración de datos, la plataforma de datos, la inteligencia empresarial y los requisitos analíticos en los que se apoyará la estrategia empresarial "Ofrecer una experiencia única al cliente de Starbucks".

EJEMPLO: DOCUMENTO DE ESTRATEGIA PARA LOS BIG DATA PARA LOS SAN FRANCISCO GIANTS

Vamos a demostrar lo versátil que es este documento de estrategia para los Big Data para lograr algo que puede parecer un poco más extravagante: ganar las Series Mundiales. Para ello, suponga que es el director general de un equipo de béisbol profesional. Los propietarios le han contratado para "Ganar las Series Mundiales" (estoy convencido de que hay equipos para los que su objetivo, más que "Ganar las Series Mundiales", es simplemente conseguir beneficios con independencia de la calidad de su juego, aunque quizá esto sólo sea producto del seguidor escéptico de los Chicago Cubs que llevo dentro).

Como en cualquier asunto comercial, existen múltiples estrategias empresariales que un club de béisbol podría seguir para lograr esta meta, "Ganar las Series Mundiales", como por ejemplo:

- Gastar ingentes cantidades de dinero en jugadores veteranos, de calidad y rendimiento demostrado (New York Yankees, Boston Red Sox y Los Ángeles Dodgers).
- Gastar ingentes cantidades de dinero en jugadores de rendimiento irregular que ya están cerca de su retirada (los Chicago Cubs parecen dominar esta estrategia, aunque parece que los New York Mets también la están perfeccionando).

- Gastarse un dineral en tener pitchers abridores y relevistas destacados, e intentar acoplarlos a tiempo para ganar partidos (San Francisco Giants).
- Gastarse un dineral en tener bateadores destacados con la esperanza de acoplarlos a tiempo para ganar partidos (Texas Rangers, Los Ángeles Angels).
- Gastar cantidades de dinero miserables y tirar de ligas inferiores para traer jugadores novatos de calidad y que cobren poco (Oakland A's, Minnesota Twins y Tampa Bay Rays).

Vamos a utilizar pues el documento de estrategia para los Big Data para jugar a ser el director general de los San Francisco Giants y ver qué le haría falta para lograr su meta de ganar las Series Mundiales.

Nuestro primer paso es articular con claridad la estrategia empresarial. En el caso de los San Francisco Giants, yo diría que su estrategia empresarial para ganar las Series Mundiales sería "comprar y conservar pitchers abridores y relevistas de alto rendimiento que estén a nuestro alcance para competir por las Series Mundiales cada año".

Recuerde que una estrategia empresarial se suele hacer a tres o más años vista. Si la cambiamos cada año, entonces deja de ser una estrategia (sería más bien una moda). Pero los clubes lo hacen, y deberían cambiar sus estrategias en base a condiciones económicas cambiantes, las fuerzas del mercado, las tendencias demográficas de los clientes, los cambios tecnológicos e incluso nuevos conocimientos de las analíticas de los Big Data (que podrían revelar fuertes tendencias en los pitchers, desde una perspectiva estadística, para superar a los mejores bateadores en la postemporada). Parece ser que esto es lo que hicieron los San Francisco Giants cuando pasaron de una estrategia a largo plazo para intentar alcanzar las Series Mundiales (rodeando a Barry Bonds de otros bateadores potentes) a su estrategia actual de "los mejores pitchers abridores".

Por tanto, vamos a utilizar el documento de estrategia de los Big Data para ver lo que, como director general, necesita hacer para aplicar con éxito su estrategia empresarial "pitchers abridores y relevistas de calidad para ganar las Series Mundiales".

Para empezar, debería identificar entre dos y cuatro iniciativas con las que sustentar esta estrategia empresarial. Las iniciativas empresariales son planes multidisciplinares, por lo general de entre 9 y 12 meses de duración, con métricas empresariales o económicas claramente definidas. Para nuestro ejemplo del béisbol, sólo voy a enunciar dos (aunque se me ocurren dos más que habría que tener en cuenta en el caso de los San Francisco Giants):

- Comprar y conservar durante toda la temporada pitchers abridores de máximo nivel, midiendo éste en función del número de entradas (al menos seis en un abridor), la media de carreras limpias, el promedio del número de bases por bolas y hits permitidos por el pitcher en cada entrada, el porcentaje de *strikeout-to-walk* y el número de *home runs* permitidos por nueve entradas.

➤ Una estrategia ofensiva "small ball", medida por el porcentaje de embasado de un jugador a la ofensiva (OBP), la media de bateo con corredores en posición de marcar, el porcentaje de robos, la ejecución de *hit and runs* y la efectividad en toques de sacrificio.

A continuación, lo pertinente sería identificar los resultados deseados de nuestras iniciativas empresariales, que en este caso serían:

➤ Tener un conocimiento detallado y una visión predictiva de las tendencias de la situación de los pitchers y los casos particulares dentro de la competición (por competidores, bateadores específicos, terreno de juego, condiciones meteorológicas, días de descanso, etc.).

➤ Tener un conocimiento detallado y una visión predictiva de las tendencias y los comportamientos de los bateadores con corredores en posición de marcar (por tanteo, número de *outs*, pitchers competitivos, quién está en la base, si es de día o de noche).

Lo siguiente sería identificar los factores críticos de éxito necesarios para sustentar las iniciativas empresariales, como pueden ser:

➤ Aumentar la precisión de los conocimientos predictivos y las observaciones sobre el rendimiento de los bateadores, es decir, experimentar con otras fuentes de datos para crear medidas compuestas que pudieran ser mejores predictores del rendimiento de pitchers y bateadores.

➤ Predecir el programa de desarrollo de jugadores para los candidatos a pitcher abridor (pertenezcan a las categorías inferiores o no, incluyendo a los pitchers relevistas y los candidatos potenciales de las ligas universitarias y agentes libres).

➤ Integrar los conocimientos y las probabilidades de pitchers y lanzadores en los sistemas de apoyo a la decisión directivos y deportivos, en función de las tendencias y el rendimiento actual de los jugadores por oponente, el pitcher del oponente, la situación del partido, la hora del día, la época del año, las condiciones meteorológicas, etc.

Seguidamente, identificaremos las tareas clave que debemos realizar correctamente (¿perfectamente?) para poder lograr el estado deseado, como son:

➤ Recopilar y monitorizar los datos de rendimiento de los pitchers abridores con el fin de que conserven sus habilidades hasta acabar la temporada (es decir, para evitar su desgaste).

- Analizar las tendencias de rendimiento actuales de los pitchers para optimizar las decisiones sobre los pitchers abridores y relevistas (desarrollar las estadísticas y métricas necesarias para predecir mejor cuándo retirar a un abridor y qué relevistas utilizar en qué situaciones de los partidos).
- Optimizar la cartera de bateadores válidos para nuestro "small ball", poniendo la vista en los jugadores, el desarrollo, las promociones y el mercado de las ligas menores (buscando constantemente bateadores que puedan cubrir huecos o mejorar lo que ya tenemos).
- Implementar los conocimientos específicos que tenemos de cada bateador para tomar decisiones durante el juego que puedan optimizar los robos, los *hit and runs* y las posibilidades de sacrificio.

Por último, identificar los datos que necesitamos para sustentar el proceso entero, como son:

- Información detallada de la plantilla, incluyendo el historial sanitario personal (peso, salud, lesiones, medicación), el historial de rendimiento (el tiempo que tarda en correr las 60 yardas, las distancias de los mejores lanzamientos, la velocidad de lanzamiento) y el historial de entrenamiento (press de banca, peso muerto, flexiones en 60 segundos, número de entrenamientos).
- La estadística histórica de los pitchers, incluyendo el número de lanzamientos, los porcentajes de *strike-to-ball* y *strikeouts-to-walk*, el promedio del número de bases por bolas y hits permitidos por el pitcher, el promedio de carreras limpias permitidas, los golpeos al primer lanzamiento, la media de bateos en contra y el porcentaje de *slugging* en contra por año y por partido.
- La estadística histórica de los bateadores, incluyendo el porcentaje de embasado, el porcentaje de *slugging* y los bateos con corredores en base por año y por partido.
- Información de la competición, como medias de bateo, *walks*, *strikeouts*, *home runs* por nueve entradas y porcentajes de *slugging* por cada bateador de la competición (en función de si son diestros o zurdos, el campo, la hora del día o la época del año).
- Información sobre el campo, como la longitud de las líneas, la distancia hasta el borde exterior del *outfield*, la temperatura y la humedad media según el día del año (muy importante en las bolas de nudillos), la altitud, etc.

Hay otras fuentes de datos a tener en cuenta, como las condiciones meteorológicas durante el partido, las cifras de rendimiento de los mejores pitchers de la historia (para utilizarlas como banco de pruebas), las cifras de rendimiento de los pitchers actuales (para el mismo fin) y los costes económicos (salarios, primas, etc.).

La figura 6.5 muestra el documento de estrategia para los Big Data resultante.

Estrategia empresarial: Aprovechar los pitchers de calidad para ganar las Series Mundiales

Iniciativas empresariales:
- Comprar y conservar pitchers de máximo nivel (abridores de calidad, con ERA y WHIP bajos)
- Estrategia ofensiva "Small Ball" perfecta (OBP, bateo con corredores en posición de marcar)

Resultados & FCE

Conocimiento de las tendencias de la situación de los pitchers en la competición

Conocimiento de las tendencias de los bateadores con corredores en posición de marcar

- Mejorar los conocimientos predictivos y los puntos de observación sobre el rendimiento de los bateadores
- Modelar el seguimiento de candidatos a pitcher abridor en las ligas menores y otras
- Integrar los conocimientos de pitchers y lanzadores en sistemas de decisión directivos y en tiempo de juego

Tareas
- Recopilar y monitorizar los datos de rendimiento de los pitchers para intentar evitar su desgaste en la temporada
- Analizar las tendencias de rendimiento actuales para optimizar las decisiones sobre los pitchers abridores y relevistas
- Optimizar la cartera de bateadores válidos para nuestro "small ball" en otras ligas y mercados menores
- Implementar los conocimientos específicos que tenemosd de cada bateador para tomar decisiones durante el juego

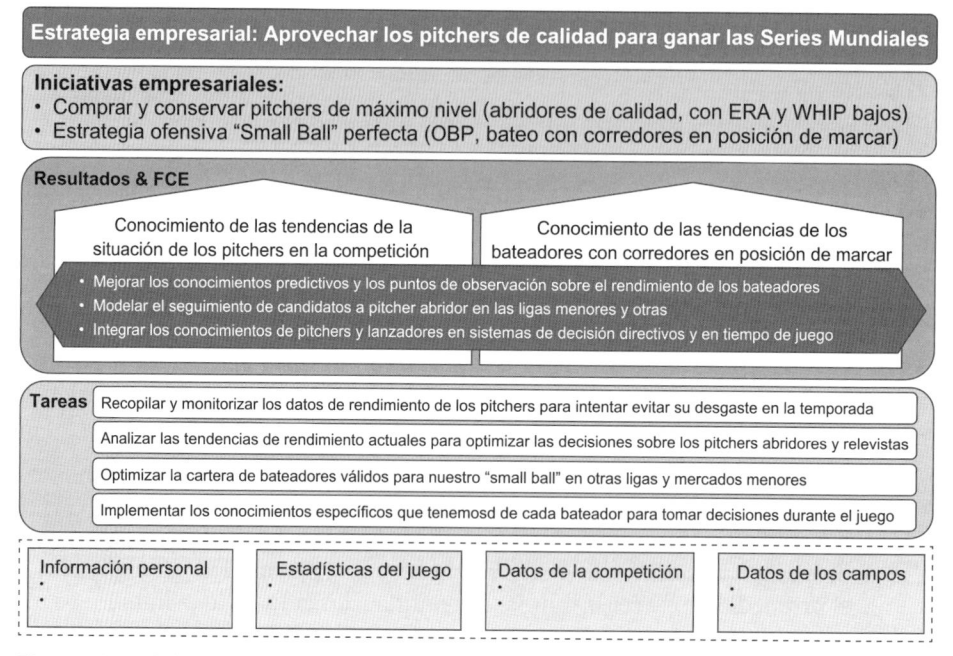

| Información personal | Estadísticas del juego | Datos de la competición | Datos de los campos |

Figura 6.5. El documento de estrategia para los Big Data para ganar las Series Mundiales.

Jugar a ser director general de los San Francisco Giants ha sido un ejercicio divertido, que nos ha proporcionado otra perspectiva del uso del documento de estrategia para los Big Data, que aparte de dividir la estrategia empresarial de la organización y las iniciativas empresariales en los factores críticos de éxito y las tareas clave, nos conduce en definitiva a la estrategia de datos y a los requisitos apropiados de la arquitectura analítica de los Big Data.

RESUMEN

Este capítulo trata cuestiones diversas. Entra en detalle sobre el uso del documento de estrategia para los Big Data para garantizar que tanto las iniciativas de los Big Data como lo que la empresa piensa que es materialmente importante está en sintonía, la estrategia empresarial global. El documento de estrategia para los Big Data se encarga de que los grupos de interés y las TI hablen el mismo lenguaje, haciendo también de guía de cara a las decisiones que se puedan tomar sobre los datos y la tecnología. El documento de estrategia sirve para priorizar los requisitos tecnológicos al poner a prueba su capacidad de servir de apoyo a la estrategia empresarial elegida, las iniciativas empresariales clave, los factores críticos de éxito y las tareas clave.

Hemos visto dos ejemplos de documento, para Starbucks y para los San Francisco Giants, con el fin de que entienda mejor cómo puede crear su propio documento de estrategia para los Big Data. No es un proceso complicado, pero su elaboración sí requiere de la cooperación de los principales grupos de interés y las TI en las que se apoyan, lo que probablemente sea el primer test para ver hasta qué punto está aprovechando la organización los Big Data para transformar materialmente sus operaciones empresariales y reformular su proceso de creación de valor.

7. Cómo funciona el proceso de creación de valor

A algunas organizaciones les lleva bastante tiempo entender o "visualizar" cómo pueden potenciar los Big Data sus principales iniciativas empresariales. Esto es especialmente cierto para los usuarios profesionales que no entienden el tipo de preguntas que se puede responder y las decisiones que pueden tomar haciendo uso de los Big Data. En este capítulo veremos varias técnicas y ejercicios de visualización que pueden ayudar a los usuarios profesionales, así como a los equipos de las TI, a entender dónde y cómo pueden repercutir los Big Data en los procesos de creación de valor empresarial.

Los ejercicios de visualización hacen que a los usuarios profesionales les resulte más fácil tener nuevas ideas sobre cómo identificar las áreas específicas en las que los Big Data pueden tener impacto sobre sus empresas. Estos ejercicios de visualización son especialmente eficaces cuando se llevan a cabo como parte de un entorno de trabajo más grande, en el que los grupos dinámicos y las ideas compartidas pueden avivar el proceso de creación de ideas.

Estos ejercicios de visualización se apoyan en dos premisas básicas:

1. Los usuarios profesionales conocen el tipo de preguntas que intentan responder para sustentar sus principales procesos empresariales.
2. Los usuarios profesionales conocen el tipo de decisiones que intentan tomar actualmente para sustentar sus principales procesos empresariales.

Como comentamos en el capítulo 3, creo que le parecerá que el tipo de preguntas que los usuarios intentan responder son probablemente las mismas que las organizaciones llevan varias décadas intentando responder. Son preguntas como: ¿Quiénes son mis clientes más valiosos? ¿Cuáles son mis productos más importantes? ¿Cuáles de mis campañas tienen más éxito? (véase la figura 7.1)

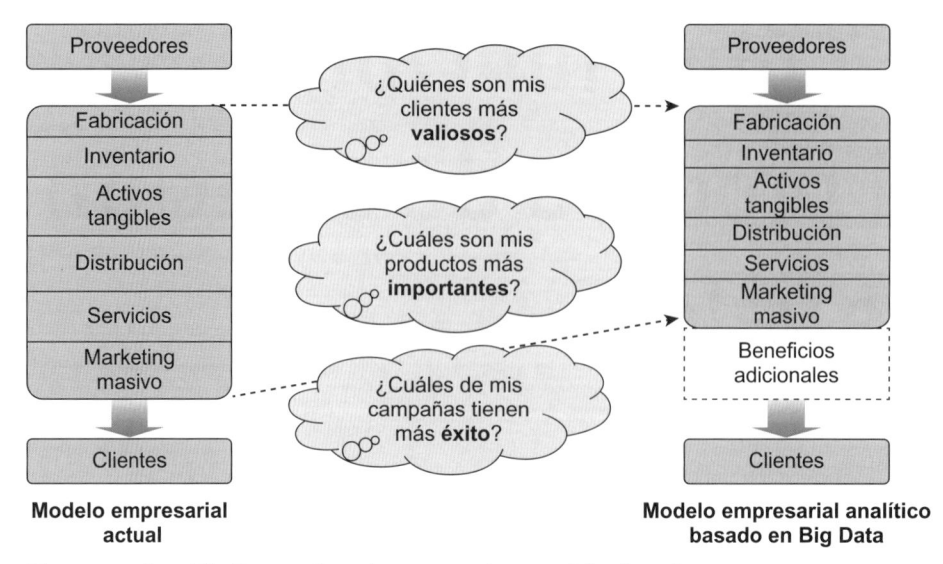

Figura 7.1. Los Big Data guían el proceso de creación de valor.

Los usuarios profesionales necesitan responder este tipo de preguntas para poder:

➤ Descubrir nuevas posibilidades de obtener beneficios que puedan repercutir en su marketing y su organización de ventas.

➤ Reducir los costes de adquisición, fabricación, inventario, cadena de suministro, distribución, publicidad, ventas y mantenimiento.

➤ Atenuar el riesgo en todos los aspectos operativos y financieros de la cadena de valores de la organización.

➤ Conseguir nuevos clientes, productos y conocimientos operativos que puedan utilizar para lograr una ventaja competitiva frente a la competencia y sacar un mayor beneficio en el sector.

Lo que ha cambiado con los Big Data es el modo en que podemos aprovechar las nuevas fuentes de datos y las nuevas capacidades analíticas para responder estas preguntas clave, con el fin de descubrir nuevos conocimientos sobre nuestros clientes, productos y mercados. Por ejemplo, la pregunta anterior sobre los "clientes más importantes" se centraba en identificar a los clientes que compraban más productos (para ello se miraban los datos de ventas de productos, en orden descendente, para quedarse con los de la parte superior de la lista). Esta pregunta se respondía entonces buscando cuáles eran los clientes que daban más beneficios (integrando datos de ventas, devoluciones, pagos, márgenes de los productos, *call centers* y comisiones para hacer el cálculo). En la actualidad, la pregunta de los "clientes más importantes" se responde buscando los clientes más influyentes (tomando los datos de una multitud de sitios de medios sociales para determinar el rango de influencia y el nivel de implicación de cada cliente, sumando los beneficios de cada uno de sus amigos para calcular en qué rentabilidad ofrece ese "rango de influencia"). Como puede ver, conforme se va accediendo a nuevos datos, el nivel de granularidad con el que se puede responder al tipo de preguntas más importantes, valiosas y pertinentes se ha llevado al siguiente nivel de fidelidad, pero también ha aumentado la complejidad de las respuestas de un modo casi exponencial.

Los Big Data nos permiten responder a aquellas cuestiones y tomar decisiones con un nivel más de detalle para poder descubrir nuevos conocimientos sobre nuestros clientes, productos y operaciones, y aplicarlos para responder a esas preguntas empresariales clave, como cuál es el más valioso, el más importante y el que tiene más éxito, todo ello con gran fidelidad y más a tiempo. Los Big Data perfeccionan y aceleran nuestra capacidad para identificar áreas específicas del negocio y procesos empresariales específicos en los que pueden devolver un valor empresarial inmediato.

FACTORES MOTRICES DEL VALOR DE LOS BIG DATA

Considere este capítulo como un curso introductorio de un MAE (Máster de Administración de Empresas) sobre Big Data. Voy a presentarle muchos conceptos del MAE como un medio mediante el cual las organizaciones pueden visualizar dónde y cómo pueden repercutir los Big Data en sus procesos de creación de valor.

La clave para visualizar los Big Data y el proceso de creación de valor es conocer los "factores motrices de los Big Data" (véase la tabla 7.1) que se pueden aplicar a las principales iniciativas empresariales o los procesos empresariales de la organización para proporcionar nuevos conocimientos sobre el negocio (a través de clientes, productos, operaciones, mercados, etc.) y mejorar la toma de decisiones. Vamos a analizar cada uno de estos cuatro factores motrices de los Big Data.

Tabla 7.1. Los cuatro factores motrices de los Big Data.

FACTORES MOTRICES DE LOS BIG DATA	IMPACTO EN LA MONETIZACIÓN DE LOS DATOS
Datos estructurados: Datos transaccionales más detallados (es decir, TPV, IDRF, RDL, tarjetas de crédito)	Hace posible decisiones más detalladas y concretas (locales, estacionales, multidimensionales)

FACTORES MOTRICES DE LOS BIG DATA	IMPACTO EN LA MONETIZACIÓN DE LOS DATOS
Datos sin estructurar: Datos diversos internos (e-mail, comentarios de consumidores) y externos (medios sociales, móviles)	Hace posibles decisiones no estructuradas más completas y precisas (con nuevas métricas, dimensiones y atributos dimensionales)
Velocidad de los datos: Acceso a datos de baja latencia ("en tiempo real")	Hace posible tomar decisiones con más frecuencia y a tiempo (horas frente a semanas, bajo demanda)
Analítica Predictiva: Causalidad, predictores, instrumentación, experimentación	Decisiones predictivas más aplicables (optimizar, recomendar, predecir, estimar, prever)

Factor N⁰ 1: Acceso a datos transaccionales más detallados

El acceso a unos datos más detallados, granulares, estructurados (transaccionales) hace posible un mayor grado de fidelidad en las preguntas a las que los usuarios profesionales intentan responder y las decisiones que intentan tomar. Por ejemplo, ¿a qué tipo de preguntas podría responder y qué decisiones podría tomar si tengo la posibilidad de acceder y analizar datos transaccionales más detallados, como transacciones por TPV, registros de llamadas (RDL), identificadores de radio frecuencia (IDFR), transacciones con tarjetas de crédito, transacciones de acciones, reclamaciones al seguro e opiniones médicas?

El acceso a unos datos transaccionales más detallados probablemente sea la "fruta más baja del árbol" para la mayoría de las organizaciones, pues es aprovechar datos, a veces llamados "oscuros", que ya recopilan. Debido a las limitaciones de la tecnología actual y el coste del almacenamiento de datos, la mayoría de usuarios profesionales sólo tienen acceso a una cantidad de datos limitada en los que apoyar sus informes operativos y administrativos. Sin embargo, las tecnologías de los Big Data proseen la capacidad de acceder y analizar todos los datos transaccionales detallados y granulares. El acceso a todos estos datos puede avivar la creatividad de los usuarios profesionales, llevándoles a hacerse más preguntas del tipo "y si", como por ejemplo:

➤ ¿Cuál es el valor empresarial potencial de dar un mayor apoyo a la adaptación local desarrollando predicciones y planes de producto a nivel de categoría, tienda y departamento?

- ¿Cuál es el valor empresarial potencial de dar un mayor apoyo a la toma de decisiones de temporada desarrollando planes de marketing a nivel de segmento del cliente, producto, código postal y temporada (como Navidad, San Valentín o el Día de la Madre).
- ¿Cuál es el valor empresarial potencial de priorizar los tipos de reclamación en las normas a nivel de cláusula, reclamación, semana o día?

Como puede ver, el potencial de analizar los datos transaccionales existentes a través de las distintas dimensiones del negocio, como pueden ser la ubicación (tiendas o marcas específicas), los productos, el día de la semana, la hora del día, las vacaciones, el tipo de comportamiento del cliente, la categoría demográfica del cliente y otros, y a un nivel de granularidad más bajo, puede mejorar notablemente la capacidad de su organización para descubrir posibilidades de negocio tangibles y aplicables.

Factor Nº 2: Acceso a datos sin estructurar

La capacidad de integrar el creciente volumen de datos sin estructurar con los datos transaccionales detallados que ya tenemos puede transformar radicalmente el tipo de conocimientos que se pueden extraer de los datos. Los datos sin estructurar pueden proporcionar nuevas métricas y dimensiones que los usuarios profesionales pueden utilizar para descubrir nuevos conocimientos sobre sus clientes, productos, operaciones y mercados. Por ejemplo, ¿cuál es el impacto empresarial potencial de tener acceso a datos internos sin estructurar (como comentarios, correos electrónicos, notas físicas o reclamaciones de los clientes), así como a datos externos sin estructurar (como los generados por medios sociales, móviles, máquinas o sensores)? Los usuarios profesionales podrían aprovechar las nuevas métricas, dimensiones y atributos dimensionales extraídos de las fuentes de datos sin estructurar, junto a los datos transaccionales detallados, para realizar un análisis y tomar unas decisiones más completas y fidedignas, en respuesta a preguntas como:

- ¿Cuál es el potencial empresarial de aprovechar nuevos conocimientos sobre los intereses, las pasiones, las asociaciones y las afiliaciones nuestros mis clientes (deducidos a partir de sus actividades en los medios sociales) de cara a mis procesos de captación, maduración y retención de clientes?
- ¿Cuál es el potencial empresarial de añadir los datos generados por sensores a nuestros modelos de mantenimiento predictivo de fabricación, cadena de suministro y productos?
- ¿Cuál es el potencial empresarial de integrar datos sin estructurar de fuentes de terceros (el tiempo, las noticias económicas o los eventos locales) en las decisiones de un hospital, un equipo médico o los cuidados sanitarios?

➤ ¿Cuál es el potencial empresarial de integrar datos de los medios sociales en nuestro análisis de fraude en las reclamaciones para identificar las reclamaciones inusuales que pertenezcan a comunidades de individuos conectados entre sí?

Factor N⁰ 3: Acceso a datos de baja latencia (en tiempo real)

La capacidad de proporcionar acceso en tiempo real (o con una latencia baja) a los datos cambia las reglas del juego y puede dar lugar a nuevas posibilidades de monetización. El principal problema con las plataformas actuales que tratan los datos por lotes es la fugacidad de las oportunidades del mercado, que aparecen y desaparecen antes de que tengamos la ocasión de identificarlas y actuar. Piense, por ejemplo, en el potencial empresarial de los servicios que emplean la ubicación para comunicarse con sus clientes en tiempo real, mientras hacen sus compras. En otras palabras, ¿cuál es el potencial empresarial de tener acceso en tiempo real o con una latencia baja a fuentes de datos y métricas empresariales clave para poder reducir el tiempo entre que se da un evento del cliente, el producto o la operativa, y que esos datos estén disponibles para ser analizados y tomar una decisión? ¿Cuál es el potencial empresarial de ser capaces de actualizar nuestros modelos analíticos del cliente, el producto, el riesgo y los operativos, a la carta, en base a negocios o mercados inmediatos dependientes de eventos externos (como que su equipo favorito gane las Series Mundiales, que los mercados financieros suban un 4 por cien en un solo día o que se prediga la llegada de un huracán devastador dentro de dos días)?

El acceso a datos de baja latencia y en tiempo real puede ser un estímulo para que los procesos del pensamiento creativo respondan a tiempo a preguntas y decisiones que podríamos hacernos, como:

➤ ¿Cuál es el potencial empresarial de hacer nuevos clientes, el mantenimiento predictivo o tomar decisiones de optimización de la red en cuestión de minutos, horas o "según haga falta"?

➤ ¿Cuál es el potencial empresarial de actualizar los modelos analíticos en función de los eventos económicos, del mercado actual o locales (es decir, el tiempo, el tráfico, conciertos, partidos de fútbol)?

➤ ¿Cuál es el potencial empresarial de actualizar continuamente los modelos de detección de fraudes en función de las actividades poco corrientes de un grupo social de usuarios?

➤ ¿Cuál es el potencial empresarial de actualizar los requisitos del equipo y el inventario de un hospital en función de los problemas de salud locales o los brotes epidémicos?

> ¿Cuál es el potencial empresarial de actualizar los calendarios de distribución y los envíos planificados en base a los cambios en el tiempo, la situación del tráfico y los eventos deportivos o de ocio locales?

Factor N⁰ 4: Integración de la analítica predictiva

La integración de la analítica predictiva o avanzada en los principales procesos empresariales alberga el potencial de transformar cualquier pregunta que los usuarios profesionales intenten responder y cualquier decisión que intenten tomar. En realidad se trata de presentarles todo un nuevo conjunto de verbos a los grupos de interés, verbos como predecir, prever, estimar, recomendar y optimizar. Estos nuevos verbos sirven para que los usuarios profesionales puedan visualizar un nuevo conjunto de preguntas que hacer acerca del potencial impacto empresarial de predecir qué podría ocurrir, recomendar una línea de acción específica o predecir el impacto de las distintas decisiones posibles.

La integración de la analítica predictiva en los principales procesos empresariales y la adopción de estos nuevos verbos por parte de los usuarios profesionales pueden producir más respuestas predictivas a preguntas clave, como:

> ¿Cuál es el potencial empresarial de aprovechar la analítica predictiva para optimizar la coordinación, los gastos publicitarios y las decisiones de equipo?

> ¿Cuál es el potencial empresarial de aprovechar la analítica predictiva para predecir el impacto financiero de los cambios en los precios, las rutas o los proveedores?

> ¿Cuál es el potencial empresarial de aprovechar la analítica predictiva para hacer estimaciones sobre los clientes con conceptos como fraude, retención, venta dirigida y probabilidad de recomendación?

> ¿Cuál es el potencial de hacer estimaciones sobre la respuesta al tratamiento y la probabilidad de readmisión de los pacientes?

> ¿Cuál es el potencial empresarial de marcar a los socios en función de la fiabilidad de su calidad, distribución y servicio?

> ¿Cuál es el potencial empresarial de aprovechar la analítica predictiva para prever la carga en la red (en base a condiciones económicas y eventos locales) o prever el rendimiento de los nuevos productos a introducir (en base a las opiniones de los clientes y las dinámicas de las categorías de productos)?

> ¿Cuál es el potencial empresarial de aprovechar la analítica predictiva para recomendar las nuevas mejores ofertas para mejorar la satisfacción del cliente, la retención de clientes o el tratamiento preventivo de pacientes?

HOJA DE TRABAJO PARA LA VISUALIZACIÓN DE LOS BIG DATA

La hoja de trabajo para la visualización de los Big Data (véase la tabla 7.2) es una herramienta para aplicar los cuatro factores motrices de los Big Data en la iniciativa o el proceso empresarial elegido para nuestra organización. Este cuadro, cuando se utiliza como parte de un taller de ideas, facilita el pensamiento creativo de los usuarios profesionales y les ayuda a visualizar el tipo de preguntas que podrían hacerse en relación a los factores motrices de los Big Data. Puede descargarse unas hojas de trabajo de ejemplo en la página Web de Anaya Multimedia (`www.anayamultimedia.es`) en la sección dedicada a este libro.

Tabla 7.2. Hoja de trabajo para la visualización de los Big Data.

FACTORES MOTRICES DE LOS BIG DATA	INICIATIVA EMPRESARIAL OBJETIVO
Factor nº1: ¿Cuál es el impacto de trabajar con datos más detallados y estructurados?	Lluvia de ideas sobre datos transaccionales detallados nº1 Lluvia de ideas sobre datos transaccionales detallados nº2 Lluvia de ideas sobre datos transaccionales detallados nº3
Factor nº2: ¿Cuál es el impacto de los datos internos y externos no estructurados?	Lluvia de ideas sobre datos no estructurados nº1. Lluvia de ideas sobre datos no estructurados nº2. Lluvia de ideas sobre datos no estructurados nº3.
Factor nº3: ¿Cuál es el impacto de acceder a los datos en tiempo real o con baja latencia?	Lluvia de ideas sobre el acceso a datos en tiempo real nº1 Lluvia de ideas sobre el acceso a datos en tiempo real nº2 Lluvia de ideas sobre el acceso a datos en tiempo real nº3
Factor nº4: ¿Cuál es el impacto de la analítica predictiva?	Lluvia de ideas sobre analítica predictiva nº1 Lluvia de ideas sobre analítica predictiva nº2 Lluvia de ideas sobre analítica predictiva nº3

Vamos a ver algunos ejemplos que utilizan la hoja de trabajo para la visualización de los Big Data para ver cómo aplicar los cuatro factores motrices de los Big Data en algunas situaciones del mundo real.

Factores motrices de los Big Data: Ejemplo de mantenimiento predictivo

El primer ejemplo viene de la industria del ferrocarril. Una compañía ferroviaria está intentando predecir el mantenimiento de la maquinaria y los vagones con el fin de cumplir la orden del Control Positivo de Trenes (PTC).

El objetivo del PTC es eliminar los trenes fuera de control y los accidentes ferroviarios. Esta misma información la pueden utilizar los técnicos de los trenes para realizar un mantenimiento predictivo y optimizar la planificación del mantenimiento de la maquinaria y los vagones. Por tanto, la iniciativa empresarial objetivo sería:

Mantenimiento predictivo: Predecir el mantenimiento de la maquinaria y los vagones para reducir los trenes fuera de control y los accidentes ferroviarios, y para mejorar la planificación del mantenimiento de la maquinaria y los vagones.

Factor Nº 1

¿Cuál es el impacto potencial en la iniciativa empresarial objetivo de tener acceso a unos datos transaccionales más detallados y granulares? Ejemplos de esto podrían ser:

➤ Aprovechar los detalles de los vagones (antigüedad, fabricante, situación, ubicación), el historial de uso (kilómetros recorridos, tipo de carga, utilización) y los registros de mantenimiento (fecha del último servicio, tipo de servicio, historial del servicio) para crear una estimación del mantenimiento (la probabilidad de que un vagón necesite mantenimiento).

➤ Hacer un seguimiento y monitorizar la actividad de cada vagón y el mantenimiento global de los vagones desde varios puntos de vista, como son el área de servicio, la antigüedad del vagón, el fabricante, el tipo de carga, los kilómetros recorridos y el equipo de mantenimiento.

➤ Identificar los indicadores clave de desempeño (KPI) adecuados que nos permitirán monitorizar y predecir el funcionamiento y la fiabilidad de los vagones.

Factor Nº 2

¿Cuál es el impacto potencial en la iniciativa empresarial objetivo de tener acceso a nuevas fuentes de datos no estructurados internos y externos? Ejemplos de esto podrían ser:

- Integrar los datos de los sensores de los principales componentes de los vagones (rodamientos, enganches, ejes, ruedas, coches) para mejorar la predictibilidad del mantenimiento de los vagones.
- Utilizar los datos del tiempo en el exterior (humedad, temperatura, hielo) y estacionales (hojas en las vías, nivel de la nieve) para predecir situaciones de carga adicional en el funcionamiento.
- Emplear los comentarios del equipo de mantenimiento para obtener más conocimientos sobre el funcionamiento o identificar problemas de mantenimiento de los vagones.

Factor N° 3

¿Cuál es el impacto potencial en la iniciativa empresarial objetivo de tener acceso a datos de baja latencia y en tiempo real? Ejemplos de esto podrían ser:

- Complementar las estimaciones de mantenimiento de vagones bajo demanda con *feeds* de datos de sensores en tiempo real integrados con los datos del tiempo.
- Aprovechar los datos de los vagones, la disponibilidad de existencias de componentes, las habilidades del equipo de mantenimiento, la ubicación y los calendarios para optimizar la planificación del mantenimiento de vagones y minimizar los costes del servicio de transporte de piezas.

Factor N° 4

¿Cuál es el impacto potencial de la analítica predictiva (predecir, estimar, recomendar, optimizar) sobre la iniciativa empresarial objetivo? Ejemplos de esto podrían ser:

- Utilizar la analítica predictiva para optimizar la planificación del mantenimiento de los equipos, combinada con la disponibilidad y la ubicación de las existencias y la previsión meteorológica para reducir el tiempo que los vagones dejan de estar operativos por mantenimiento.
- Utilizar el modelado de análisis de atribuciones para predecir la efectividad del mantenimiento en toda su extensión, incluyendo el equipo de mantenimiento, el historial de mantenimiento, el fabricante del vagón, el área de servicio, los tipos de carga y otros.

Factores motrices de los Big Data: Ejemplo de satisfacción del cliente

El siguiente ejemplo es relevante para la mayoría de las empresas, sean del tipo B2C (del negocio al consumidor) o B2B (comercio en la red). En este ejemplo vamos a ver cómo puede aprovechar un fabricante de automóviles las nuevas fuentes de conocimiento sobre los consumidores y los productos para predecir el impacto de la calidad de su servicio de distribución. La iniciativa empresarial objetivo sería entonces:

Optimización de la satisfacción del cliente: Monitorizar, evaluar y premiar a los distribuidores más destacados para mejorar la fidelidad del cliente y predecir costes y responsabilidades ante reclamaciones.

Factor N⁰ 1

¿Cuál es el impacto potencial en la iniciativa empresarial objetivo de tener acceso a unos datos transaccionales más detallados y granulares? Ejemplos de esto podrían ser:

➤ Aprovechar los datos de los pedidos de piezas detallados, inventarios y devoluciones para identificar tendencias de calidad en los productos e identificar los posibles casos de escasez de piezas entre los distribuidores, mercados, piezas y vehículos que pudieran afectar al calendario de mantenimiento de los coches, y por tanto repercutir en la satisfacción del cliente.

➤ Identificar los indicadores clave de desempeño (KPI) recopilados mediante encuestas post-servicio con los que monitorizar el funcionamiento de los distribuidores y detectar los problemas y las tendencias en el rendimiento de los productos.

Factor N⁰ 2

¿Cuál es el impacto potencial en la iniciativa empresarial objetivo de tener acceso a nuevas fuentes de datos no estructurados internos y externos? Ejemplos de esto podrían ser:

➤ Integrar los comentarios de los consumidores de fuentes de participación internas (como los *call centers*, los comentarios directos y los correos electrónicos) para identificar problemas de calidad recurrentes en productos y servicios.

➤ Aprovechar los medios de datos sociales, los datos recopilados de sitios Web específicos, aplicaciones móviles (Kelly Blue Book, Yelp, Edmunds) y comentarios de blog para usarlos de banco de pruebas de la calidad de los productos y servicios de la compañía frente a otros específicos del sector y la competencia.

➤ Aprovechar las notas del distribuidor, de los *feeds* de los medios sociales de fabricante y distribuidor para identificar problemas recurrentes en el funcionamiento de las piezas y los vehículos, así como tendencias negativas en el funcionamiento del producto y el servicio.

Factor Nº 3

¿Cuál es el impacto potencial en la iniciativa empresarial objetivo de tener acceso a datos de baja latencia y en tiempo real? Ejemplos de esto podrían ser:

➤ Monitorizar a diario sitios de medios sociales en busca de opiniones positivas y negativas sobre productos propios, de la competencia y del sector por categoría y por localización (ciudad, código postal).

➤ Monitorizar los sitios de medios sociales en busca de cambios sobre el funcionamiento del servicio propio frente al de la competencia.

Factor Nº 4

¿Cuál es el impacto potencial de la analítica predictiva (predecir, prever, estimar, recomendar, optimizar) sobre la iniciativa empresarial objetivo? Ejemplos de esto podrían ser:

➤ Integrar los datos de los medios sociales con los comentarios internos de los consumidores para estimar la satisfacción del cliente con los distribuidores (por vehículo, modelo, distribuidor y localización) y hacer un seguimiento de los cambios en la estimación de la satisfacción.

➤ Analizar los datos de los medios sociales para monitorizar problemas de satisfacción con los distribuidores de la competencia para recomendar campañas publicitarias que intenten "recuperar" esos clientes.

➤ Correlacionar los cambios en las opiniones en los medios sociales sobre la calidad del servicio con el horario del personal para predecir el impacto que determinados empleados pueden tener sobre la satisfacción global del cliente.

Factores motrices de los Big Data: Ejemplo de micro-segmentación de clientes

El último ejemplo es relevante para aquellas empresas B2C que estén interesadas en aumentar la efectividad del compromiso de sus clientes y sus campañas publicitarias. Por ejemplo, las organizaciones pueden pasar de sólo unos pocos segmentos de clientes a miles de micro-segmentos si aprovechan los conocimientos sobre clientes y productos que se encuentran enterrados en los datos sin estructurar de las múltiples interacciones con el cliente. Las organizaciones pueden extraer, de fuentes como los comentarios de los consumidores, las notas de los *call centers*, los hilos de correos electrónicos y las publicaciones en medios sociales, unos conocimientos valiosísimos sobre los intereses, las pasiones, las asociaciones y las afiliaciones de los clientes que pueden mejorar notablemente la relevancia y el rendimiento de cada uno de los micro-segmentos. Esto hará posible una interacción con el cliente más dirigida a través de campañas publicitarias más personalizadas para estos segmentos más reducidos.

En este ejemplo, la iniciativa empresarial objetivo sería entonces:

> *Micro-segmentación de clientes: Aumentar el número de segmentos de clientes con el fin de mejorar los procesos de creación de perfiles, segmentación, personalización, captación, maduración (venta cruzada y venta dirigida), retención y defensa.*

Factor N⁰ 1

¿Cuál es el impacto potencial en la iniciativa empresarial objetivo de tener acceso a unos datos transaccionales más detallados y granulares? Ejemplos de esto podrían ser:

➤ Integrar las transacciones detalladas de TPV con los datos de la cesta de la compra, los datos demográficos y de comportamiento del cliente para crear micro-segmentos de clientes en función a la demografía (edad, género), las categorías de comportamiento, la ubicación geográfica, las categorías de productos y la estacionalidad.

➤ Aumentar los micro-segmentos de los clientes con datos de clientes de terceros (de los Acxioms y Experians del mundo, más los datos de las plataformas de administración digitales de proveedores como BlueKai y nPario) para incluir niveles de ingresos, niveles de salud, niveles de educación, tamaño de la familia, datos psicodemográficos y comportamientos en Internet.

Factor N⁰ 2

¿Cuál es el impacto potencial en la iniciativa empresarial objetivo de tener acceso a nuevas fuentes de datos no estructurados internos y externos? Ejemplos de esto podrían ser:

➤ Explotar los datos de los medios sociales para crear modelos de micro-segmentación más valiosos en base a los conocimientos sociales de los clientes, como son sus intereses, pasiones, asociaciones y afiliaciones.

➤ Emplear los datos de las aplicaciones de sus smartphones para crear microsegmentos específicos para una ubicación geográfica o una tienda.

Factor N° 3

¿Cuál es el impacto potencial en la iniciativa empresarial objetivo de tener acceso a datos de baja latencia y en tiempo real? Ejemplos de esto podrían ser:

- ➤ Recalcular los modelos de micro-segmentación de clientes justo después de eventos significativos como los Oscars, las Olimpiadas o tormentas devastadoras.
- ➤ Actualizar diariamente las estimaciones de captación de clientes para la venta directa y la venta cruzada (productos alternativos) y sus tendencias mientras estén activas las campañas publicitarias.

Factor N° 4

¿Cuál es el impacto potencial de la analítica predictiva (predecir, prever, estimar, recomendar, optimizar) sobre la iniciativa empresarial objetivo? Ejemplos de esto podrían ser:

- ➤ Utilizar la analítica predictiva para estimar y predecir el rendimiento de los micro-segmentos de clientes de mayor potencial, integrando las transacciones de los TPV, las cestas de la compra, la fidelidad del cliente, los medios sociales y los datos de los móviles.
- ➤ Utilizar el modelado de atribución multiplataforma para optimizar el gasto en medios a lo largo de los segmentos de clientes de mayor potencial.

La hoja de trabajo para la visualización de los Big Data es una herramienta útil que ayuda a los usuarios profesionales a visualizar dónde y cómo pueden potenciar sus iniciativas empresariales. Aplica los cuatro factores motrices para descubrir nuevos conocimientos empresariales que puedan dar lugar a decisiones empresariales más completas, más precisas, más frecuentes y que se toman más a tiempo.

LOS MODELOS DE CREACIÓN DE VALOR DE MICHAEL PORTER

Otra de las técnicas de visualización es la que hace uso de los conocidos modelos de creación de valor de Michael Porter:

- ➤ Análisis de las cinco fuerzas
- ➤ Análisis de la cadena de valor

Los modelos de creación de valor, muy similares a la hoja de trabajo para la visualización de los Big Data, suponen otra técnica de valoración empresarial que puede utilizar para identificar dónde y cómo pueden repercutir los Big Data en los procesos de creación de valor de su organización.

ANÁLISIS PORTER DE LAS CINCO FUERZAS

Tomado de la página de Wikipedia del Análisis Porter de las cinco fuerzas:

El análisis Porter de las cinco fuerzas es un entorno de trabajo para la industria del análisis y el desarrollo de la estrategia empresarial creado en 1979 por Michael E. Porter, de la Harvard Business School. Hace uso de la economía de las organizaciones de un sector para deducir cinco fuerzas que determinan la intensidad competitiva y por consiguiente lo atractivo que es un mercado. Atractivo, en este contexto, hace referencia a la rentabilidad global del sector. Un sector "no atractivo" es uno en el que la combinación de estas cinco fuerzas hace bajar la rentabilidad global. Un sector muy poco atractivo sería uno en el que se diera la "competición pura", donde los beneficios disponibles para todas las empresas vinieran determinados por los beneficios normales.

El análisis de las cinco fuerzas proporciona una perspectiva global del sector, o de fuera hacia dentro, de los factores competitivos de una organización. Estas "cinco fuerzas" o factores competitivos son los siguientes:

1. La rivalidad entre los competidores, que incluye el número y el tamaño de las empresas que compiten en el sector, el tamaño global del sector, las principales tendencias y direcciones del sector, los criterios de costes fijos frente a variables a lo largo del sector, los rangos de productos y los servicios ofrecidos y las estrategias para conseguir una diferenciación competitiva.

2. El poder de los proveedores, que incluye la reputación de la marca del proveedor, su cobertura geográfica, la calidad de productos y servicios, la profundidad de las relaciones con los principales clientes y la capacidad de pujar por un rango de productos y servicios más amplio.

3. El poder de los compradores, que incluye las preferencias y las elecciones de los compradores, el número de compradores, la frecuencia de cambio y los costes de cambio relacionados, la importancia del producto y/o el servicio para el valor del producto y su diferenciación, los descuentos por cantidad, la planificación a tiempo y la disponibilidad de productos y servicios.

4. El desarrollo de productos y tecnología, que incluye el precio y la calidad de productos y servicios alternativos, la vulnerabilidad a la distribución del mercado y los cambios de fuente, las tendencias de moda, el impacto de las acciones legislativas o gubernamentales y los costes del cumplimiento.

5. Los factores de los nuevos entrantes del mercado, que incluyen las barreras para entrar, los factores geográficos y culturales, la profundidad y la resistencia de un posicionamiento forzoso, las posibilidades financieras y estratégicas para los nuevos entrantes y la dificultad para establecer una presencia sostenible en el mercado.

La figura 7.2 resume el análisis Porter de las cinco fuerzas.

Nuevos entrantes del mercado
- Facilidad/barreras de entrada
- Factores geográficos
- Resistencia a lo forzoso
- Estrategia de los entrantes
- Acceso al mercado

El poder de los proveedores
- Reputación de la marca
- Cobertura geográfica
- Calidad del producto/servicio
- Relación con el cliente
- Capacidad de pujar

Rivalidad entre competidores
- Número y tamaño de firmas
- Tamaño y tendencia sector
- Costes fijos frente a variables
- Rangos de productos/servicios
- Diferenciación, estrategia

El poder de los compradores
- Elecciones del comprador
- Número de compradores
- Frecuencia/coste cambio
- Importancia producto/servicio
- Disponibilidad, planificación

Productos/Tecnología
- Alternativas calidad/precio
- Cambios distribución mercado
- Modas y tendencias
- Efectos legislativos

Extraído de "Competitive Strategy: Techniques for Analyzing Industries and Competitors", de Michael E. Porter (1980)

Figura 7.2. El análisis Porter de las cinco fuerzas.

Análisis Porter de la cadena de valor

La Wikipedia define el análisis Porter de la cadena de valor del siguiente modo:

Una cadena de valor es una cadena de actividades para una empresa que opera en un sector específico. El nivel apropiado para la construcción de una cadena de valores es la unidad de negocio, no el nivel divisional ni el corporativo. Los productos pasan por todas las actividades de la cadena en orden, y en cada actividad el producto gana algo de valor. La cadena de actividades proporciona a los productos más valor añadido que la suma de los valores de las actividades independientes.

El análisis de la cadena de valor cubre dos categorías de actividades, básicamente actividades primarias y de apoyo. Las actividades primarias son probablemente las más conocidas, pues se ocupan de los pasos y los procesos necesarios para llevar un producto o un servicio desde su materia prima hasta el cliente final.

Las actividades primarias son las siguientes:

➤ La logística interna, que incluye el abastecimiento, el seguimiento, la recepción y la gestión de pedidos de las "materias primas" que componen el producto o servicio final.

➤ Las operaciones, que incluyen la ingeniería, la gestión del inventario y la fabricación del producto o servicio final. Nota: Esto también incluye a cualquier tecnología incorporada al producto o servicio.

➤ La logística externa, que incluye la logística y la distribución del producto o servicio final.

➤ El marketing y las ventas, que incluyen al marketing, la promoción, la publicidad, las ventas y la gestión de canales necesarios para llevar el producto terminado al cliente final.

➤ El servicio, que incluye el apoyo y el mantenimiento de los productos y servicios después de habérselos entregado al cliente.

Las actividades secundarias son menos familiares, pero igualmente importantes para el apoyo a la escalabilidad de productos y servicios:

➤ El abastecimiento, que incluye la adquisición de los materiales y servicios en los que se apoyan el mantenimiento, las reparaciones y las operaciones (MRO).

➤ El desarrollo de tecnología, que incluye las tecnologías de apoyo, ya se trate de tecnología de la información como de cualquier otra, importantes para que todo siga funcionando. Las tecnologías integradas en el producto pertenecen a la fase de Operaciones.

➤ Los recursos humanos, que incluyen la contratación, la motivación y el despido del personal.

➤ La infraestructura, que incluye la infraestructura física, como son los edificios, oficinas y almacenes.

La figura 7.3 sintetiza el análisis Porter de la cadena de valor.

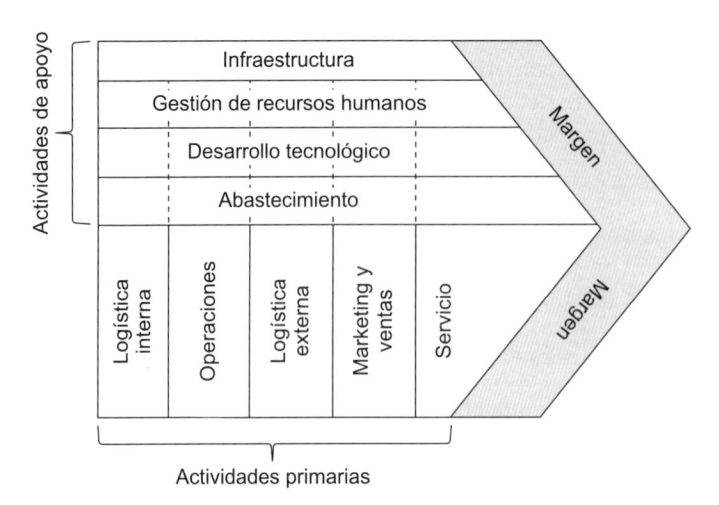

```
                    Infraestructura
         Gestión de recursos humanos
         Desarrollo tecnológico              Margen
         Abastecimiento
```

Actividades de apoyo / Actividades primarias: Logística interna, Operaciones, Logística externa, Marketing y ventas, Servicio — Margen

Extraído de "Competitive Strategy: Techniques for Analyzing Industries and Competitors", de Michael E. Porter (1980)

Figura 7.3. El análisis Porter de la cadena de valor.

Proceso de creación de valor: Ejemplo de merchandising

Vamos a utilizar un ejemplo del mundo real para ver cómo se pueden aplicar las tres diferentes técnicas de creación de valor (hoja de trabajo para la visualización de los Big Data, análisis de la cadena de valor y análisis Porter de las cinco fuerzas) para identificar áreas de negocio específicas en las que los cuatro factores motrices de los Big Data pueden repercutir en la iniciativa empresarial clave de la organización. Suponga que es un ejecutivo de Foot Locker, un minorista líder en el sector del calzado y la vestimenta deportiva para hombre y mujer que vende tanto por Internet como en tiendas. En su informe anual de 2010, una carta del presidente de la compañía a sus accionistas deja clara cuál es la principal iniciativa empresarial de Foot Locker:

> ...convertirnos en el principal vendedor de calzado y vestimenta deportiva, proporcionando una clara visión de las marcas que vendemos.

Es decir, que Foot Locker busca aprovechar las marcas que no necesitan presentación, como Nike y Under Armour, para aumentar las visitas a las tiendas, las ventas y los beneficios generales, lo que en la carta se refuerza con otras prioridades estratégicas:

> Disponer de un buen surtido de vestimenta deportiva
>
> Convertir nuestras tiendas y sitios Web en lugares atractivos para ir de compras
>
> Aumentar la productividad de todas nuestras áreas

Para aquellos a los que el negocio minorista les sea ajeno, el merchandising consiste en poner precio, publicitar, empaquetar y colocar un producto para enganchar al cliente, ya sea en tiendas físicas o para su venta por Internet o una aplicación para móvil. El merchandising aplica los cuatro principios del negocio minorista (presentación de los productos, colocación, promoción y precio) para generar ventas y beneficios tanto para el producto en sí como para las tiendas. El objetivo del merchandising es mostrar, destacar, promocionar y poner precio a productos, ya sea por separado o combinándolos (como por ejemplo, zapatos y calcetines) para lograr que el cliente los compre. Cada vez que pase por una tienda (*online* o física) o abra una aplicación para móvil de este tipo, verá que ésta emplea una amplia variedad de "enfoques" publicitarios para captar su atención y convencerle para que compre sus productos.

Hoja de trabajo para la visualización de los Big Data: Ejemplo de merchandising

Vamos a empezar por la hoja de trabajo para la visualización de los Big Data. Esta hoja de trabajo proporciona un entorno de trabajo en el que podemos aplicar los cuatro factores motrices de los Big Data, para obtener ideas sobre áreas específicas en las que los Big Data podrían tener impacto en la iniciativa empresarial principal del merchandising de Foot Locker. Como hemos comentado antes, el merchandising cubre una amplia variedad de tácticas y técnicas diferentes. No obstante, para los propósitos de este ejercicio, vamos a centrarnos sólo en cómo podríamos mejorar la creación de perfiles y la segmentación de clientes para mejorar la efectividad del merchandising de Foot Locker en tiendas y sitios Web, y esto lo mediremos a través de los incrementos en los ingresos y los márgenes generales, las ventas directas y las ventas cruzadas.

Factor Nº 1

¿Cómo podríamos utilizar los datos transaccionales de los TPV para mejorar la segmentación de clientes?

- ➤ Podríamos utilizar las transacciones por TPV detalladas, junto con los datos de fidelidad del cliente de Foot Locker, para que el número de microsegmentos pasase de 50 a 500 en los comportamientos de compra y las tendencias por producto individuales y colectivas.

- ➤ Podríamos crear campañas publicitarias mucho más dirigidas y concretas, centrándonos en los segmentos de clientes más fieles, y realizando actividades publicitarias específicas para la temporada (por ejemplo, en función de eventos como el Mundial de fútbol o la Copa Davis), la ciudad o el código postal.

> Podríamos crear segmentos de clientes específicos para cada localidad en función de la temporada de deportes actual (fútbol, baloncesto, tenis), combinado con los partidos de los equipos locales.

Factor N⁰ 2

¿Cómo podríamos integrar datos no estructurados como los de los medios sociales con nuestros datos transaccionales para mejorar la segmentación de clientes?

> Podríamos explorar los datos de los medios sociales en busca de intereses, pasiones, asociaciones y afiliaciones de los clientes relacionadas con los deportes, para de este modo crear modelos de merchandising más completos y dirigidos.

> Podríamos analizar los *feeds* de los medios sociales para identificar qué campañas publicitarias tienen éxito y cuáles no, analizando los comentarios de los clientes.

> Podríamos hacernos con datos de aplicaciones móviles como MapMyRun.com para crear micro-segmentos específicos basados en localizaciones, tiendas o deportes específicos.

Factor N⁰ 3

¿Cómo utilizaría los datos en tiempo real para mejorar la segmentación de clientes?

> Podríamos actualizar diariamente la estimación de la captación de clientes para venta directa y cruzada (productos alternativos), mientras la campaña está activa, basándonos en la respuesta de los distintos segmentos de clientes al merchandising (por ejemplo, los futboleros de fin de semana están respondiendo un 50 por cien más de lo esperado, pero la respuesta de los aficionados de menor edad es un 20 por cien inferior a lo previsto).

> Podríamos recalcular los modelos de merchandising justo después de eventos deportivos locales significativos (por ejemplo, que el Madrid ganara la liga... de nuevo, o que el Celta volviese a Europa tras muchos años).

> Podríamos integrar los eventos deportivos locales para perfeccionar las campañas sobre la marcha (por ejemplo, aprovechar la clasificación de un equipo local profesional para un playoff).

Factor N⁰ 4

¿Cómo podríamos utilizar la analítica avanzada o predictiva para mejorar la segmentación de los clientes?

- Podríamos desarrollar modelos analíticos que monitoricen y establezcan prioridades en el desarrollo de la campaña actual para poder determinar cuál es el "mejor" micro-segmento de clientes al que dirigir una campaña concreta para unos objetivos de venta establecidos.

- Podríamos desarrollar un modelado de atribución multiplataforma para optimizar el gasto en merchandising en actividades orientadas al correo electrónico, el correo ordinario, la Web, los móviles o las tiendas.

La figura 7.4 muestra cómo la hoja de visualización podría capturar las diferentes ideas que surgen del ejercicio de lluvia de ideas para la segmentación. Este proceso continuaría mientras exploramos el impacto de los cuatro factores motrices de los Big Data en otras tácticas de merchandising, como la política de precios, la presentación, la promoción y la colocación de los productos.

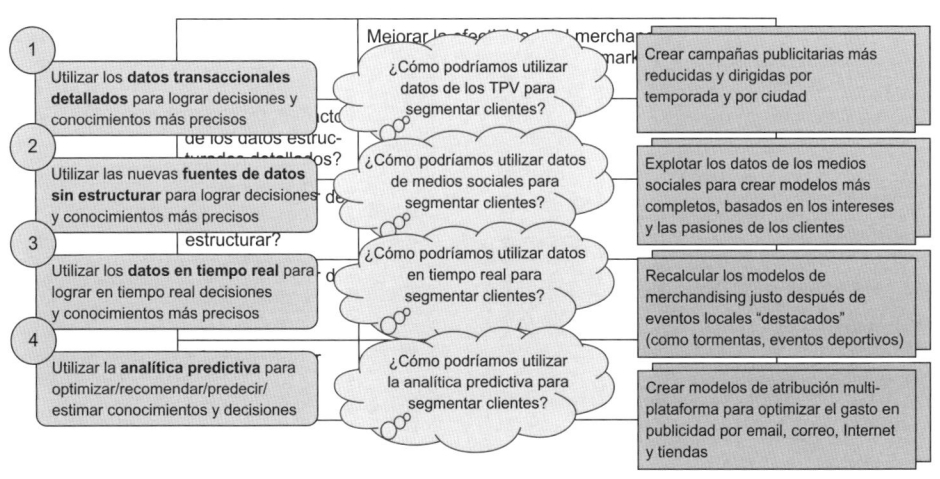

Figura 7.4. Hoja de trabajo para la visualización: Ejemplo de merchandising.

Análisis Porter de la cadena de valor: Ejemplo de merchandising

A continuación vamos a aplicar el modelo del análisis Porter de la cadena de valor a la iniciativa empresarial publicitaria de Foot Locker. Vamos a utilizar este modelo para identificar el impacto que pueden tener los cuatro factores motrices de los Big Data en su iniciativa empresarial (véase la figura 7.5).

En el área de la logística interna, podríamos optimizar la efectividad del merchandising proporcionando en tiempo real información proveniente de los TPV a través de un *feed* de datos integrado (API) para informar proactivamente a los proveedores de casos potenciales de desabastecimiento o exceso de stock antes de que eso se convierta en un problema.

	Operaciones	Logística externa	Ventas / Marketing	Servicio
	• Usar **datos de TPV e IDRF en tiempo real** para gestión de rebajas, identificar productos que se venden mal y optimizar el inventario de las tiendas	• **Utilizar los datos de los medios sociales y los móviles** para obtener conocimientos sobre merchandising que optimicen su rendimiento	• Usar el **análisis de atribución de conversión** para optimizar la colocación de anuncios y enviar mensajes más rápido	• Combinar los **datos de los TPV con los de los medios sociales** para identificar problemas potenciales en los productos o el servicio

	Recursos humanos	Tecnología	Abastecimiento
	• Usar los **datos de los medios sociales** para prever la demanda de las promociones con el fin de poder optimizar la labor de planificación	• Usar las **analíticas existentes** para alertar a la administración acerca de cambios en el funcionamiento del merchandising	• Usar los conocimientos sobre merchandising de los **datos de los TPV** para negociar mejores términos con los proveedores

Logística interna: Usar **datos de TPV en tiempo real** para identificar y avisar a tiempo a los proveedores de posibles casos de desabastecimiento

Infraestructura: Implementar **paneles predictivos en tiempo real** para la gestión del merchandising en los departamentos y las tiendas

Margen

Infraestructura
Gestión de recursos humanos
Desarrollo tecnológico
Abastecimiento

Logística interna | Operaciones | Logística externa | Marketing y ventas | Servicio

Actividades de apoyo
Actividades primarias

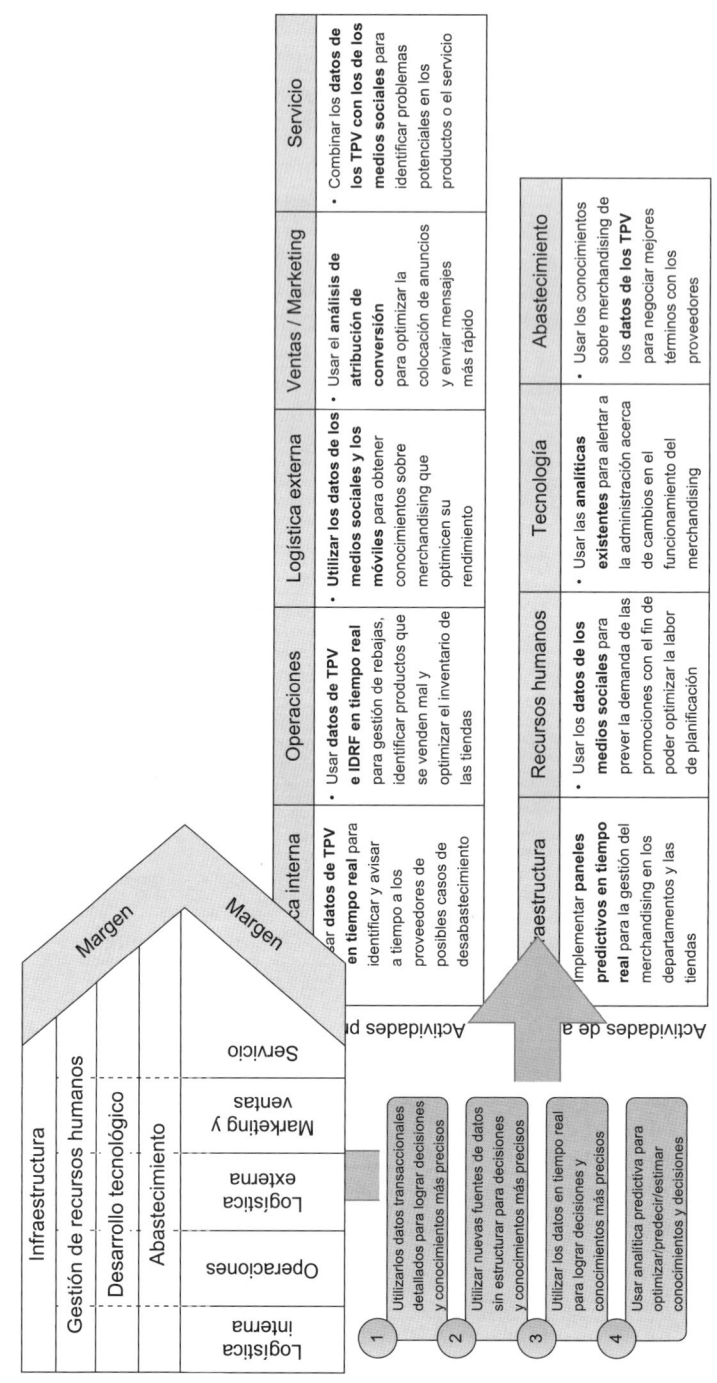

1. Utilizar los datos transaccionales detallados para lograr decisiones y conocimientos más precisos
2. Utilizar nuevas fuentes de datos sin estructurar para decisiones y conocimientos más precisos
3. Utilizar los datos en tiempo real para lograr decisiones y conocimientos más precisos
4. Usar analítica predictiva para optimizar/predecir/estimar conocimientos y decisiones

Figura 7.5. Análisis de la cadena de valor: Ejemplo de merchandising.

En el área de operaciones, podríamos optimizar la efectividad del merchandising integrando en tiempo real datos de TPV y de inventario para predecir la demanda de productos, gestionar las rebajas e identificar los productos que venden poco o nada con el fin de optimizar el inventario de la tienda o el sitio Web.

En el área de la logística externa, podríamos aplicar las analíticas de los Big Data para optimizar la efectividad del merchandising de las siguientes maneras:

➤ Utilizando los datos de los medios sociales y los móviles para descubrir opiniones sobre el merchandising y los productos que podrían tener repercusión en los niveles de stock y existencias en las campañas de marketing activas.

➤ Utilizar una herramienta de simulación analítica para modelar el impacto logístico de basarse en eventos, como por ejemplo un derbi en el caso del fútbol o unas obras en una de las principales arterias de la ciudad.

En el área del marketing y las ventas, podríamos optimizar la efectividad del merchandising empleando el análisis de atribución de conversión en las búsquedas, las visualizaciones, los móviles y los medios sociales para optimizar la elección y la ubicación de anuncios en la Web y en los móviles, elegir las palabras clave y enviar mensajes más rápido.

En el área de servicios, podríamos optimizar la efectividad del merchandising combinando los datos de los medios sociales con los de fidelidad del cliente para crear estimaciones con más frecuencia y mayor fiabilidad para aspectos del cliente como retención, fraude, venta cruzada/dirigida y promoción en la red.

La figura 7.6 sintetiza estas tácticas.

	Logística interna	Operaciones	Logística externa	Ventas / Marketing	Servicio
Actividades primarias	· Usar **datos de TPV en tiempo real** para identificar y avisar a tiempo a los proveedores de posibles casos de desabastecimiento	· Usar **datos de TPV e IDRF en tiempo real** para gestión de rebajas, identificar productos que se venden mal y optimizar el inventario de las tiendas	· Utilizar los **datos de los medios sociales y los móviles** para obtener conocimientos sobre merchandising que optimicen su rendimiento	· Usar el **análisis de atribución de conversión** para optimizar la colocación de anuncios y enviar mensajes más rápido	· Combinar los **datos de los TPV** con los de los **medios sociales** para identificar problemas potenciales en los productos o el servicio

	Infraestructura	Recursos humanos	Tecnología	Abastecimiento
Actividades de apoyo	· Implementar **paneles predictivos en tiempo real** para la gestión del merchandising en los departamentos y las tiendas	· Usar los **datos de los medios sociales** para prever la demanda de las promociones con el fin de poder optimizar la labor de planificación	· Usar las **analíticas existentes** para alertar a la administración acerca de cambios en el funcionamiento del merchandising	· Usar los conocimientos sobre merchandising de los **datos de los TPV** para negociar mejores términos con los proveedores

Figura 7.6. Análisis de la cadena de valor: Ejemplo de merchandising.

El análisis Porter de la cadena de valor nos proporciona un método orientado a la empresa para hallar el impacto potencial de los Big Data en los procesos internos de creación de valor de la empresa. Esta perspectiva de valoración empresarial interna facilita la colaboración con los accionistas de nuestra línea de negocio (LOB), ayudándoles a visualizar el océano de posibilidades que ponen a su disposición los Big Data.

Análisis Porter de las cinco fuerzas: Ejemplo de merchandising

Por último, vamos a aplicar el modelo analítico Porter de las cinco fuerzas a la iniciativa empresarial publicitaria de Foot Locker. Vamos a utilizar la perspectiva global del modelo analítico de las cinco fuerzas para determinar el impacto que pueden tener los cuatro factores motrices en la efectividad del merchandising de Foot Locker, como sintetiza la figura 7.7.

En el área de la rivalidad entre los competidores podríamos aplicar los Big Data a nuestra iniciativa de efectividad del merchandising para obtener una ventaja competitiva en los siguientes aspectos:

➤ Utilizar el análisis de conversión de atribución multiplataforma para superar la competencia de precios en canales de venta cruzados para mejorar la eficacia en la promoción, la colocación y la política de precios.

➤ Utilizar pruebas A/B para descubrir conocimientos sobre mensajes publicitarios y colocación de productos que puedan hacer crecer la cuota de mercado de la categoría y aumentar los beneficios de las compras.

En el área del poder de los compradores, podríamos aplicar los Big Data a nuestra iniciativa de efectividad del merchandising para descubrir conocimientos únicos sobre el mercado, el producto y el cliente que contrarresten el creciente poder de las coaliciones de compradores, por ejemplo:

➤ Usar el análisis de las opiniones de las redes sociales para identificar tendencias en productos en grupos muy pequeños y conocimientos que mejoren la efectividad en la segmentación, la personalización, la política de precios y la presentación.

➤ Aprovechar los datos de ventas del cliente y evaluar su compromiso a través de los datos de relación con el cliente (CRM), la Web y las aplicaciones móviles en tiempo real para realizar una optimización, activa o sobre la marcha, de la publicidad dirigida para aumentar la monetización del cliente in-situ (por ejemplo, para incrementar las tasas de conversión y para aumentar la efectividad de las ventas cruzadas y dirigidas).

CÓMO FUNCIONA EL PROCESO DE CREACIÓN DE VALOR

Nuevos entrantes al mercado
- Facilidad/barreras entrada
- Factores geográficos
- Resistencia a lo forzoso
- Estrategia nuevos entrantes
- Acceso al mercado

Rivalidad entre competidores
- Número y tamaño
- Tendencias y tamaño sector
- Costes fijos vs. variables
- Rangos producto/servicio
- Diferenciación, estrategia

Productos/Tecnología
- Alternativas precio/calidad
- Cambios mercado distribución
- Modas y tendencias
- Impacto cambios legislativos

El poder de los proveedores
- Reputación de la marca
- Cobertura geográfica
- Calidad producto/servicio
- Relación con el cliente
- Capacidad de pujar

El poder de los compradores
- Elecciones de los compradores
- Número de compradores
- Coste/frecuencia cambios
- Importancia producto/servicio
- Planificación, disponibilidad

1. Utilizar los **datos transaccionales detallados** para lograr decisiones y conocimientos más precisos
2. Utilizar nuevas fuentes de **datos sin estructurar** para decisiones y conocimientos más precisos
3. Utilizar los **datos en tiempo real** para lograr decisiones y conocimientos más precisos
4. Usar **analítica predictiva** para optimizar/predecir/estimar conocimientos y decisiones

Rivalidad entre competidores	El poder de los compradores	El poder de los proveedores	Productos & Tecnología	Nuevos entrantes al mercado
• Usar el **análisis de conversión de atribución multiplataforma** para superar la competencia de precios en canales de venta cruzados para mejorar la eficacia en la promoción. • Usar **pruebas A/B** para descubrir conocimientos sobre mensajes publicitarios y colocación para gestionar categorías.	• Usar el **análisis de las opiniones** de las redes sociales para identificar tendencias en productos en grupos muy pequeños que mejoren la segmentación y la orientación al cliente. • Aprovechar los **datos de compromiso del cliente en tiempo real** para optimizar la monetización del cliente in–situ.	• Utilizar los **datos de TPV e IDRF** para identificar los productos "destacados" antes que los competidores para "copar" las existencias de los proveedores. • Utilizar los **datos de TPV e IDRF** para cancelar y/o devolver productos que se venden poco para minimizar los costes de las rebajas en productos.	• **Proporcionar SaaS** para aprovechar conocimientos del merchandising para ayudar a los proveedores a minimizar los costes de inventario y distribución. • **Acompañar los datos de merchandising con analítica predictiva** para recomendar sobre la marcha ajustes en la cadena de suministro a los principales socios de los canales de distribución.	• **Monitorizar los datos de los medios sociales y los móviles** en busca de tendencias en el merchandising que se puedan utilizar para anticiparse a los nuevos entrantes en el mercado.

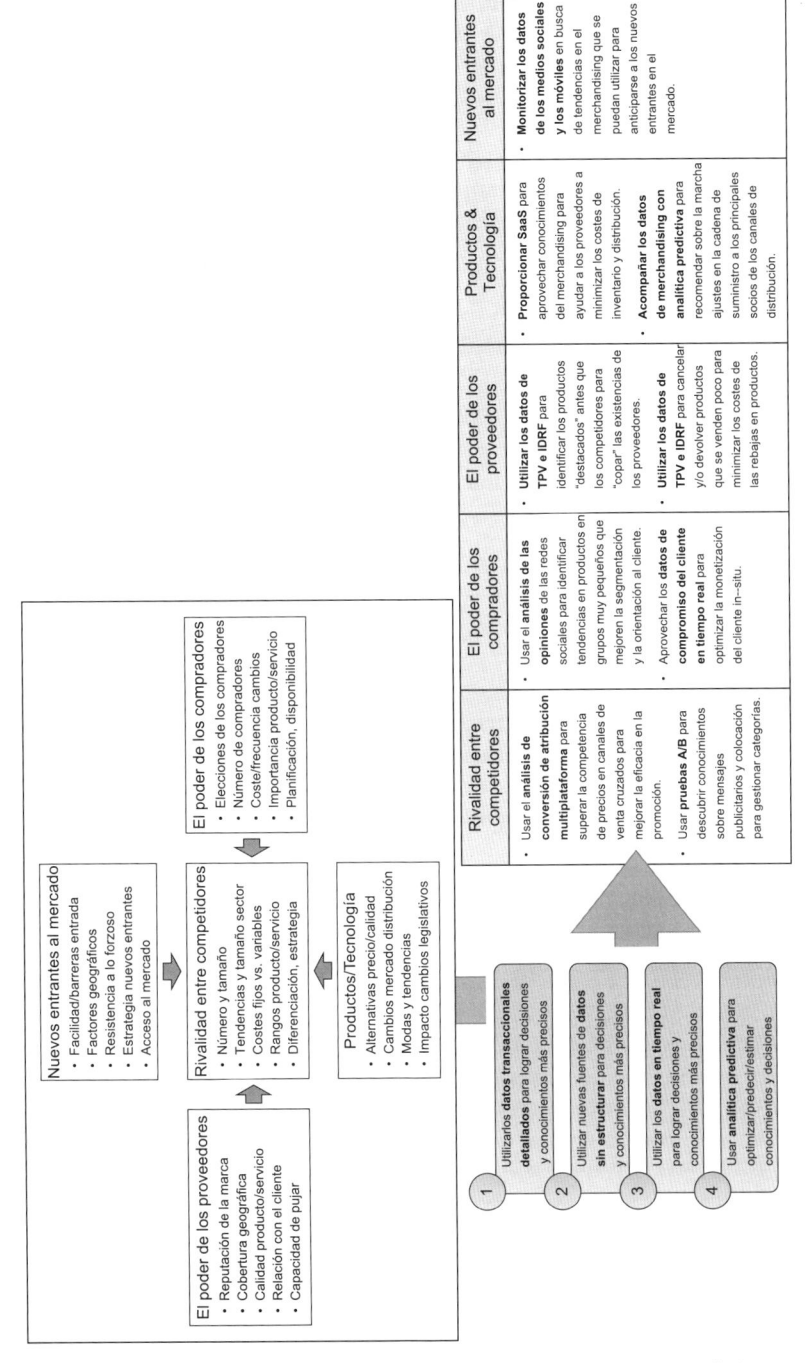

Figura 7.7. Análisis de las cinco fuerzas: Ejemplo de merchandising.

- Utilizar los motores de recomendación para mejorar la experiencia del cliente (medida en los *net promoter scores*, compras que se repiten y la fidelidad), optimizar los márgenes del merchandising y minimizar las rebajas del merchandising.

En el área del poder de los proveedores, podríamos aplicar los Big Data a nuestra iniciativa de efectividad del merchandising para cosechar conocimientos únicos sobre el mercado, el producto y el cliente que contrarresten el creciente poder de los proveedores, como por ejemplo:

- Utilizar los datos de TPV e inventario para identificar los productos "destacados" antes que los competidores para poder "copar" las existencias de los proveedores y obtener condiciones más favorables.
- Utilizar los datos de TPV e IDRF para cancelar y/o devolver productos que se venden poco o nada antes que los competidores, y de este modo minimizar los costes de rebajar los productos y transportar las existencias.

En el área de productos e innovación tecnológica, podríamos aplicar los Big Data a nuestra iniciativa de efectividad del merchandising para identificar áreas en las que se puedan utilizar los productos y/o la tecnología para acaparar compradores o proveedores, o crear barreras de entrada para los recién llegados al mercado, como por ejemplo:

- Proporcionar un modelo de distribución SaaS (*Software as a Service*, Software como servicio) y analíticas predictivas a los principales socios y proveedores, con el fin de aprovechar conocimientos del merchandising para ayudar a los proveedores a minimizar los costes de abastecimiento, inventario y distribución.
- Acompañar los datos de merchandising de analítica predictiva para hacer recomendaciones sobre la marcha acerca de ajustes en la cadena de suministro de existencias a los principales socios de los canales de distribución.

En el área de nuevos entrantes al mercado, podríamos emplear los Big Data para identificarlos y anticiparnos a las posibilidades del mercado antes de que hagan su aparición. Por ejemplo, monitorizando constantemente los datos de los medios sociales y los móviles para saber más sobre las tendencias y anticiparnos a ellas.

Estos métodos se pueden resumir en la siguiente lista:

Análisis de las cinco fuerzas: Ejemplo de merchandising

- **Rivalidad entre competidores:**
    - Utilizar el análisis de conversión de atribución multiplataforma para superar la competencia de precios en canales de venta cruzados y mejorar la eficacia en la promoción.

- Utilizar pruebas A/B para descubrir conocimientos sobre mensajes publicitarios y colocación de productos que puedan hacer crecer la cuota de mercado de la categoría.

► **El poder de los compradores:**
- Usar el análisis de las opiniones de las redes sociales para identificar tendencias en productos en grupos muy pequeños y poder mejorar la efectividad en la segmentación y la personalización.
- Aprovechar el compromiso del cliente en tiempo real para realizar una monetización in situ.

► **El poder de los proveedores:**
- Utilizar los datos de TPV e inventario para identificar los productos "destacados" antes que los competidores para poder "copar" las existencias de los proveedores.
- Utilizar los datos de TPV e IDRF para cancelar y/o devolver productos que se venden poco o nada, con el fin de minimizar los costes de rebajar los productos.

► **Productos y tecnología:**
- Proporcionar un modelo de distribución SaaS para aprovechar los conocimientos del merchandising que sirvan para que los proveedores minimicen los costes de inventario y distribución.
- Acompañar los datos de merchandising de analítica predictiva para hacer recomendaciones sobre la marcha acerca de ajustes en la cadena de suministro a los principales socios de los canales de distribución.

► **Nuevos entrantes al mercado:**
- Monitorizar los datos de los medios sociales y los móviles en busca de tendencias en el merchandising que se puedan utilizar para anticiparse a los nuevos entrantes en el mercado.

El análisis Porter de las cinco fuerzas proporciona un método orientado a la empresa para buscar el potencial de nuestra iniciativa de los Big Data, desde el entorno de trabajo del impacto que podrían tener las fuerzas y los participantes que componen el mercado. Esta perspectiva de valoración empresarial "de fuera a adentro" facilita la colaboración entre las TI y los grupos de interés para visualizar el océano de posibilidades que ofrecen los Big Data, y ayuda a que la iniciativa de los Big Data sea aceptada antes dentro de la organización.

RESUMEN

En este capítulo hemos visto con detalle varias técnicas prácticas para aprovechar los Big Data en nuestro proceso de creación de valor. Hemos comentado los cuatro factores motrices de los Big Data:

1. Acceso a datos transaccionales más detallados, estructurados, transaccionales (oscuros).
2. Acceso a datos internos y externos sin estructurar.
3. Acceso a datos de baja latencia o en tiempo real.
4. Integración de la analítica predictiva en nuestros principales procesos empresariales.

Hemos trabajado con varios ejemplos genéricos de sectores diferentes para tener una visión amplia del impacto que pueden tener en la empresa los cuatro factores motrices de los Big Data.

A continuación se ha presentado la hoja de trabajo para la visualización de los Big Data como herramienta para generar ideas acerca de cómo podrían aplicarse los cuatro factores motrices de los Big Data a una iniciativa empresarial específica. Hemos visto varios ejemplos de empresa (mantenimiento predictivo, satisfacción del cliente y micro-segmentación del cliente) en los que hemos aplicado los cuatro factores motrices de los Big Data para identificar áreas del negocio en las que los Big Data podrían tener impacto en los procesos de creación de valor empresarial.

Seguidamente hemos visto el análisis de las cinco fuerzas y el análisis de la cadena de valor de Michael Porter como dos entornos de trabajo adicionales para la creación de valor que podemos utilizar para determinar cómo pueden aplicarse los cuatro factores motrices de los Big Data a una iniciativa empresarial específica.

Por último, hemos analizado un ejemplo real, en el que hemos visto cómo podría utilizar Foot Locker los cuatro factores motrices de los Big Data y los tres distintos modelos de creación de valor (hoja de trabajo para la visualización de los Big Data, análisis Porter de las cinco fuerzas y análisis Porter de la cadena de valor) para mejorar su iniciativa para optimizar la efectividad del merchandising.

Espero que, en conjunto, este capítulo le haya hecho sentirse dentro de un curso de introducción de un Máster de Administración de Empresas sobre Big Data.

8. Las ramificaciones de la interacción con el usuario

En el capítulo 5 hablamos sobre las ramificaciones de los Big Data en la interfaz de usuario interna de los grupos de interés. Comentamos cómo la integración de la analítica predictiva en los procesos empresariales clave, junto con nuevas fuentes de datos sin estructurar y *feeds* de datos en tiempo real (de baja latencia), facilitaban la transformación de la interfaz de usuario para guiarnos a conocimientos relevantes y recomendaciones aplicables. En lugar de entregar una interfaz tradicional de usuario para inteligencia empresarial, llena de gráficas y diagramas, en plan "hágalo vd. mismo", podemos aprovechar la capacidad de los Big Data para extraer y presentar sólo aquellos conocimientos (y sus recomendaciones correspondientes) que atañen a los grupos de interés y que son fundamentales para la empresa.

Este capítulo se va a centrar en cómo aprovechar estos mismos conocimientos para transformar nuestros clientes y nuestra interacción con ellos, cómo mirar fuera de nuestra organización para determinar el uso a hacer de los Big Data para ofrecer al usuario una interacción más convincente y cercana.

Como ya comentamos en la fase de monetización de datos del Índice de Madurez de los Modelos de Negocio de los Big Data, los conocimientos sobre el cliente y el producto que se pueden extraer de los Big Data pueden tener un impacto tremendo en la interacción con el usuario. La posibilidad de utilizar los conocimientos sobre las tendencias de comportamiento de cada cliente, unidos a los de clientes "similares", puede ser una fuente de conocimientos valiosos, relevantes y prácticos para nuestros clientes. A raíz de estos conocimientos podemos crear una relación con nuestros clientes mucho más atractiva, práctica y en definitiva provechosa.

Vamos a empezar este capítulo con un ejemplo de lo que no hay que hacer con respecto a aprovechar (o no) los conocimientos que se tienen de los clientes.

UNA INTERACCIÓN POCO INTELIGENTE

La mayoría de organizaciones no dedican tiempo y esfuerzo a intentar entender lo que buscan sus clientes. Es decir, ¿cuáles son los objetivos o resultados que sus clientes intentan obtener? Esta falta de conocimiento sobre los objetivos de nuestros clientes puede llevarnos a una interacción poco inteligente. La causa de este problema está en la falta de compromiso y esfuerzo por empresas a la hora de entender completamente lo que pretenden sus clientes, que es diferente de lo que los clientes pueden estar haciendo.

Si no entiende perfectamente qué objetivo persiguen sus clientes y qué pretenden conseguir, entonces tiene pocas posibilidades de que su interacción con ellos les resulte beneficiosa, significativa y práctica. Este desafío se ve intensificado por la llegada de los Big Data y las grandes expectativas que tienen los clientes de que hagamos algo beneficioso con todos los datos que recopilamos de ellos.

Vamos a ver un ejemplo real de cómo no se deben utilizar los datos y las analíticas para interactuar con los clientes. Mi hija recibió el correo que muestra la figura 8.1, enviado por nuestro proveedor de telefonía móvil, avisándola de que estaba a punto de superar el límite de uso de 2 GB. Se preocupó bastante, pues si superaba dicho límite empezarían a cobrarle (quiero decir, cobrarme) una cantidad adicional. (Nota: la fecha que aparece marcada, "lunes, 13 de agosto de 2012", desempeña un papel importante en este ejemplo).

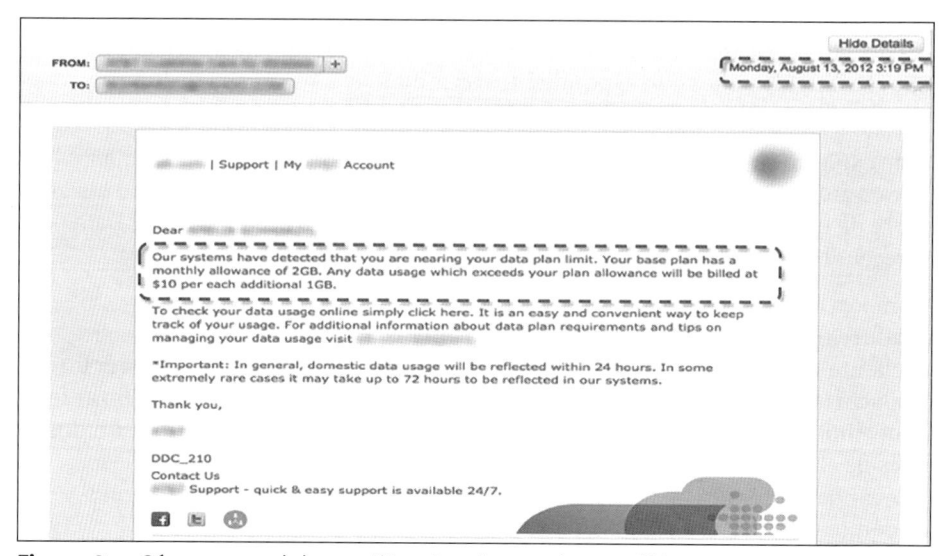

Figura 8.1. Cómo no se deben utilizar los datos y las analíticas para interactuar con los clientes.

La parte del correo electrónico que más preocupó a mi hija fue la siguiente:

Nuestros sistemas han detectado que está a punto de alcanzar el límite de su plan. Su plan básico tiene una cuota mensual de 20 GB. Todo uso de datos que exceda esta cantidad asignada se facturará a razón de 10 dólares por cada GB adicional.

Le pregunté a mi hija qué información necesitaría para tomar alguna decisión relacionada con cambiar el uso que hace de su móvil (en su caso, subir fotos y vídeos suyos a Facebook, Instagram, Vine y Snapchat, que son los principales sospechosos del consumo de datos), de modo que no excediera el límite asignado. Se encontró con que necesitaba una respuesta para las siguientes preguntas:

- ¿Cuánto me queda de mi plan de datos?
- ¿Cuándo se reinicia el uso de datos mensual de mi plan?
- Con mi ritmo de uso habitual, ¿cuándo superaré el límite dentro de este periodo?

DECISIONES CLAVE PARA CREAR UNA INTERACCIÓN ADECUADA CON EL CLIENTE

El ejemplo del correo del plan de datos nos sirve para introducir un proceso de tres pasos que todas las organizaciones deberían implementar, con el fin de que todos sus clientes supieran qué información necesitan para poder mejorar la efectividad de su interacción y su comunicación con la empresa. Este proceso consiste en:

1. Entender los objetivos de los clientes para que haya comunicación entre ellos y nuestra organización: qué intentan conseguir cuando interactúan con la empresa (en este ejemplo, interactuar con amigos y familiares sin exceder el límite mensual del plan). La moraleja está en entender por qué nuestros clientes utilizan nuestros productos o servicios (y el corolario es por qué deberían utilizar los clientes nuestro producto o servicio).

2. Captar las decisiones que los clientes necesitan tomar con respecto a sus objetivos para mejorar la efectividad de sus interacciones con nuestra organización, sus productos y sus servicios (por ejemplo, modificar sus hábitos de uso de las aplicaciones).

3. Identificar qué información necesitan los usuarios para basar las decisiones que necesitan tomar. En nuestro ejemplo, el cliente podría preguntarse: ¿Cuánto me queda de mi plan de datos? ¿Cuándo empieza mi nuevo mes? ¿Cuándo superaré el límite del mes actual?

Conocer la relación entre lo que sus clientes desean comunicar, sus decisiones y la información que necesitan es la base para crear una interacción con el cliente beneficiosa, significativa y práctica. Dicha interacción podría proporcionar entonces la información adecuada (y por consiguiente recomendaciones) sobre cuál es el contenido apropiado para el cliente apropiado para tomar las decisiones apropiadas en el momento apropiado. Así pues, y continuando con la historia del móvil, me metí en Internet para buscar respuesta a las preguntas clave de mi hija. Estas son las respuestas que pude conseguir, tras mucho buscar:

- ¿Cuánto me queda de mi plan de datos? A fecha del 13 de agosto de 2012, el uso es del 65 por cien.
- ¿Cuándo se reinicia el uso de datos mensual de mi plan? Dentro de un día (el contador del uso de datos mensual se reinicia el 14 de agosto de 2012).
- Con mi ritmo de uso habitual, ¿cuándo superaré el límite dentro de este periodo? ¡Nunca!

Dados los resultados de mi análisis, mi hija no tenía nada por lo que preocuparse respecto al uso mensual de su plan de datos. Tendría que consumir tanto ancho de banda en las últimas 24 horas (suponiendo que no durmiera) como en los 30 días anteriores. La probabilidad de que eso ocurriese es cercana a cero (o la misma de que yo le ganara a Usain Bolt en los 100 metros lisos). La moraleja es que el proveedor de telefonía nunca debería haber enviado el correo de aviso porque no tenía ninguna relevancia ni motivo, y lo único que consiguió fue aumentar la ansiedad de mi hija y por consiguiente la probabilidad de que yo empezara a buscar un nuevo proveedor de telefonía móvil.

CÓMO USAR LA TELEFONÍA MÓVIL PARA MEJORAR LA COMUNICACIÓN CON EL CLIENTE

Supongamos que la situación era diferente y que existía una cierta probabilidad de que mi hija fuera a exceder el límite de datos mensual de su plan. En tal caso, la compañía podría haber proporcionado una comunicación que incluyera la información necesaria para ayudarle a tomar una decisión sobre sus hábitos con el móvil. La interacción podría haber sido algo parecido a lo que muestra la figura 8.2. Este correo de ejemplo contiene toda la información que mi hija necesitaría para tomar una decisión al respecto, como:

- El uso actual hasta la fecha (82 por cien).
- Una previsión de uso para la fecha final del periodo del plan (118 por cien).
- La fecha de reinicio del uso del plan de datos (1 de septiembre).
- El coste de superar el límite de uso (20 dólares).

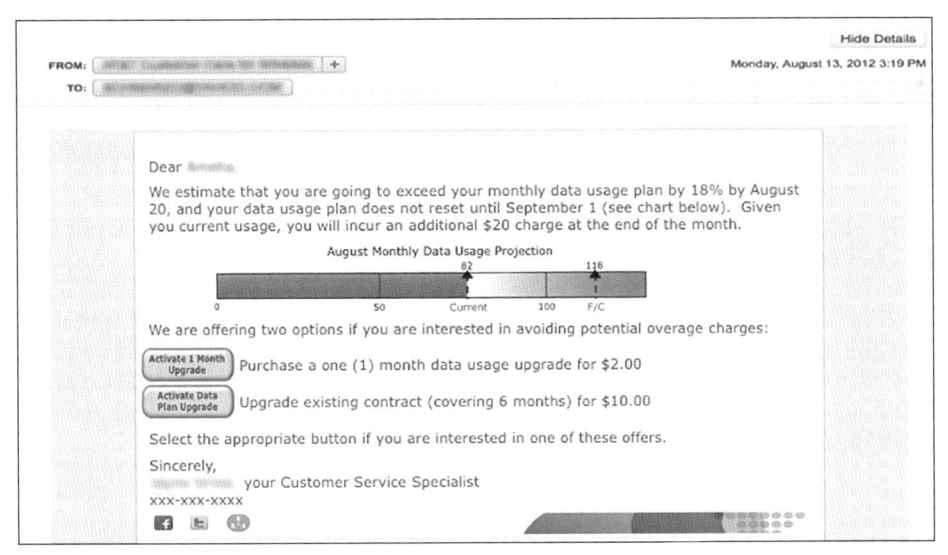

Figura 8.2. Un mejor ejemplo de cómo aprovechar los datos y las analíticas para comunicarse con los clientes del modo adecuado.

Nuestra empresa de telefonía podría implementar un proceso analítico que calculara, diariamente, la probabilidad de que el uso de datos de cada cliente cruzara la línea roja (un uso de datos previsto superior al 90 por cien del contemplado en el plan de datos) antes del fin del periodo. El proveedor tendría entonces la información necesaria para tomar una decisión inteligente sobre si enviar o no el aviso por e-mail.

Con esta información, mi hija estaría ahora en la posición de poder tomar una decisión "inteligente". De hecho, nuestra empresa de telefonía móvil podría utilizar los conocimientos que tiene sobre los patrones de uso, las inclinaciones y las tendencias de mi hija para mejorar su comunicación con ella. El correo electrónico, además de alertar al abonado del problema potencial, podría recomendar también algunos cambios específicos en el uso, como por ejemplo:

➤ Le informamos de que hace un uso habitual de Facebook, Instagram, Vine, y Snapchat. Si utilizara una conexión inalámbrica con más frecuencia podría reducir el uso de datos por la red.

➤ Le informamos de que tiene abiertas 30 aplicaciones que hacen uso del modo de seguimiento por GPS. Le recomendamos que desactive el seguimiento para aquellas aplicaciones que no utilice con frecuencia, como Google Maps, Ms. Pacman, Safari, Chrome, Urban Outfitters y A&F. Haga clic aquí para saber cómo puede desactivarlo para estas aplicaciones.

De hecho, el proveedor de telefonía podría ir un poco más allá y facilitarle al cliente la acción para evitar superar el límite, ofreciéndole opciones "de un solo clic", como por ejemplo:

- ➤ Haga clic aquí para comprar una actualización de uso de datos de un mes (1) por 2 dólares.
- ➤ Haga clic aquí para actualizar su contrato (ampliándolo a 6 meses) por 10 dólares.

Ahora, el proveedor de telefonía le ha proporcionado a su cliente todo lo que necesita saber para reducir la probabilidad global de uso excesivo, además de ofrecerle un par de opciones de pago claras y apropiadas para evitar cargos no deseados. La empresa ha convertido una situación molesta en una en la que todos salen ganando. Pero espere, que la cosa no acaba aquí.

El proveedor ahora puede permitirse experimentar con ofertas diferentes para abonados diferentes con el fin de optimizar la política de precios y la presentación de las diferentes ofertas. La capacidad de instrumentalizar estas ofertas (para medir la efectividad de la respuesta) y experimentar con ofertas diferentes (para ver cuáles son atractivas a qué segmentos de clientes en qué situaciones) sitúa a la empresa de telefonía en una camino que, además de volverla más predictiva, la pone en posición de aprovechar sus analíticas y conocimientos para proporcionar una interacción con el usuario más completa y convincente.

Este proveedor de telefonía no es el único que desaprovecha la oportunidad de utilizar los datos que posee de sus clientes para proporcionar una comunicación más adecuada y significativa. Las organizaciones recopilan muchos datos de sus clientes y sus patrones de compra y de uso, pero muy pocos de esos datos se explotan para generar los conocimientos necesarios para mejorar la experiencia del usuario. Los Big Data sólo ponen de manifiesto este problema, y las organizaciones sólo tienen dos opciones: o dar el salto y ver los Big Data como una oportunidad de mejorar su interacción con el usuario, o acabar enterradas en datos y seguir enviando mensajes irrelevantes a sus clientes.

CÓMO DESCUBRIR Y APROVECHAR LOS CONOCIMIENTOS SOBRE LOS CLIENTES

Uno de los factores motrices más importantes de los Big Data son los conocimientos innovadores que pueden reunir las organizaciones sobre los comportamientos, las tendencias y las propensiones de sus clientes, y cómo pueden estos conocimientos reestructurar los procesos de creación de valor de los clientes de dichas organizaciones. Sus clientes, a través de su interacción por Internet, su actividad en las redes sociales y el uso de las aplicaciones de sus móviles, están dejando sus huellas digitales por toda la red (véase la figura 8.3).

LAS RAMIFICACIONES DE LA INTERACCIÓN CON EL USUARIO

Figura 8.3. ¿Cuántos datos se crean por minuto? (Infografía de Domo). Fuente: http://www.domo.com/blog/2012/06/how-much-data-is-created-every- minute/.

Estas huellas digitales proporcionan unos conocimientos valiosísimos dentro de sus áreas de interés (las de sus "me gusta"), pasiones (defensores y partidarios), asociaciones (los grupos a los que pertenecen oficialmente) y afiliaciones (aquellas causas en las que creen), y que se pueden utilizar para mejorar aspectos de la comunicación con cada cliente. Estos conocimientos sobre el cliente pueden tener repercusión en cualquier aspecto del proceso de comunicación con el cliente: cómo creamos perfiles y segmentamos, cómo gestionamos a los defensores y partidarios o en las ventas directas y cruzadas.

Cómo reestructurar los procesos de administración del ciclo vital del cliente

Lamentablemente, las organizaciones no tienden a pensar en el proceso completo del ciclo vital de sus clientes. Muchas empresas poseen grupos de marketing independientes centrados en localizar soluciones para áreas como la captación, la venta dirigida, la retención y los incondicionales. Por ejemplo, hay muchas organizaciones obsesionadas con reducir su tasa de abandonos o la velocidad con la que los clientes que tienen les dejan o se cansan de ser clientes activos. Se estima que cuesta 10 veces más captar un nuevo cliente que conservar a uno existente, lo que explica por qué centrarse en esta área queda justificado. Las organizaciones dedican una cantidad significativa de recursos de marketing, ventas y soporte en un intento de identificar los candidatos al abandono o al hastío y toman medidas correctoras con la antelación suficiente, en el proceso de comunicación con el cliente, para prevenir su marcha.

No obstante, apuesto a que las cifras de abandono de una organización son incluso peores de lo que piensan; creo que no tienen en cuenta el dinero y los recursos desperdiciados en crear perfiles, segmentar, dirigir y hacer búsquedas erróneas, ni la ineficacia y el desperdicio que supone hacer las ofertas equivocadas a los clientes equivocados en un intento de realizar ventas directas y cruzadas, por no hablar de la falta de conocimiento acerca de cómo manejar al público incondicional. En realidad, el abandono (o la deserción) de los clientes se da en cada uno de los pasos del proceso del ciclo vital de la interacción con el cliente (véase la figura 8.4).

El desafío principal ahora es cómo puede aprovechar su organización los conocimientos para optimizar todos los puntos de interacción con el cliente que comprenden el ciclo vital. Las organizaciones necesitan complementar los datos demográficos de los clientes y los de compras de productos que poseen con los de los comportamientos (tendencias, propensiones, inclinaciones) y las actividades sociales (intereses, pasiones, asociaciones y afiliaciones de los clientes) para descubrir conocimientos aplicables sobre sus clientes individuales. Las organizaciones necesitan integrar estos nuevos conocimientos de sus clientes para obtener métricas financieras fundamentales, como el valor del cliente (LTV) y la probabilidad de recomendación (LTR).

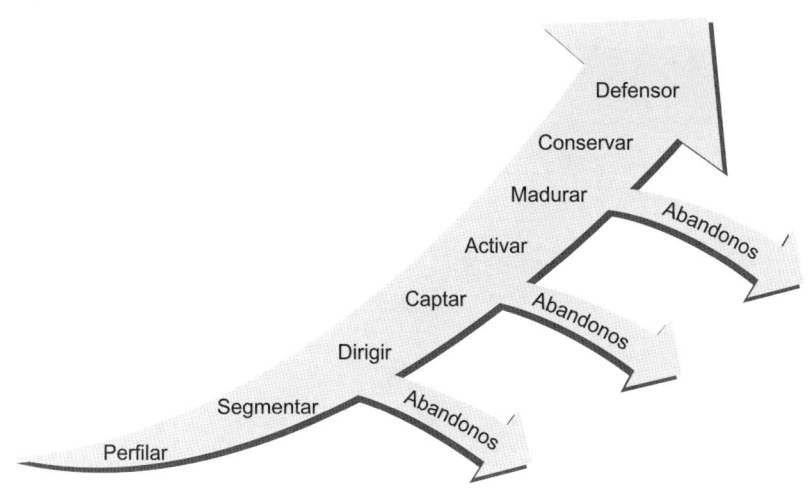

Figura 8.4. Optimice el ciclo vital de interacción con su cliente.

Para ello, las organizaciones necesitan tener un mayor control de las herramientas que monitorizan la actividad del cliente en todos sus aspectos, como los medios sociales, las aplicaciones móviles y la interacción humana (ventas, servicios, soporte). También tienen que aceptar la experimentación como un medio para aprender aún más sobre sus clientes, para saber a qué mensajes, promociones y ofertas responden y a cuáles no. Las organizaciones tienen que valorar que toda interacción con el cliente es una oportunidad para aprender más sobre cada cliente en particular y que eso al final acaba afectando a la calidad y la relevancia de la relación con el cliente y la rentabilidad a largo plazo de la organización.

Cómo emplear los conocimientos sobre los clientes para obtener beneficios

Optimizar el ciclo vital del proceso de interacción con el cliente es, probablemente, la oportunidad de negocio número uno para los Big Data en las empresas del tipo B2C (del negocio al consumidor). Esto incluye a empresas como minoristas, bancos y cooperativas de crédito, empresas de tarjetas de crédito, compañías de seguros, proveedores de telefonía móvil, proveedores de televisión por cable o digital, seguros médicos y pagadores de servicios de salud. Un estudio realizado por R. S. Kaplan y S. Anderson en 2004 revela que, en general, en los distintos sectores (véase la figura 8.5):

➤ Entre el 0 y el 25 de los clientes generan un beneficio superior al 100 por cien.

➤ Entre el 50 y el 60 por cien de los clientes no generan beneficios.

➤ Entre el 10 y el 25 por cien de los clientes generan beneficios negativos.

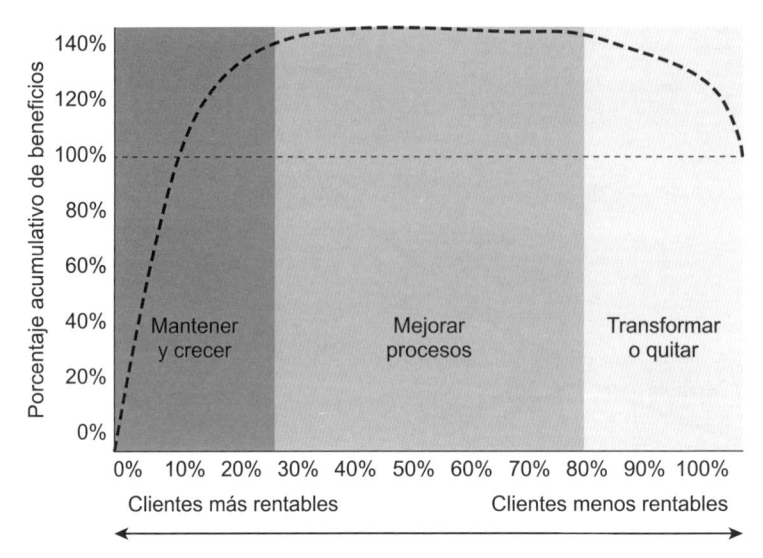

Figura 8.5. Curva de rentabilidad del cliente.
Fuente: "Time-driven Activity-based Costing", por R. S. Kaplan y S. Anderson. Harvard Business Review (Noviembre de 2004)

De aquí se deduce que si pudiéramos "despedir" a entre el 75 y el 90 por cien de nuestros clientes no rentables, además de aumentar los beneficios también reduciríamos notablemente los costes globales de detectar, captar y retener a los clientes no rentables.

Como deshacerse de todos los clientes no rentables no es un enfoque realista para una empresa, lo que hay que mejorar drásticamente es la capacidad de la organización para conocer y cuantificar las características, comportamiento, propensiones, intereses, pasiones, asociaciones y afiliaciones de los clientes, actuales o futuros, con el fin de:

➤ Pasar a los clientes a la parte más rentable de la curva de relación.

➤ Desarrollar planes, programas y ofertas que puedan dar servicio a los clientes no rentables con una menor incidencia en los costes.

El valor financiero de desarrollar un profundo conocimiento de cada uno de nuestros clientes (sus comportamientos, propensiones, intereses, pasiones, asociaciones y afiliaciones) con el fin de optimizar el ciclo vital de comunicación puede verse desde el aplastante valor empresarial de conservar a los principales clientes y granjearnos defensores, clientes que probablemente nos recomienden (véase la figura 8.6).

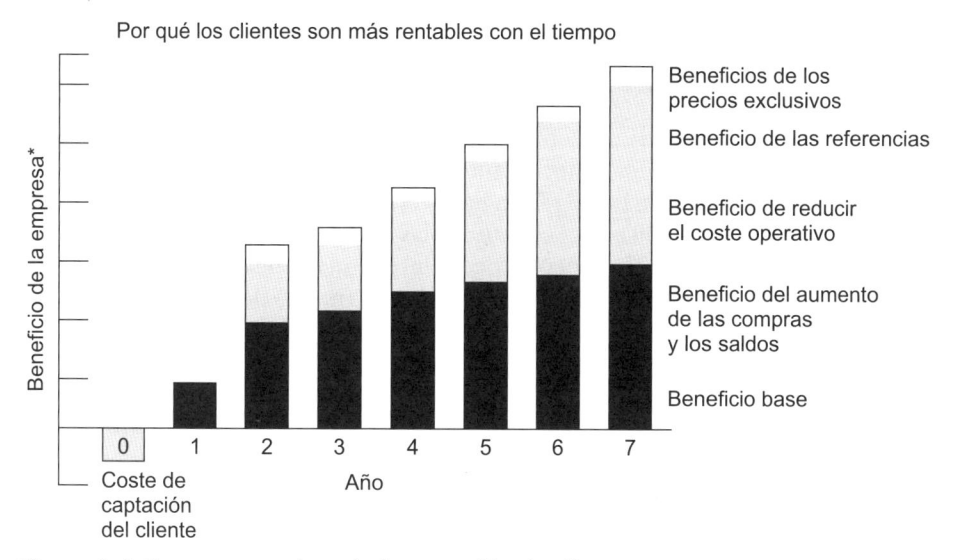

Figura 8.6. Factores motrices de la retención de clientes.
Fuente: "The Service Profit Chain". Heskett, Sasser y Schlesinger (1997)

Este estudio destaca los factores motrices clave que hacen de la retención de los principales clientes algo fundamental en la viabilidad empresarial a largo plazo. Estos factores son:

➤ Los beneficios base de las compras de productos iniciales, la sustitución de productos y la prestación de servicios del producto básico.

➤ Los beneficios adicionales de los productos y servicios de las posibilidades de venta cruzada y la venta directa (es decir, el marketing dirigido a los clientes actuales o "base instalada").

➤ Un aumento de la rentabilidad al eliminar los costes de captación de clientes.

➤ Los beneficios de las referencias (que en 1997 podrían ser menores que hoy en día, en un mundo plagado de referencias en medios sociales, defensores en Internet y *net promoters*).

➤ Los beneficios de los precios exclusivos que algunos clientes están dispuestos a pagar para no tener que cambiarse a otro producto; aprovechar la inercia de la mayoría de los clientes para mantener su *status quo*, porque pese a que los incrementos de precio sean relativamente menores, sigue siendo más caro cambiarse que pagar simplemente los precios más elevados.

LOS BIG DATA PUEDEN PROPICIAR UNA NUEVA INTERACCIÓN CON EL USUARIO

Una de las posibilidades de monetización más poderosas de los Big Data consiste en utilizar todos los conocimientos sobre los clientes, productos y operaciones enterrados en los Big Data para replantearse y mejorar radicalmente la naturaleza de la relación con el cliente. De las cifras que hemos visto anteriormente en el capítulo podemos deducir que una aplicación pertinente y a tiempo de los conocimientos sobre el cliente, al segmento de éste y al cliente en particular, puede dar lugar a un aumento en la rentabilidad, lealtad e incondicionalidad de nuestros clientes "más importantes". Y muchos de estos conocimientos relevantes, significativos y aplicables se les pueden presentar a los clientes a través de una interacción que también sea más relevante, significativa y aplicable. Vamos a ver un par de ejemplos, uno para las organizaciones del tipo B2C (del negocio al consumidor) y otro para las del tipo B2B (comercio en la red), de cómo pueden utilizar las empresas los conocimientos de los clientes, los productos y las operaciones para que la interacción con el cliente sea nueva y más atractiva.

Ejemplo B2C: Impulsar la interacción con el cliente minorista

Vamos a empezar por un ejemplo de cliente minorista, dado que la mayoría de los lectores han tenido alguna experiencia personal con ellos. De un modo muy similar a cómo han estado trabajando las empresas de servicios financieros (por ejemplo Mint, que es un servicio gratuito que integra a nuestro banco, tarjetas de crédito, inversiones y préstamos, además de crear presupuestos y objetivos personalizados, todo ello a través de una consistente interfaz Web y para móviles) para convertirse en consejeros financieros estratégicos para sus clientes, los minoristas podrían colocarse en una posición similar ayudando a los compradores a optimizar sus presupuestos de compra una vez conocidos sus objetivos y presupuestos para compras y comida de sus clientes. Vamos a crear un par de sencillos modelos a escala para que se haga una idea del potencial de la interacción con el cliente.

A los compradores de hoy en día se les da un ticket como el que vemos en el lado izquierdo de la figura 8.7. El ticket de compra le dice a los compradores lo que han comprado, la cantidad que han comprado de cada elemento, el precio de cada elemento y el total de dinero gastado. En algunos casos, el ticket también les dice a los compradores cuánto dinero se han ahorrado gracias al uso de su tarjeta de cliente, e incluso cosas como cuántos puntos llevan acumulados para tomarse un café gratis, por ejemplo. Normalmente, el ticket no es más que una pista de auditoría de lo que han comprado.

LAS RAMIFICACIONES DE LA INTERACCIÓN CON EL USUARIO

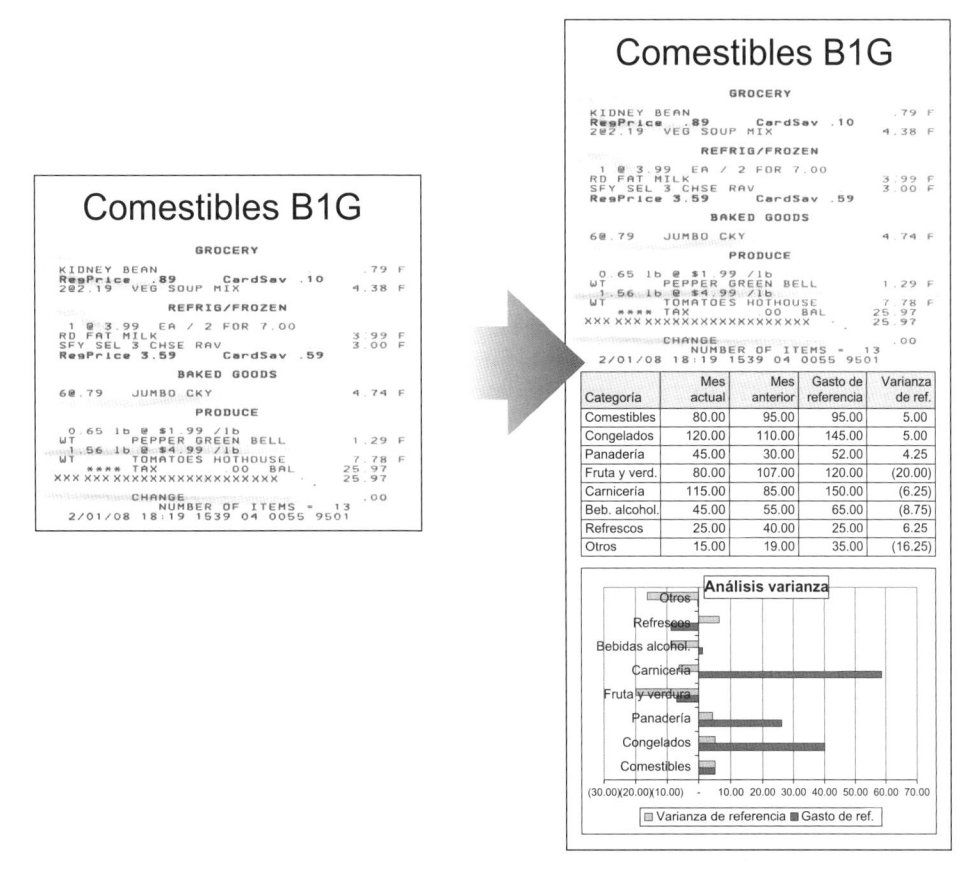

Figura 8.7. Simulación de interacción con el cliente minorista.

En lugar de este ticket de compra tradicional, ¿y si lo convertimos en un cuadro que permita optimizar las compras, como en la imagen que vemos a la derecha de la figura 8.7? ¿Y si utilizamos los datos del historial y las tendencias de compras del cliente para proporcionar un informe de gastos parecido al que las empresas de servicios financieros elaboran para sus clientes? Se podría emplear para proporcionar información valiosa para el comprador, como por ejemplo:

➤ Resaltar las tendencias de los compradores en los distintos tipos y categorías de producto, y la frecuencia de estas compras por temporada.

➤ Proporcionar datos de referencia de compradores con preferencias similares para las distintas categorías de productos, tiendas y días festivos.

➤ Hacer recomendaciones, al estilo de Amazon, sobre productos o servicios específicos.

➤ Incluir datos o recomendaciones específicas que puedan servirles a los clientes para optimizar sus presupuestos para compra, en función de su perfil y presupuesto particular como compradores.

Vamos a llevar este ejemplo un poco más lejos. Veamos cómo podríamos aprovechar todos los datos que posee el minorista sobre la fidelidad del cliente y sus compras para transformar la aplicación para smartphones del minorista en un "asesor de compras".

Hemos mejorado la aplicación para smartphones del minorista para incluir una opción de "análisis del presupuesto" (el botón de la parte inferior de la aplicación que muestra la figura 8.8). Esta aplicación actualizada va un paso más allá y ayuda a los compradores a optimizar su presupuesto de la compra haciéndoles recomendaciones específicas (ajustadas a unos objetivos y un presupuesto específicos), y por otra parte nos ofrece la posibilidad de realizar ofertas de productos en tiempo real.

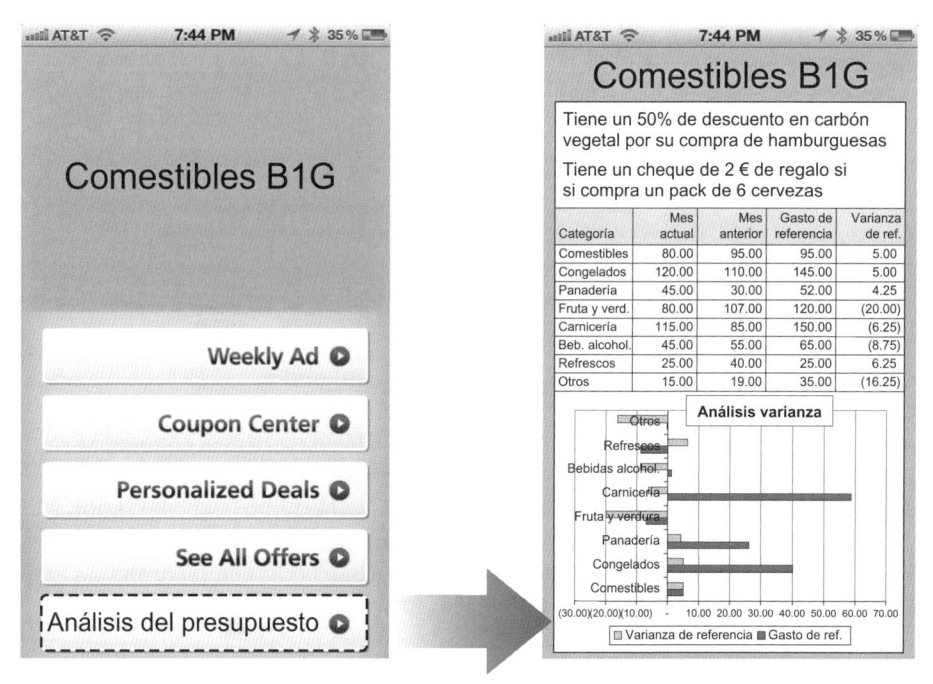

Figura 8.8. Mejora de la interacción con el cliente a través de la aplicación para móvil.

Al hacer clic en el botón "análisis del presupuesto" se abriría un módulo que, aparte de mostrar las tendencias del comprador, también podría proporcionar información sobre sus preferencias con respecto a un grupo de compradores de referencia para que el comprador pudiera encontrar algún modo de ajustar su presupuesto. El módulo también podría proporcionar sugerencias específicas sobre el presupuesto, los productos y los alimentos, del tipo: "Parece que compra muchos cereales Cap'n Crunch. Por la compra de tres cajas tendrá un 50 por cien de descuento sobre el precio normal".

El propósito de esta simulación es que los empresarios empiecen a plantearse los "¿y sí...?" a partir de los conocimientos que puedan haber recopilado de este creciente acceso a datos sobre sus clientes y sus preferencias de compra y cómo podrían presentarles estos conocimientos de una manera atractiva y específica para mejorar su comunicación con ellos. Los empresarios se podrían hacer preguntas del tipo:

> ¿Qué tipo de posibilidades de monetización puedo descubrir si tengo acceso a los potenciales comportamientos, tendencias y patrones de mis clientes por segmento de cliente?

> ¿Qué tipo de promociones y recomendaciones podría generar si tuviera la capacidad de combinar el historial de compra de los clientes con las festividades y los eventos locales?

> ¿Qué servicios podría proporcionar si pudiera registrar las actividades de compra actuales de mis clientes en tiempo real, mientras están en la tienda?

> ¿Qué posibilidades de promoción existen si puedo acceder con facilidad a los comportamientos y la propensión de compra de clientes con cestas de la compra similares y compararlos?

> ¿Cómo podría aprovechar los patrones de compra y de comportamiento de los clientes para mostrarles ofertas personalizadas e información sobre sus compras mientras estén en la tienda?

El sector minorista tradicional está preparado para poner a prueba la capacidad de los minoristas *online* de influir en las actividades de compra de los clientes en tiempo real con sus propias recomendaciones y conocimientos, para mejorar su experiencia como compradores. No conformes con ser sólo un canal más, los Big Data, las nuevas tecnologías y el desarrollo analítico en el sector minorista albergan el potencial de transformar la interacción con el cliente, pasando de tácticas aisladas a una relación estratégica y duradera. Al ayudar a los compradores a optimizar su presupuesto y mejorar sus compras, se creará una estrecha relación que recompensará una y otra vez al minorista.

Ejemplo B2B: Impulsar la efectividad de la pequeña y mediana empresa

Con las organizaciones B2B ocurre lo mismo: existen oportunidades para utilizar los conocimientos de los clientes, los productos y las operaciones para mejorar la efectividad y la rentabilidad de los principales clientes. Suponga que dirige un mercado digital que ayuda a los minoristas pequeños y medianos a vender sus productos. Su cliente medio probablemente no posea las mismas capacidades de gestión de datos y análisis que su organización, pero depende en gran medida de su mercado para la viabilidad de su negocio a largo plazo.

¿Y si fuera capaz de recoger todos los datos de las transacciones de sus clientes (a través del intercambio de datos e instrumentos digitales) y pudiera utilizar esos datos, junto con analíticas avanzadas, para ayudar a sus clientes a mejorar el rendimiento global de la empresa? Podría crear una interacción con el cliente completamente nueva a través de un panel de control inteligente que ayudase a los comerciantes a:

➤ Mejorar la efectividad de las campañas de marketing.

➤ Mejorar la efectividad de la promoción de productos *online*.

➤ Optimizar el reparto del gasto de promoción entre los distintos medios.

➤ Optimizar la política de precios.

➤ Optimizar la gestión de las rebajas.

➤ Reducir los costes de existencias y la cadena de suministro.

También podríamos utilizar los conocimientos de otros comerciantes para proporcionar conocimientos sobre el funcionamiento del mercado (datos de referencia sobre el rendimiento económico de promociones y campañas, cuotas de mercado, visibilidad de la publicidad y porcentaje del gasto total) por categoría de producto. Podríamos aprovechar el análisis de los mercados de la competencia y el rendimiento de las categorías de productos para aconsejar a los comerciantes sobre cómo podrían mejorar el rendimiento de sus negocios (véase la figura 8.9).

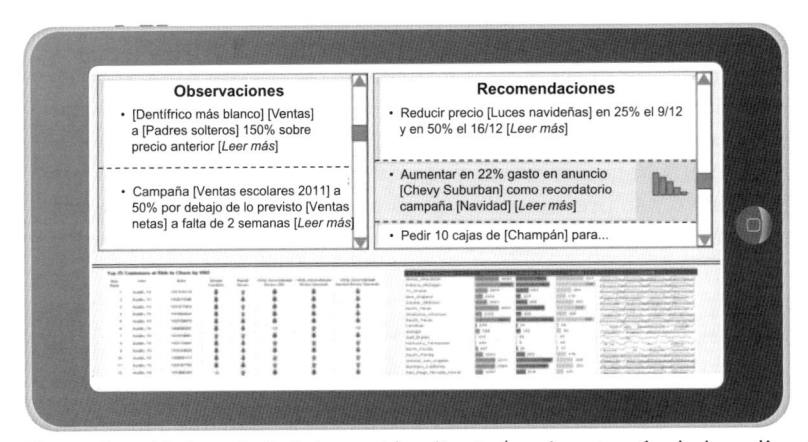

Figura 8.9. Mejora de la interacción cliente/socio a través de la aplicación para móvil.

Incluso podríamos aconsejarles a los comerciantes qué acciones podrían llevar a cabo para mejorar el funcionamiento del negocio. Podríamos darles consejos en cada una de las decisiones empresariales clave que necesitan tomar, en áreas como el merchandising, la publicidad y la gestión de existencias.

Este inteligente boceto de panel de control para comerciantes está pensado para usuarios que no son analistas. Está diseñado para usuarios profesionales que necesitan que los datos y las analíticas les digan qué está pasando en sus empresas, para descubrir los conocimientos y el material que está enterrado en los datos, repartido entre los clientes, productos y campañas, y para que les aconseje qué acciones podrían emprender para mejorar el funcionamiento de sus negocios. El panel de control proporciona a estos usuarios dos elementos clave en los que apoyarse:

1. Conocimientos, que son observaciones (tanto problemas como posibilidades) de situaciones poco usuales descubiertas gracias a los datos. Estos conocimientos deben tener el valor empresarial suficiente como para que el usuario profesional invierta tiempo y esfuerzo en investigarlos.

2. Recomendaciones, que son las acciones o las decisiones que el comerciante puede tomar para intentar mejorar el funcionamiento de la empresa.

Tanto los conocimientos como las recomendaciones podrían incluir un enlace "Más información" que abriera otra ventana, en la que se mostrarían los datos y analíticas en los que se sustenta esa información o recomendación en concreto. Las recomendaciones de este boceto también incluyen un indicador de la "fuerza de la recomendación", que muestra rápidamente al comerciante la efectividad estimada de la recomendación en base al rendimiento histórico (que se calcula analizando la efectividad histórica de esa recomendación en comerciantes similares que la aceptaron).

Las recomendaciones también nos ofrecen una oportunidad para recoger conocimientos sobre los comerciantes y la efectividad del modelo analítico. Se podría hacer una implementación de las recomendaciones empleando menús desplegables para recoger la siguiente información adicional:

➤ ¿Qué recomendaciones ha "aceptado" el comerciante y qué tal han funcionado?

➤ ¿Qué recomendaciones ha "rechazado" el comerciante y por qué ha rechazado ésas en particular (no eran pertinentes, o aplicables...)?

Esta información adicional se puede utilizar para mejorar la efectividad del modelo analítico, recogiendo los resultados de la recomendación y utilizándolos para perfeccionar el modelo analítico en que se apoya, a la par que mejoramos la interacción global con el comerciante al proporcionarle sólo recomendaciones relevantes, aplicables y efectivas para él.

La clave de aprovechar bien los Big Data para que tengan repercusión en la interacción con el usuario es proporcionar los datos y conocimientos necesarios para que los usuarios profesionales puedan identificar las claves del funcionamiento de su empresa y qué acciones pueden tomar para mejorarlo. En nuestro ejemplo del mercado digital, el panel de control deberá proporcionar conocimientos y recomendaciones que contemplen las siguientes preguntas y decisiones relacionadas con la empresa (véase la tabla 8.1):

Tabla 8.1. Panel de control inteligente para comerciantes.

LOS USUARIOS PROFESIONALES PREGUNTAN...	EL PANEL DE CONTROL INTELIGENTE DEVUELVE...
¿Cómo lo estoy haciendo? ¿Cómo me va en comparación con la última vez? ¿En qué áreas me estoy excediendo? ¿En cuales estoy por debajo de lo esperado?	**Información sobre el rendimiento de la empresa** Comparar el funcionamiento del marketing, las promociones y las existencias con los periodos y campañas anteriores.
¿Qué tengo que saber? ¿Que debería estar haciendo? ¿Qué debería dejar de hacer? ¿Cómo puedo mejorar el funcionamiento de las campañas, las promociones y las existencias?	**Recomendaciones prácticas** Validar las recomendaciones sobre campañas, promociones y existencias utilizando las prácticas adecuadas para los distintos sectores.
¿Qué puedo aprender de mis clientes? ¿Qué segmentos de clientes están respondiendo? ¿Qué clientes no están respondiendo? ¿Hay otras audiencias a las que me puedo dirigir?	**Conocimientos sobre los clientes** Proporcionar conocimientos sobre los segmentos de clientes, incluyendo datos demográficos, tendencias de comportamiento y preferencias sobre productos.
¿Cómo lo estoy haciendo con respecto a la competencia? ¿En qué áreas mi rendimiento es inferior al de mis competidores? ¿En cuáles lo hago mejor que ellos?	**Conocimientos sobre la competencia** Proporcionar datos de referencia de los comerciantes y las categorías para conocer y mejorar el funcionamiento del negocio.

En el siguiente capítulo veremos cómo se pueden utilizar estos bocetos o simulaciones de la interacción con el usuario para impulsar el proceso de visualización.

RESUMEN

En este capítulo hemos mostrado cómo una interacción con el usuario puede ser "no inteligente". Hay muchas organizaciones que no sacan partido del volumen de los datos que han recogido sobre sus clientes (a través de iniciativas como los programas de fidelidad) para descubrir conocimientos de clientes y productos que podrían dar lugar a una interacción con el cliente más relevante y significativa. Las organizaciones que no dedican tiempo a aprender, comprender y utilizar estos conocimientos corren el riesgo de transmitir a sus clientes mensajes irrelevantes, confusos e incluso frustrantes y que a la larga dañarán la imagen de la marca y reducirán la satisfacción y la fidelidad del cliente.

La técnica mostrada es sencilla, pragmática e identifica la información necesaria para asegurar una comunicación con el cliente que sea pertinente, significativa y práctica. La metodología se cerciora de que nuestra organización está proporcionando los datos y conocimientos adecuados a los clientes para que puedan tomar las decisiones "correctas" cuando interactúen con nuestra organización.

A continuación hemos analizado cómo utilizar los Big Data para mejorar el proceso de comunicación con el cliente. Hemos comentado la importancia de dónde y cuándo aplicar los Big Data a lo largo de todo el proceso del ciclo vital del cliente, desde la creación de perfiles, la segmentación, la detección, la captación, la maduración, la retención y la conversión a incondicional. Su empresa tiene la oportunidad de aprovechar estos conocimientos para reestructurar los procesos de comunicación con el cliente que le darán beneficios y que a la larga generarán su confianza, alimentando así a posibles incondicionales.

Por último, hemos visto un par de bocetos de cómo nuestra organización puede utilizar conocimientos relevantes, significativos y aplicables para mejorar la interacción con el cliente. Los bocetos incluían ejemplos de cómo puede utilizar nuestra empresa los conocimientos y recomendaciones extraídos de las fuentes de Big Data para aumentar el valor y la cercanía en nuestra relación con el cliente.

9. Cómo identificar los casos de uso de los Big Data

Los Big Data tratan sobre la transformación empresarial. Es un detalle que he dejado bastante claro en lo que llevamos de libro. Como he comentado varias veces, los Big Data pueden ayudar a los grupos de interés a optimizar sus procesos empresariales actuales y descubrir nuevas posibilidades de monetización. Los Big Data se diferencian de la mayoría de las iniciativas de las TI en que requieren una colaboración estrecha y continua con los interesados para garantizar que lo que se esté desarrollando y entregando es apropiado y aplicable en la empresa. A diferencia de los proyectos de las TI relacionados con sistemas de planificación de recursos empresariales (ERP) y de administración de la relación con los clientes (CRM), que se pueden ejecutar manteniendo un contacto limitado con los interesados, los proyectos de los Big Data, especialmente los orientados a la transformación de la empresa, requieren algo más que la implicación de los participantes; un proyecto de Big Data requiere un liderazgo completo de los grupos de interés.

¿Cómo pueden colaborar los interesados y las TI para identificar las posibilidades empresariales adecuadas en las que centrar la iniciativa de los Big Data, y diseñar después la arquitectura correcta para explotar estas oportunidades de monetización? ¿Cómo garantizamos la correcta implementación de estas nuevas capacidades, dada la tasa histórica de fallos en la adopción de nuevas tecnologías?

Este capítulo introduce una metodología probada y demostrada, el taller de visión, basado en la simple premisa de que las posibilidades de la empresa deben conducir a la aceptación de los Big Data. Aunque siempre es de utilidad un método orientado a la tecnología para ayudar a una organización a obtener conocimientos acerca de lo que puede hacer una tecnología nueva como Hadoop, es fundamental que las posibilidades de negocio nos den el "por qué", el "cómo" y el "dónde" para implementar estas nuevas tecnologías para conseguir que los interesados las adopten y se logre el éxito empresarial.

El mayor desafío en los proyectos de Big Data es identificar cómo y por dónde empezar el viaje por los Big Data. Estas elecciones se complican por el hecho de que a la mayoría de los usuarios profesionales (así como la mayoría de los líderes de las TI) les cuesta visualizar todo el espectro de posibilidades que las nuevas fuentes de Big Data (medios sociales, móviles, *logs*, telemetría, sensores y otros) y las nuevas grandes innovaciones tecnológicas (Hadoop, MapReduce, NoSQL y otras) ponen a su disposición.

Si utilizamos las técnicas de visualización de los Big Data que vimos en el capítulo 7, estaremos en disposición de dirigir los ejercicios de visualización. Lo ideal es que estos ejercicios formasen parte de un taller en el que también se pudiesen marcar los siguientes objetivos:

➤ Asegurar que su iniciativa de los Big Data se centra en las posibilidades de negocio adecuadas, manteniendo un equilibrio óptimo entre los beneficios empresariales y la viabilidad de su implantación.

➤ Crear en la organización el consenso necesario para el éxito haciendo que los recursos empresariales y tecnológicos apunten a un mismo objetivo, compartiendo metas, hipótesis, prioridades y métricas.

➤ Proporcionar un conjunto de métricas con las que medir el éxito de la iniciativa y el progreso de los Big Data.

➤ Reducir la probabilidad de fallo identificando por anticipado los riesgos de implementación de esta iniciativa.

EL PROCESO DE VISUALIZACIÓN DE LOS BIG DATA

El proceso de visualización, que se denomina taller de visión, define dónde y cómo se pueden implementar las analíticas de los Big Data para transformar nuestra empresa. El proceso del taller de visión suele consistir en un taller guiado, de media jornada de duración, en el que se aprovechan las dinámicas de grupo y las técnicas de visualización que describimos en el capítulo 7 para desgranar y priorizar las posibilidades de los Big Data. Esto se logra ayudando a los participantes, tanto de la empresa como de las TI, a visualizar el "universo de posibilidades" que ofrecen las nuevas fuentes de Big Data y las nuevas tecnologías relacionadas con ello. El funcionamiento del taller de visión se resume en los siguientes pasos (véase la figura 9.1):

1. Investigaciones y entrevistas para entender las iniciativas empresariales objetivo o el proceso empresarial.
2. Preparación de datos y desarrollo de analíticas específicas para el cliente.
3. Ejercicios de visualización para transmitir el "universo de posibilidades".

4. Lluvia de ideas y priorización de los casos de uso de los Big Data.
5. Recopilar los riesgos de implementación y los factores de creación de valor empresarial.

Investigación
- Identificar las iniciativas empresariales clave y el marco temporal.

Análisis
- Preparar los datos de muestra
- Extraer información

Lluvia de ideas
- Visualizar el potencial de los big data de cara a la iniciativa empresarial

Priorizar
- Priorizar posibilidades
- Identificar obstáculos

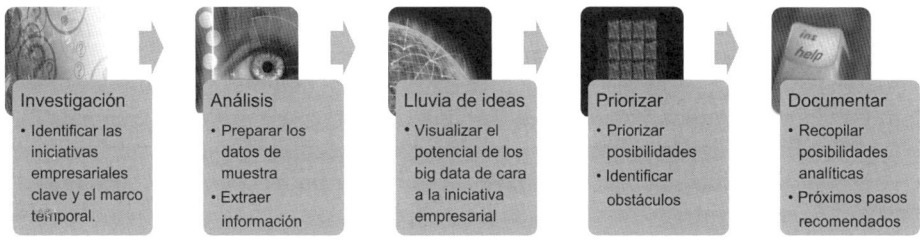

Documentar
- Recopilar posibilidades analíticas
- Próximos pasos recomendados

Figura 9.1. El proceso de visualización de los Big Data.

Vamos a comentar cada uno de estos pasos con más detalle.

Paso 1: Investigar iniciativas empresariales

Antes de pasar al taller guiado, los equipos empresarial y de las TI deben identificar las posibilidades, los desafíos o las iniciativas empresariales objetivo en las que se centrará el taller. Veamos algunos ejemplos:

➤ Utilizar los conocimientos sobre el comportamiento de los abonados para reducir la tasa de abandono y optimizar los puntos de conexión.

➤ Utilizar la analítica predictiva para mejorar la predictibilidad del mantenimiento de turbinas y reducir los mantenimientos no planificados.

➤ Utilizar los patrones de comportamiento en tienda, junto con el historial de compra del cliente, para impulsar las ofertas basadas en la ubicación.

➤ Utilizar los datos de comunicaciones internas y externas para detectar problemas en el servicio y los productos, para mejorar el nivel de satisfacción del cliente.

➤ Utilizar en tiempo real los resultados de los test realizados a los alumnos, junto con los datos de rendimiento del historial, para medir dinámicamente la efectividad del aprendizaje del estudiante.

➤ Utilizar los datos de la salud de los pacientes y su estilo de vida para mejorar la predictibilidad de las admisiones en hospitales y los cuidados sanitarios.

Una vez fijadas las iniciativas empresariales objetivo, el equipo de asesoramiento ya está ensamblado. Este equipo se suele componer de un líder, que conoce el proceso y las técnicas para dirigir un proceso de lluvia de ideas en grupo y procurar que haya consenso y participación entre los componentes del taller. Otros miembros importantes del equipo de asesoramiento serían un experto en la materia a tratar, alguien que posea una amplia experiencia en el sector o negocio en cuestión y un científico de datos, que pueda determinar el enriquecimiento de datos y las técnicas de modelado analítico adecuadas, además de evaluar otras fuentes de datos posibles.

El equipo de asesoramiento sabe con qué grupos de interés conectar y qué datos necesita conseguir, en base a la iniciativa empresarial objetivo, para alimentar los ejercicios de generación de ideas. Es fundamental que el taller de visión esté correctamente delimitado para centrar el ejercicio de manera que no se olvide en ningún momento su objetivo. Si no es así, el taller podría verse desbordado enseguida, en un intento de satisfacer las necesidades personales de demasiados ejecutivos, cada cual con sus propias funciones en su empresa. Créame cuando le digo que esto es bueno, sobre todo cuando se busca el punto de partida "correcto" para el viaje por los Big Data.

Una vez que el equipo de asesoramiento ha alcanzado el consenso en el ámbito del taller de visión (la iniciativa empresarial objetivo) y los participantes de las empresas y las TI han finalizado, el equipo de asesoramiento debería investigar la iniciativa en cuestión y recopilar toda la información previa que sea relevante. Esta investigación debería incluir una revisión de los informes financieros trimestrales y anuales de la compañía, además de tener en cuenta la opinión de los analistas y realizar búsquedas en Internet sobre el asunto. Aparte de devolver conocimientos sobre la iniciativa empresarial objetivo de la organización, esto también aportará información acerca de lo que están haciendo los competidores en el mismo espacio.

El equipo debería entrevistar después a los participantes escogidos para:

➤ Recopilar los objetivos empresariales y las metas económicas de la iniciativa elegida.

➤ Entender cómo se va a medir el éxito.

➤ Determinar las principales preguntas y decisiones de negocio a abordar para apoyar la iniciativa empresarial objetivo.

➤ Aislar los retos actuales.

➤ Identificar los indicadores de rendimiento clave y los factores críticos de éxito.

➤ Revisar la experiencia de la organización al abordar esta iniciativa anteriormente.

Estas entrevistas pueden realizarse presencialmente o por teléfono, dependiendo de la agenda del entrevistado, los recursos y el plazo disponibles, pero lo ideal es hacerlas en persona.

Durante el proceso se deberían recoger los informes y las hojas de trabajo de ejemplo de los entrevistados. El equipo debería dedicar parte de la entrevista a entender cómo utilizan los usuarios profesionales los informes y paneles de que disponen. Tómese su tiempo con los usuarios profesionales para entender:

- Qué buscan cuando consultan un informe o un panel.
- Cómo saben que tienen un problema o una oportunidad.
- Qué pasos dan cuando encuentran un problema o una oportunidad.
- Qué datos o análisis adicionales tienen en cuenta para entender mejor el problema o la oportunidad.
- Qué otros participantes suelen implicarse para ayudar a analizar el problema u oportunidad.
- Qué decisiones toman en base a sus análisis.
- Quiénes son las personas que van a recibir los análisis.

El equipo de asesoramiento debería prestar especial atención a si los usuarios se están descargando los datos del informe en una hoja de cálculo como Microsoft Excel o una base de datos personal como Microsoft Access. Debería dedicar el tiempo necesario para, además de entender por qué se los están descargando, observar los tipos de análisis que realizan en sus hojas de estilo o bases de datos. El equipo debería investigar además si el usuario profesional va a integrar más datos en el análisis. Estas descargas pueden ser un auténtico filón de conocimientos sobre lo que buscan los usuarios en los datos, cómo hace éste sus análisis y qué tipo de técnicas analíticas y fuentes de datos adicionales podría estar utilizando.

Como preparación para las entrevistas, permítame repasar brevemente algunos de los puntos y técnicas clave de las mismas, para que sean más productivas:

- Entregar el cuestionario a los participantes antes de realizar las entrevistas, para que estén preparados. Si no dispone de un cuestionario para la entrevista, piense en preparar uno.
- Reserve una hora para cada entrevista. Más de una hora no suele resultar productivo y podría indicar que las preguntas no se han preparado con la anticipación suficiente. Si hace falta más tiempo, planifique otra entrevista.
- Deje al menos 30 minutos entre entrevistas para que el equipo tenga tiempo de preparar su documentación y sus notas.
- Plantee entrevistas con 2 o 3 entrevistadores, designando un entrevistador principal y una persona dedicada a tomar notas. La entrevista la debería conducir una sola persona, mientras que el resto de personas sólo debería realizar preguntas aclaratorias. Tenga claros estos roles antes de proceder.

➤ No grabe las entrevistas. Aunque a priori puede parecer un método válido, en realidad hace que los entrevistados se relajen demasiado en el transcurso de la entrevista, haciéndoles suponer (erróneamente) que la información que no compartan va a estar en algún punto de la grabación.

Paso 2: Obtener los datos y analizarlos

A continuación, el equipo de asesoramiento debería colaborar con el equipo de TI para identificar y obtener un pequeño conjunto de muestra de los datos que sea adecuado para la iniciativa empresarial objetivo. Estos datos se utilizarán para desarrollar un ejercicio de visualización "realista", específico para la iniciativa, a utilizar durante el taller de generación de ideas. Los científicos de datos miembros del equipo se encargarán de explorar, enriquecer y analizar los datos empleando analítica avanzada y técnicas de visualización de datos.

El modelo analítico se suele crear en un portátil, empleando una combinación de R (una popular herramienta de analítica de código abierto, que está evolucionando rápidamente y que ha sido acogida y mejorada por facultades, universidades y organizaciones de científicos de datos) y Hadoop, para acelerar el desarrollo del modelo. Al crear los modelos analíticos y las visualizaciones en un portátil se elimina el tiempo necesario para conseguir un entorno analítico completo. Le da al proceso de visualización la flexibilidad necesaria para probar otras fuentes de datos que podrían ser de utilidad para los modelos analíticos. No se trata de conjuntos de datos grandes (entre 3 y 6 GB de tamaño), pero los datos tienen que ser relevantes para la iniciativa empresarial si queremos desarrollar un modelo de visualización auténtico.

Hay que tener en cuenta que el propósito de crear una historia específica para el cliente utilizando analíticas y datos no es resolver un problema en la empresa, sino diseñar un ejemplo ilustrativo para que todos los participantes empiecen a pensar sobre lo que podrían ser capaces de hacer teniendo acceso a datos más detallados y nuevas fuentes de datos.

En la medida de lo posible, es deseable crear una historia con respecto al análisis; algo que alimente el proceso creativo con los usuarios profesionales y los mueva a empezar a pensar en términos de "¿y sí...?", con respecto a cómo podrían emplear los datos y las analíticas como parte de sus responsabilidades actuales. Por ejemplo, las figuras 9.2 y 9.3 muestran cómo se empieza a desarrollar una historia empleando datos del comportamiento de los clientes para detectar casos de abandono potenciales en el proceso de interacción con el cliente. Los datos de la figura 9.2 se pueden utilizar para sacarles partido a los datos demográficos, económicos y de facturación estándar del cliente, con el fin de averiguar si existe la posibilidad de que nos abandone. La figura 9.3 amplía el ejemplo, añadiendo los datos del comportamiento del cliente para detectar este tipo de situaciones en una fase anterior del proceso de interacción.

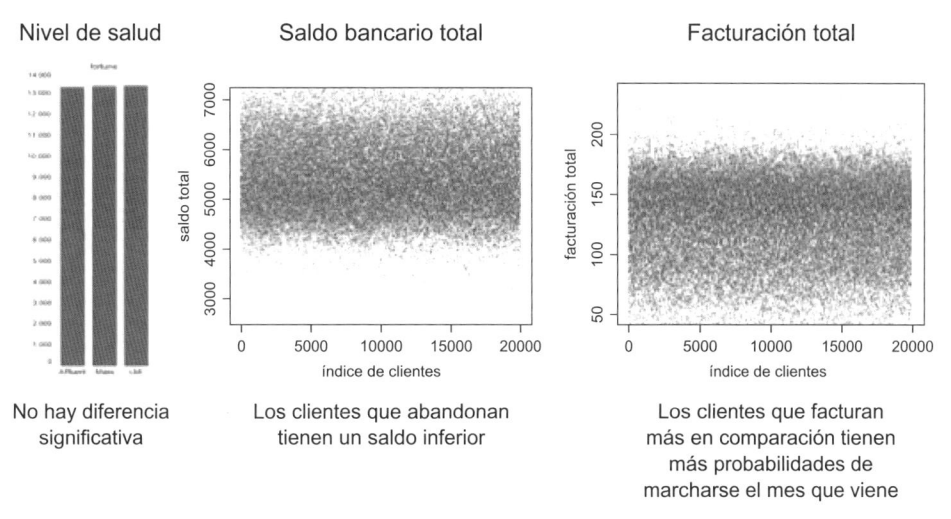

CÓMO IDENTIFICAR LOS CASOS DE USO DE LOS BIG DATA

Nivel de salud	Saldo bancario total	Facturación total
No hay diferencia significativa	Los clientes que abandonan tienen un saldo inferior	Los clientes que facturan más en comparación tienen más probabilidades de marcharse el mes que viene

Figura 9.2. Variables económicas y de facturación frente a la tasa de abandono en el cliente.

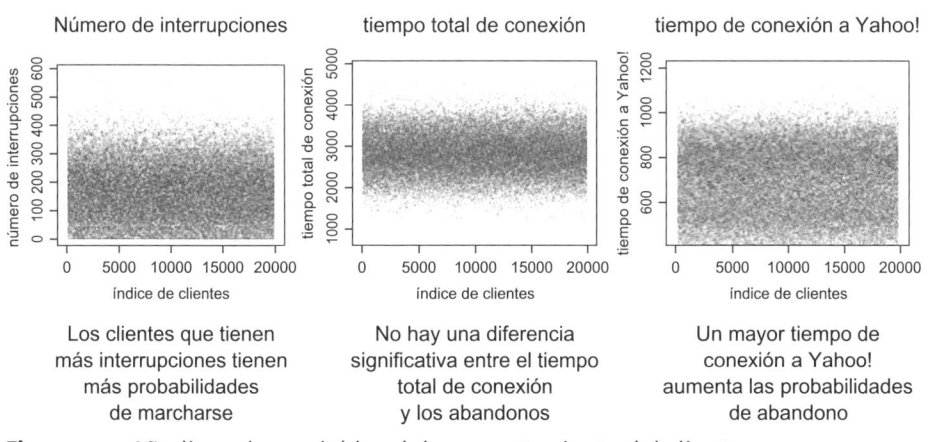

Número de interrupciones	tiempo total de conexión	tiempo de conexión a Yahoo!
Los clientes que tienen más interrupciones tienen más probabilidades de marcharse	No hay una diferencia significativa entre el tiempo total de conexión y los abandonos	Un mayor tiempo de conexión a Yahoo! aumenta las probabilidades de abandono

Figura 9.3. Añadimos las variables del comportamiento del cliente.

Una vez más, el objetivo de crear este ejercicio de visualización específico para el cliente utilizando datos de los compradores (que pueden ser de un comprador real o uno ficticio) es crear una historia que ayude a los participantes en el taller a empezar a visualizar el universo de posibilidades de que disponen. Este ejercicio específico ayuda a los participantes a imaginar qué se podría hacer para aprovechar las nuevas fuentes de conocimientos de clientes, productos y operaciones para mejorar las iniciativas o posibilidades empresariales objetivo.

Dependiendo de la iniciativa, el equipo de asesoramiento también podría ampliar el ejercicio de visualización específico mediante la incorporación de datos de fuentes externas. Por ejemplo, el equipo podría tomar un pequeño subconjunto de los datos de Facebook o Twitter de la organización para ver qué tipo de conocimientos se pueden extraer de las redes sociales. La figura 9.4 muestra un análisis de ejemplo de los datos de los medios sociales para calcular y comparar el análisis de la sensación de competitividad. Este tipo de ejemplo puede alimentar el proceso creativo y ayudar a los participantes a empezar a visualizar cómo podrían emplear la información de los medios sociales como parte de su iniciativa empresarial objetivo.

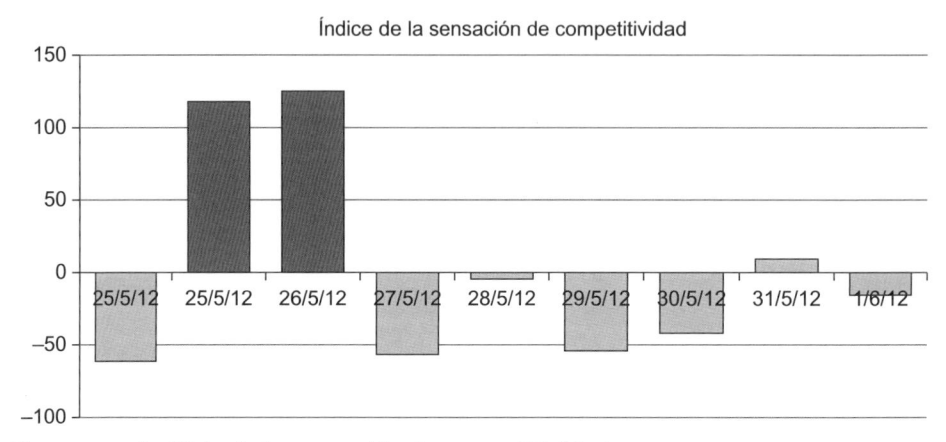

Figura 9.4. Análisis de la sensación de competitividad

En este ejemplo vemos que entre el 25 y el 26 de mayo ha pasado algo que precisa ser investigado. Hacer que los participantes compartan sus ideas sobre lo que podría haber ocurrido en esos días (quizá una noticias sobre la compañía, actividades de la competencia, noticias del mercado o noticias económicas) es un buen punto de partida para el trabajo de visualización que tendrá lugar en el taller de generación de ideas.

Existen también muchas fuentes de datos externas que se pueden agregar a los datos de la organización para proporcionar nuevos puntos de vista sobre los datos que ya tenemos de los clientes. Por ejemplo, www.data.gov es una valiosa fuente de datos que abarca un amplio rango de fuentes de información y que se podría utilizar para ayudar a los usuarios profesionales a visualizar las posibilidades. La figura 9.5 muestra un ejemplo de la integración de los datos proporcionados por el gobierno sobre el IPC (el Índice de Precios de Consumo) con los datos de ventas a clientes de la organización, con el fin de determinar si hay segmentos de clientes en los que el gasto en publicidad es excesivo o demasiado bajo, dado el potencial del segmento en el mercado.

De nuevo, el objetivo de analizar un pequeño trozo de los datos de la organización es personalizar el vínculo entre los participantes y las posibilidades de los Big Data. Queremos impulsar el proceso creativo para ayudar a los participantes a explorar el universo de posibilidades que podrían tener a su alcance si los usuarios profesionales tuvieran acceso a nuevos conocimientos sobre los clientes, productos y las operaciones que poder utilizar como parte de sus procesos empresariales cotidianos.

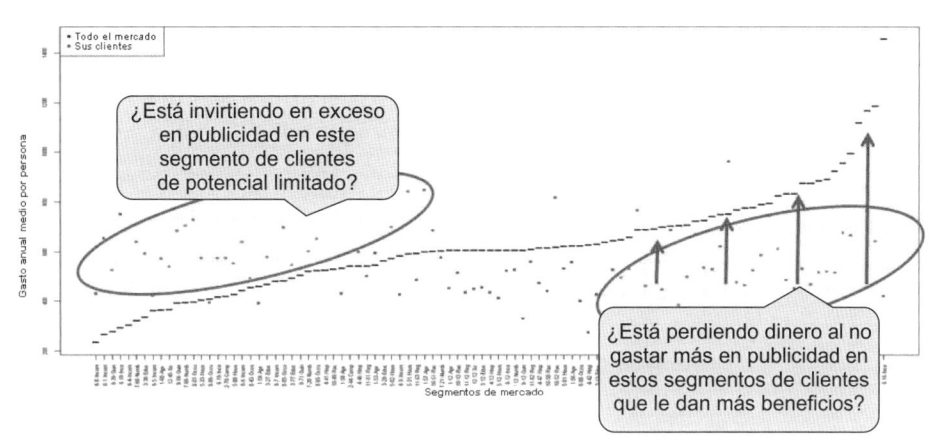

Figura 9.5. Comparación del gasto del mercado con el de nuestros clientes por segmentos de mercado.

Paso 3: Taller de generación de ideas: Una lluvia de ideas nuevas

Ya estamos listos para el taller de generación de ideas de un día de duración. El objetivo del taller es emplear las distintas técnicas de valoración empresarial que comentamos en el capítulo 7, junto con el ejercicio de visualización específico para el cliente que acabamos de desarrollar utilizando los datos del cliente, para ayudar a los participantes a hacer una lluvia de ideas sobre cómo pueden estas nuevas fuentes de Big Data (internas y externas), acompañadas de analíticas avanzadas, proporcionar conocimientos únicos que puedan aplicar a su iniciativa empresarial objetivo. Deberemos motivar a los participantes para que visualicen cómo podrían aprovechar las fuentes de datos con el fin de:

➤ Responder las preguntas que necesitan respuesta para apoyar la iniciativa empresarial objetivo. Tendremos que estimularles para que piensen bien las preguntas que hacen sobre la empresa y para que mediten sobre el impacto empresarial potencial de responder estas preguntas con un mayor nivel de granularidad, con nuevas métricas (recopiladas de fuentes de datos estructurados y sin estructurar, tanto internos como externos a la organización) y teniendo en cuenta más aspectos diferentes.

➤ Tomar las decisiones que sean necesarias para apoyar la iniciativa empresarial objetivo. Deberemos estimular a los usuarios profesionales a explorar decisiones más detalladas, robustas y oportunas, propiciadas por el acceso a las nuevas fuentes de datos y el uso de analíticas avanzadas para descubrir los factores en que se sustenta cada una de las decisiones clave.

El taller de generación de ideas constará de tres pasos principales de visualización: lluvia de ideas, priorización y documentación. La tabla 9.1 muestra un ejemplo de agenda para el taller.

Tabla 9.1. Agenda para el taller de generación de ideas.

MINUTOS	SECCIÓN DEL TALLER
15	Bienvenida e introducción
30	Iniciación a la estrategia de negocio
	Objetivo: comentar iniciativas empresariales objetivo, incluyendo metas, factores motrices, indicadores claves de rendimiento, factores críticos de éxito y programa
30	Compartir el resultado de las entrevistas
	Objetivo: compartir el resultado de las entrevistas, junto con algunos conocimientos e informaciones
45	Ciencia de los datos / Visualización de la analítica avanzada
	Objetivo: estimular el pensamiento creativo en relación al modo en el que la analítica avanzada puede impulsar la iniciativa empresarial objetivo
60	Lluvia de ideas sobre las posibilidades de los Big Data
	Objetivo: utilizar las técnicas de visualización para hacer una lluvia de ideas sobre los casos de uso en los que los Big Data podrían repercutir en la iniciativa empresarial objetivo
60	Priorización de las posibilidades de los Big Data
	Objetivo: utilizar la matriz de priorización para lograr el consenso en el grupo sobre los casos de uso identificados
30	Resumir las conclusiones del taller y definir los siguientes pasos
	Objetivo: revisar la lista de casos de uso de mayor prioridad y ponerse de acuerdo sobre los siguientes pasos

Lluvia de ideas

Empezaremos el taller de generación de ideas con una lluvia de ideas sobre dónde y cómo utilizar los Big Data (nuevas fuentes de datos de clientes, productos y operaciones, junto con analíticas avanzadas y predictivas) para impulsar nuestra iniciativa empresarial objetivo. Repasaremos el ejercicio de visualización específico para el cliente que acabamos de desarrollar para ayudar a los participantes a visualizar qué se puede hacer con los nuevos datos y las nuevas herramientas avanzadas. Mostraremos a los participantes cómo aplicar la analítica avanzada a sus datos internos, complementados con datos de terceros según proceda; puede proporcionarles nuevos conocimientos empresariales y nuevas posibilidades de monetización.

Utilizaremos las técnicas de visualización que comentamos en el capítulo 7 (como la hoja de trabajo para la visualización de los Big Data o las metodologías de Michael Porter) para hacer una lluvia de ideas sobre las preguntas, ideas y decisiones empresariales que pueden alimentar la iniciativa objetivo. Necesitaremos hacer un seguimiento de las ideas (por ejemplo, anotándolas en distintos post-it) en forma de preguntas o afirmaciones del tipo "¿cómo identifico cuáles son los segmentos de clientes más fieles?" o "quiero ver qué productos suelen comprar mis clientes Tarjeta Oro".

Tendremos que utilizar ejemplos específicos para el cliente, así como ejemplos de sectores similares o distintos, para alimentar el proceso de pensamiento creativo con respecto al cómo otras organizaciones y sectores emplean los Big Data para generar valor empresarial. Tómese su tiempo para analizar varias situaciones que puedan servirles a los participantes en el taller para visualizar dónde y cómo pueden devolver un valor económico y competitivo las nuevas fuentes de Big Data y las analíticas avanzadas, dentro de la iniciativa empresarial objetivo.

La clave es poner a prueba los procesos creativos del grupo y sus hipótesis dentro de una conversación abierta y moderada. Prender la chispa de los procesos creativos, pidiendo a los participantes que se hagan preguntas del tipo "¿y si?" o "¿cómo podría?", como por ejemplo:

- ➤ ¿Y si pudiera obtener información nueva de los comportamientos y las preferencias de mis compradores? ¿Cómo podría cambiar eso mis posibilidades de interacción?

- ➤ ¿Y si obtuviese información sobre el estilo de vida y las dietas que han seguido mis clientes? ¿Cómo podría repercutir eso en mi capacidad para diagnosticar sus problemas de salud actuales y recomendar más cambios específicos?

- ➤ ¿Y si supiese cuáles de mis productos están funcionando al límite de lo aceptable? ¿Cómo se podrían emplear estos conocimientos para mejorar la planificación del mantenimiento, la formación del equipo y la gestión de existencias?

> ¿Y si conociese las características de los principales artífices de mi éxito, los valores más seguros? ¿Cómo podría utilizar estos conocimientos para cambiar el modo en que les contrato, formo y pago?

Todas estas preguntas, afirmaciones e ideas sobre la empresa se deberían recoger en notas post-it independientes. Es fundamental tener anotadas cada una de ellas para el siguiente paso. Para un cliente que tiene por iniciativa empresarial reducir la "tasa de abandono", las notas podrían ser las siguientes:

> ¿Qué segmentos de clientes tienen la mayor tasa de abandono?

> ¿Existen similitudes en los patrones de uso y las propensiones hacia los productos entre los clientes que me abandonan?

> ¿Cuáles son las características sociales de los segmentos con mayor tasa de abandono?

> ¿Cuáles son las características o patrones de uso comunes de los clientes que abandonan?

> ¿Hay algún segmento de clientes que haya experimentado una reducción en la tasa de abandono?

> ¿Qué ofertas publicitarias hemos probado con los clientes con mayor probabilidad de abandono?

> ¿Quiénes son nuestros clientes más rentables?

> ¿Quiénes son nuestros clientes más valiosos?

No es de extrañar que en la sesión de lluvia de ideas se lleguen a recoger 60, 80 o hasta 120 preguntas, afirmaciones o ideas diferentes. Anótelas todas, ya las ordenará y agrupará más adelante.

Vamos a ver a continuación una lista de consejos útiles para la moderación y el asesoramiento del proceso creativo durante la sesión de lluvia de ideas:

> Realice la sesión en una habitación que sea propicia para que se entablen debates abiertos y para compartir ideas libremente. Considere opciones externas a la oficina del cliente, como salones de conferencias de hotel o de algún socio. Una vez realizamos una sesión de lluvia de ideas en un parque eólico, simplemente para sacar a los participantes de su elemento. Sea creativo.

> Minimice el número de obstáculos, deshágase de mesas y disponga sillas formando una U. Evite configuraciones tipo aula o auditorio.

> Ponga varios rotafolios en las paredes, para anotar ideas.

- Dedique uno de los rotafolios a anotar ideas que pueden ser interesantes pero que desvían la atención del proceso de lluvia de ideas. Es una forma educada de decir que hay que seguir adelante.
- Pegue aleatoriamente los post-its en los distintos rotafolios. No se preocupe por agruparlos cuando los coloque; en el siguiente paso del taller se utilizará un proceso de agrupamiento para ello.
- Cerciórese de que todo el mundo trabaja individualmente. Cuando los participantes trabajan en grupos, no es inusual que una persona domine la conversación y no se lleguen a escuchar o anotar muchas buenas ideas de otros miembros del grupo.
- Anote una sola idea por post-it. Si se encuentra con un post-it con varias preguntas, repártalas entre varias notas.
- Lea en voz alta lo que los demás han escrito mientras pega las notas en los rotafolios. Eso ayuda a alimentar el pensamiento creativo.
- Mantenga la sesión mientras haya alguien que sigue generando ideas. De hecho, deje que el silencio sea un factor estimulante para que la gente piense en más preguntas, frases o ideas.
- Dé a los participantes sendos avisos de que va a dejar de recoger notas en 5, 3 y 1 minutos, pero tampoco se sienta obligado a ceñirse a esos intervalos. Como ya hemos dicho, alargue el proceso mientras siga siendo productivo.

Agrupamiento

El objetivo del paso de agrupamiento es agrupar las preguntas, afirmaciones e ideas anotadas en las notas por temas comunes. Haga que los participantes se reúnan alrededor de los rotafolios y busquen temas comunes entre los post-its. Meta las preguntas y afirmaciones de la empresa en los "temas" (casos de uso) comunes, como por ejemplo el análisis de beneficios, las ventas dirigidas, los clientes que se marchan y el análisis de rendimiento de la marca. No es raro que haya muchas notas muy similares entre sí, porque muchos de los participantes hacen las mismas preguntas aunque quizá utilicen métricas o dimensiones diferentes. Por ejemplo, puede que el departamento de ventas quiera ver cómo van las ventas por comercial y por área, mientras que el departamento de marketing podría querer ver las ventas por campaña y promoción y el departamento de desarrollo de productos podría querer verlas por producto y por línea de producto. Todos los grupos está interesados en cómo van las ventas, pero cada uno desde una dimensión empresarial diferente.

Una vez fijado un "tema" y reunidas las notas comunes a éste, utilice un rotulador para dibujar un círculo alrededor de ese grupo y darle una etiqueta, como por ejemplo captación de clientes, abandono de los clientes o venta dirigida. Intente que sea corto (entre cuatro y cinco palabras). Después, en la fase de documentación, se hará un filtrado de los temas en función de lo descriptivo que sea su título y los detalles recopilados en las notas asociadas. Normalmente, la iniciativa empresarial objetivo se divide en varios casos de uso (entre 6 y 12). Por ejemplo "utilizar la información del comportamiento de los clientes para optimizar el proceso de comunicación en el ciclo vital del cliente" se podría dividir en los siguientes "temas" o casos de uso:

- Reducir la tasa de abandonos
- Los segmentos de clientes más importantes
- Tasa de abandonos en la competencia
- Características del consumo de productos
- Tendencias en la red
- Captación de clientes
- Perfil y segmentación de clientes
- Agrupar segmentos de clientes
- Servicios basados en la localización

El resultado final del proceso de lluvia de ideas será varios rotafolios cubiertos con post-its, con los temas o casos de uso comunes y reunidos en grupos (véase la figura 9.6).

Figura 9.6. Cómo utilizar los post-its durante la lluvia de ideas.

Por último, cree una nota en un post-it aparte para cada tema o caso de uso identificado. Estas notas las utilizará en el ejercicio de priorización.

Paso 4: Taller de generación de ideas: Priorizar los casos de uso de los Big Data

Por último, guiaremos a los participantes en el taller por un proceso de priorización en el que se evaluará cada caso de uso poniendo en la balanza su valor empresarial relativo frente a lo factible que sea implementarlo. Durante este proceso recopilaremos los detalles relacionados con los factores de valor empresarial (por ejemplo, por qué una oportunidad de negocio se valora mejor que otra) y las razones que determinan la factibilidad (como por qué una de las oportunidades de negocio es más difícil de implementar que otra). El resultado final del proceso de priorización es una matriz como la de la figura 9.7.

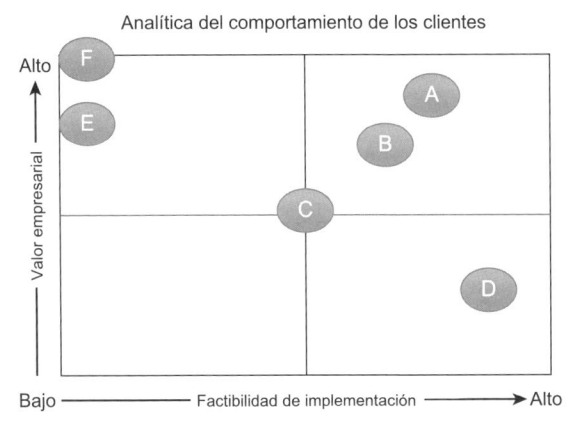

Figura 9.7. Ejemplo de resultados de priorización.

Casos de uso:

- **A. Abandono:** Relacionar los datos de consumo con los datos económicos y demográficos de los clientes para mejorar la efectividad del modelo predictivo del abandono.
- **B. Rendimiento del producto:** Realizar cambios en el ancho de banda de la red en base al consumo de los clientes y la rentabilidad de estos.
- **C. Optimización de la red:** Optimizar las inversiones en la red para reducir la congestión en base a los patrones de uso de las aplicaciones por parte de los clientes.
- **D. Estandarización:** Estandarizar las herramientas, los procesos, los modelos analíticos y los perfiles de contratación en los distintos equipos analíticos.

E. **Recomendaciones:** Crear recomendaciones sobre productos y servicios específicas para cada cliente, en base a los patrones de uso de la aplicación para smartphones.

F. **Monetización:** Utilizar los datos de uso de la aplicación para smartphones para detectar nuevas oportunidades de negocio basadas en la localización.

Más adelante en este capítulo veremos cómo dirigir el proceso de priorización, pues es la actividad que le da el toque final a este taller de generación de ideas y que convierte todo el proceso de investigación y de lluvia de ideas anterior en un plan de acción ejecutable.

Paso 5: Documentar los siguientes pasos

En el último paso resumirá las oportunidades de negocio identificadas y priorizadas y recomendará los pasos a seguir para implementar analíticas avanzadas que apoyen las iniciativas empresariales objetivo. Documentará los resultados del proceso de visualización, que son los siguientes:

➤ Los principales descubrimientos en las entrevistas en relación a la iniciativa empresarial objetivo, como son las principales preguntas y decisiones empresariales, y las fuentes de datos necesarias.

➤ Los casos de uso analíticos que han resultado del paso de lluvia de ideas.

➤ Los resultados de la matriz de priorización, incluyendo los detalles de la ubicación de cada caso de uso, los factores de valor empresarial y los factores de riesgo de la implementación.

➤ Siguientes pasos recomendados.

En la fase final del taller de visión se le presentan a la dirección ejecutiva los descubrimientos y las recomendaciones, así como de los conocimientos detallados extraídos del ejercicio de visualización. Los descubrimientos y las recomendaciones confirmarán la relevancia de los Big Data para guiar la iniciativa empresarial objetivo y determinar los siguientes pasos para la implementación.

EL PROCESO DE PRIORIZACIÓN

Uno de los principales desafíos en el viaje por los Big Data es conseguir poner de acuerdo a los participantes de las empresas y las TI sobre cuáles son los casos de uso empresariales iniciales de los Big Data que aportarán al negocio el valor suficiente, además de tener una alta probabilidad de éxito. Se pueden encontrar muchos casos de uso en los que los Big Data y la analítica avanzada pueden aportar un valor empresarial convincente, pero muchos de ellos tienen una baja probabilidad de ser ejecutados con éxito, por motivos como:

- ➤ No disponer de datos precisos a tiempo.
- ➤ Falta de experiencia con nuevas fuentes de datos como los medios sociales, los móviles, los *logs* y los datos telemétricos.
- ➤ Recursos o conocimientos avanzados limitados acerca de la ciencia de los datos o la analítica avanzada.
- ➤ Falta de experiencia con nuevas tecnologías como Hadoop, MapReduce o la minería de datos.
- ➤ Limitaciones de arquitectura y tecnología para manejar y analizar datos sin estructurar, así como para procesar y analizar *feeds* de datos en tiempo real.
- ➤ Una pobre relación laboral entre el equipo empresarial y el de TI.
- ➤ Falta de fortaleza y apoyo de la administración.

He encontrado una herramienta para buscar el acuerdo y la colaboración entre el equipo empresarial y el de TI, en lo relativo a identificar los casos de uso iniciales correctos para el viaje por los Big Data (aquellos con el suficiente valor empresarial y una alta probabilidad de éxito). Esta herramienta es la matriz de priorización. Permítame mostrarle cómo funciona, además de para priorizar los casos de uso iniciales, para fomentar una atmósfera de colaboración entre participantes empresarios y de las TI.

El proceso de priorización es el paso más importante del proceso de visualización. Aunque espero que la mayoría de los lectores piensen que el proceso de lluvia de ideas es el más importarte, la verdad es que muchos casos de uso ya se conocen con anterioridad a la sesión de lluvia de ideas. Esta sesión sirve para validar y ampliar los casos de uso conocidos y ayudar a impulsar la identificación de casos de uso adicionales.

Pero si no logra obtener el consenso sobre los casos de uso adecuados por los que empezar su iniciativa con los Big Data, entonces ésta verá muy reducidas sus probabilidades de éxito. Para lograr el éxito, la iniciativa necesita el apoyo inicial y un liderazgo continuado por parte de ambos grupos de participantes, que guíe la transformación potencial del negocio. Vamos a empezar el proceso de priorización entendiendo primero cuáles son los mecanismos de la matriz de priorización.

La matriz de priorización es una cuadrícula de 2x2 que facilita el proceso interactivo y el debate entre participantes empresarios y de las TI para determinar en qué parte de la matriz hay que colocar cada caso con respecto a los otros. La colocación de los casos de uso en la matriz depende de:

- **Valor empresarial:** Es el eje vertical de la matriz. Los participantes empresarios suelen ser los responsables del posicionamiento relativo de cada caso de uso empresarial en el eje del valor empresarial. Este eje va desde un valor empresarial bajo hasta un valor alto, como muestra la figura 9.8.

- **Factibilidad de implementación:** Es la probabilidad de que se pueda implementar correctamente, teniendo en cuenta la disponibilidad, granularidad y la rapidez con la que se obtienen los datos, los conocimientos, las herramientas, la disposición de la empresa y la experiencia necesaria. La factibilidad de implementación es el eje horizontal de la matriz. Los participantes de las TI suelen ser los responsables del posicionamiento relativo de los casos de uso en este eje, que va desde un valor de factibilidad de implementación bajo, en el extremo izquierdo (mayor probabilidad de fracaso) hasta uno alto en el extremo derecho (mayor probabilidad de éxito).

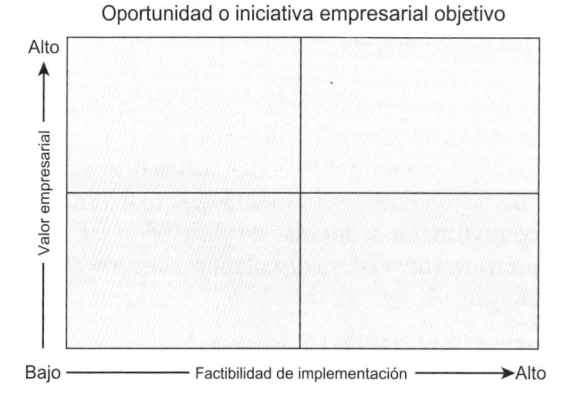

Figura 9.8. La matriz de priorización.

Recuerde que no está buscando la valoración exacta de cada caso de uso desde la perspectiva del valor empresarial, sino conocer el valor empresarial relativo de cada caso de uso y alguna explicación de los participantes empresarios acerca de la colocación del caso de uso.

El proceso de la matriz de priorización

Es fundamental centrar el proceso de la matriz de priorización en una iniciativa empresarial clave (como la reducción de la tasa de abandonos, el aumento de las ventas en una tienda concreta, minimizar el riesgo financiero, optimizar los gastos del mercado o reducir las readmisiones en los hospitales), porque esa es la base para el debate sobre el valor empresarial y la factibilidad de implementación.

El proceso de la matriz de priorización empieza colocando en un post-it cada uso de caso identificado en las fases de lluvia de ideas y agrupamiento (un caso de uso por cada nota). El grupo, que debe incluir participantes tanto de la empresa como de las TI, decide la colocación de cada caso de uso en la matriz de priorización ponderando el valor empresarial y la factibilidad de implementación, en relación con los demás casos de uso de la matriz.

Los participantes empresarios son los responsables del posicionamiento relativo de cada modelo de negocio en el eje del valor empresarial, mientras que los participantes de las TI son básicamente responsables de colocar los modelos de negocio en el eje de factibilidad de implementación (teniendo en cuenta la disponibilidad de los datos, la tecnología, los conocimientos y la organización).

La naturaleza del proceso de priorización reside en el debate que sigue a la colocación relativa de cada uno de los casos de uso (véase la figura 9.10), como:

➤ ¿Por qué el caso de uso [B] es más o menos valioso que el caso de uso [A]? ¿Cuáles son los intereses empresariales o variables que hacen que el caso de uso [B] sea más o menos valioso que el caso de uso [A]? (véase la figura 9.9)

➤ ¿Por qué la implementación del caso de uso [B] es más o menos factible que la del caso de uso [A]? ¿Cuáles son los riesgos de implementación que hacen que el caso de uso [B] sea más o menos factible que el caso de uso [A]?

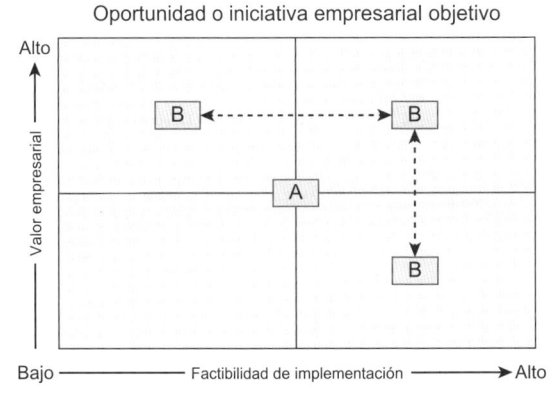

Figura 9.9. El proceso de priorización ayuda a alinear los grupos.

En el proceso de priorización es fundamental anotar las razones del posicionamiento relativo de cada casa de uso, con el fin de identificar los factores generadores de valor empresarial y los riesgos de implementación potenciales.

Las trampas de la matriz de priorización

Una de las claves para utilizar correctamente la matriz de priorización es conocer las posibles trampas del debate, para evitar que los participantes en el debate caigan en ellas. En concreto, deberá evitar los casos de uso que se adentran en las siguientes zonas de la matriz (véase la figura 9.10):

➤ La "zona de las expectativas mal gestionadas" son esos casos de uso con un enorme valor empresarial pero pocas opciones de llevarse a cabo correctamente (por ejemplo, acabar con el hambre en el mundo). No es raro encontrarse con un directivo que tiene predilección por un proyecto con grandes perspectivas y dimensiones. La matriz de priorización sacará a la luz las razones específicas que podrían convertirlo en una mala elección como caso de uso por el que empezar el viaje por los Big Data. Este proceso también determinará los pasos a seguir para llevarlo a unas condiciones más factibles.

➤ La "zona de las decepciones" son aquellos casos de uso que son fáciles de ejecutar pero que proporcionan poco valor empresarial. Estos tipos de caso de uso tienden a ser experimentos tecnológicos, en los que el grupo de TI ha aplicado algunos conocimientos a alguna tecnología nueva, o bien ha tenido acceso a alguna fuente de datos nueva y está deseoso de encontrar un caso de uso en el que poder aplicarlo. No siga por ahí. Aunque siempre hay sitio para los experimentos tecnológicos que llevan a obtener más conocimientos y experiencia, no debe convertir a sus participantes empresarios en conejillos de indias.

➤ La "zona de acción limitada" son aquellos casos de uso en los que existe poco valor empresarial y que además tienen pocas probabilidades de éxito. Este tipo de casos suelen estar bastante claros y ninguna de las partes debería elegirlo como objetivo.

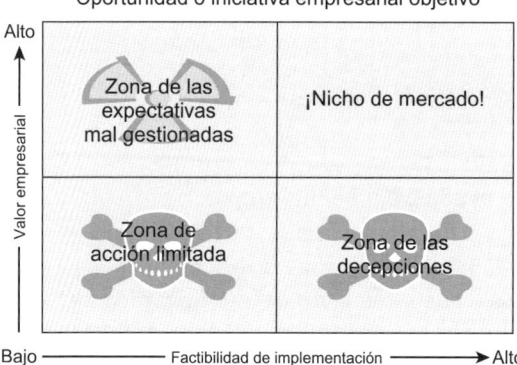

Figura 9.10. Las trampas de la matriz de priorización.

Los casos de uso que entran en una de estas zonas se deberían evitar, porque o bien no proporcionan un valor empresarial suficiente para los intereses de los participantes empresarios o su implementación resulta demasiado arriesgada para el equipo de TI.

Es importante destacar que una de las claves para entender los riesgos empresariales y de implementación, así como para evitar sorpresas una vez implantado el proyecto, es saber qué posición ocupa cada caso de uso y que exista un debate abierto entre ambas partes acerca de por qué se coloca cada caso de uso en tal o cual posición. Mantenga los ojos bien abiertos.

El resultado final del proceso de la matriz de priorización tendrá un aspecto semejante al de la figura 9.11, con todos los casos de uso ya colocados en la matriz y una justificación tanto para el valor empresarial como la factibilidad de implementación de cada uno, que ya ha sido comentada y acordada entre las partes. Los casos de uso del cuadrante superior derecho de la figura son, finalmente, las metas más asequibles para su contacto inicial con los Big Data.

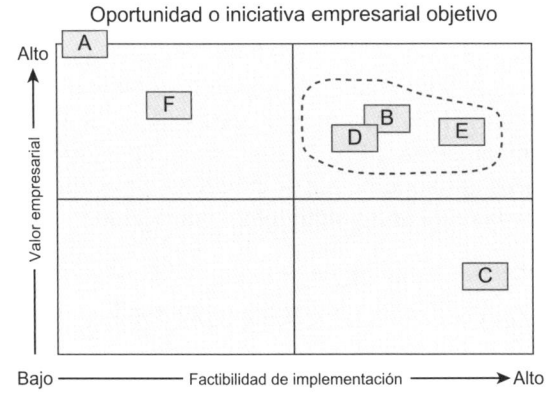

Figura 9.11. El resultado final de la matriz de priorización.

La matriz de priorización es una herramienta maravillosa para moderar una conversación entre los participantes empresarios y del equipo de TI, acerca de por dónde y cómo empezar el viaje por los Big Data. Proporciona un entorno de trabajo en el que identificar el valor empresarial relativo de cada caso de uso del negocio (con respecto a la iniciativa empresarial objetivo) y para identificar y conocer los riesgos de implementación. Después de este proceso de priorización, ambas partes deberían conocer en qué casos de uso se van a centrar y el valor empresarial potencial de cada uno de ellos. Los participantes también tendrán claro por entonces los riesgos de implementación que el proyecto debe evitar o controlar.

CÓMO UTILIZAR MODELOS DE INTERACCIÓN CON EL USUARIO PARA ESTIMULAR EL PROCESO DE VISUALIZACIÓN

El desarrollo de modelos sencillos de interacción con el usuario es un potente medio para ayudar a los usuarios profesionales a visualizar el universo de posibilidades. Las organizaciones pueden combinar los conceptos de los Big Data con los modelos de interacción con el usuario para intentar romper sus propias limitaciones mentales, pensar de un modo diferente e identificar nuevas formas de potenciar los procesos de creación de valor empleando Big Data. Los nuevos conocimientos sobre el cliente, los productos y las operaciones recopilados gracias a estos modelos pueden servir también para identificar nuevas posibilidades de monetización o de obtener beneficios. Vamos a analizar unos cuantos ejemplos de cómo puede influir un sencillo modelo en el proceso de visualización.

El siguiente ejemplo utiliza el sitio Web o las aplicaciones para móvil de una organización para plantear algunas cuestiones relevantes sobre cómo se podría mejorar la Web o la aplicación para que la interacción con el cliente fuera más atractiva. El modelo muestra a una cooperativa de crédito que ha sacado una aplicación para móvil como apoyo a su iniciativa "MiMarca" para captar clientes (véase la figura 9.12). (Nota: toda la información utilizada para crear este modelo ha sido obtenida de sitios Web públicos de cooperativas de crédito). La nueva aplicación para smartphones permitiría realizar las siguientes transacciones:

- ▶ Transferir fondos entre cuentas o realizar pagos de préstamos.
- ▶ Ver el historial de transacciones y acceder al detalle de transacciones específicas.
- ▶ Pago electrónico de facturas en cualquier parte y en cualquier momento.
- ▶ Obtener la dirección de la sucursal o el cajero automático más próximo.
- ▶ Definir alertas para saldos de cuenta, transacciones de la tarjeta de crédito y retiradas de fondos.

Estas transacciones de los clientes son una completa fuente de conocimientos sobre los clientes y sus preferencias sobre los productos, que se pueden explotar para proporcionar una interacción con el cliente más atractiva y relevante. Esa misma interacción también puede devolver a su vez nuevos conocimientos sobre clientes y productos que se pueden convertir en posibilidades de monetización, como nuevos servicios y productos. Al disponer de este modelo, los usuarios profesionales pueden realizar ahora una serie de ejercicios de visualización para explorar y sacar ideas sobre los siguientes tipos de preguntas:

CÓMO IDENTIFICAR LOS CASOS DE USO DE LOS BIG DATA

➤ ¿Cuáles son los patrones de uso de nuestros clientes más valiosos?

➤ ¿Cuáles son los patrones de uso que indican que alguien podría estar pensando en dejarnos?

➤ ¿Cómo podemos utilizar los conocimientos personalizados y las actividades anteriores para mejorar la interacción con el cliente?

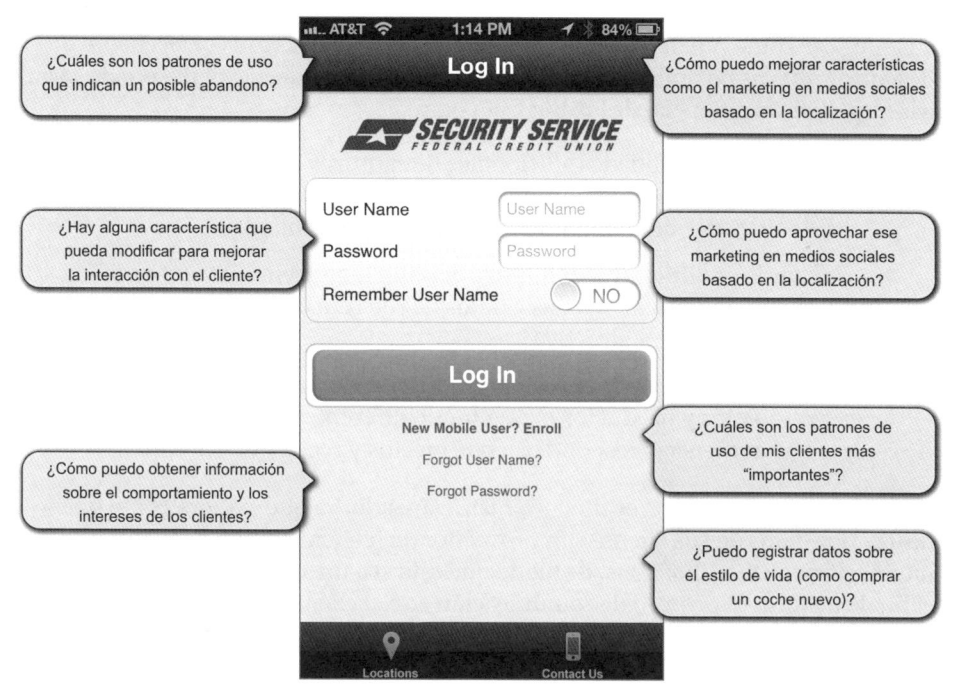

Figura 9.12. Modelo de funcionalidades de una aplicación para móviles.

➤ ¿Cómo podemos ofrecer características adicionales, por ejemplo en los medios sociales, para recopilar más información sobre los intereses, pasiones, asociaciones y afiliaciones de nuestros clientes?

➤ ¿Cómo podemos aprovechar estos conocimientos, junto a la funcionalidad de GPS de nuestras aplicaciones para smartphones, para ofrecer servicios basados en la localización?

➤ ¿Cómo puedo utilizar las recomendaciones para mejorar la interacción con el cliente?

➤ ¿Cómo puedo recoger hechos del estilo de vida de los clientes, como ahorrar para comprarse una casa o un coche nuevo?

> ¿Existe algún medio por el que pueda obtener información sobre el comportamiento, las preferencias y los intereses de nuestros clientes?

> ¿Se pueden combinar algunas características de manera que se mejore la interacción con el cliente?

Espero que pueda darse cuenta del potencial que alberga incluso un sencillo modelo para ayudar a los participantes, tanto los empresarios como los de las TI, a identificar cómo pueden los Big Data impulsar la interacción con el cliente y descubrir nuevas posibilidades de monetización. Un modelo sencillo puede sacar a la superficie el potencial de los Big Data para:

> Identificar posibilidades adicionales de capturar datos del consumo del cliente y sus preferencias sobre los productos, empleando recursos adicionales del sitio Web y las aplicaciones para móvil.

> Utilizar la analítica avanzada para descubrir conocimientos específicos del cliente, recomendaciones y datos de referencia para que la interacción sea más relevante y atractiva.

> Utilizar las técnicas de experimentación para extraer más conocimientos sobre clientes y productos presentando diferentes recomendaciones, para ver qué audiencias responden a qué ofertas y recomendaciones.

El modelo de la figura 9.13 es un poco más avanzado, ya que explora cómo puede utilizar los datos de sus clientes un proveedor de telefonía móvil para mejorar la interacción con sus abonados, de modo que ésta sea más relevante y práctica, con el fin de mejorar el proceso de comunicación con el cliente y descubrir nuevas posibilidades de monetización.

Este ejemplo evalúa cómo puede utilizar una empresa de telefonía móvil los datos de uso de sus aplicaciones de uno de sus abonados y los datos de comportamiento de clientes similares para enviar recomendaciones personalizadas por correo electrónico que pudieran ser del interés del abonado. Durante el proceso, el proveedor de telefonía aprenderá más sobre las preferencias de sus abonados (qué les gusta y qué no) para obtener aún más conocimientos sobre estos y los productos. Este es el contraejemplo del caso que vimos en el capítulo 8, sobre una interacción "no inteligente" con el cliente.

Existen varias preguntas del tipo "¿y si?" que podrían estimular el proceso de lluvia de ideas en este modelo, como por ejemplo:

> ¿Y si pudiéramos utilizar los patrones de uso de las aplicaciones de nuestros abonados para recomendar aplicaciones que situaran al cliente en una categoría más rentable, que reforzara su vínculo con nosotros (pasando, por ejemplo, de "internauta adolescente moderada" a "adolescente adicta a las compras").

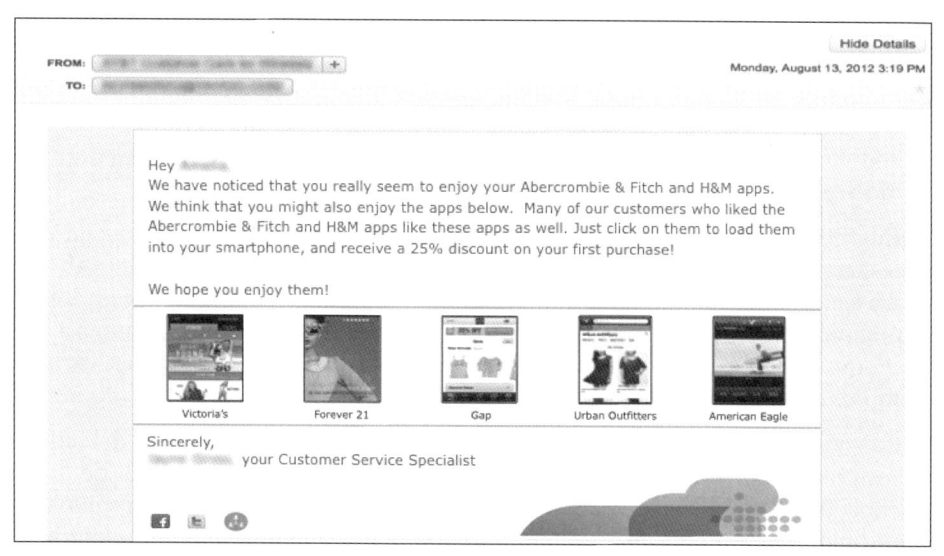

CÓMO IDENTIFICAR LOS CASOS DE USO DE LOS BIG DATA

Figura 9.13. Aprovechamos los datos de uso de las aplicaciones para mejorar la interacción con los abonados.

- ¿Y si pudiéramos ponderar los patrones de uso de los clientes para identificar posibles casos de abandono y poder actuar más rápidamente?

- ¿Y si pudiéramos integrar los datos de funcionamiento de las aplicaciones de todos nuestros abonados para recomendar aplicaciones que mejoraran la interacción y reforzaran su fidelidad hacia el proveedor de telefonía?

- ¿Y si pudiéramos reunir la información total sobre el uso que hacen los abonados de las aplicaciones para crear nuevas posibilidades de monetización, como cobrar comisiones por presentarles nuevos clientes a terceros o la posibilidad de compartir costes de marketing?

- ¿Y si pudiéramos integrar los conocimientos del uso de los clientes con la información de los GPS en tiempo real para ofrecer servicios personalizados basados en la ubicación?

La creación de modelos es una técnica efectiva para estimular el proceso de pensamiento creativo durante el taller de generación de ideas. No se preocupe por crear un modelo de nivel profesional (los míos parecen como si los hubiera dibujado a lápiz). Lo importante de los modelos es que pongan a prueba el pensamiento convencional de los participantes, sacándoles de sus vías de pensamiento habituales para que contemplen el universo de posibilidades que se abre ante ellos al aprovechar todos los conocimientos sobre clientes y productos para optimizar sus procesos de comunicación actuales y descubrir nuevas posibilidades de monetización.

RESUMEN

En este capítulo hemos analizado en detalle el taller de visión o proceso de visualización, describiendo cada uno de los cinco pasos de que consta la metodología y comentando los detalles de cada paso empleando ejemplos del mundo real.

Hemos dedicado bastante tiempo a las tareas de preparación y análisis de datos necesarias para transformar los datos específicos de la iniciativa empresarial en un ejercicio de visualización válido para el taller de generación de ideas. Esta es una parte importante de la metodología, porque ayuda a los participantes a hacer que el proceso de visualización cobre vida. Se han incluido también varios ejemplos de creación de ejercicios de visualización específicos para cada cliente.

Hemos visto también los procesos de lluvia de ideas y de agrupamiento del taller. Hemos repasado también cómo utilizar los procesos de creación de valor de Michael Porter (análisis de las cinco fuerzas y de la cadena de valor), así como un ejercicio de visualización específico para una iniciativa empresarial, para extraer nuevas posibilidades de negocio como parte del proceso de visualización.

También hemos aprendido a utilizar la matriz de priorización para buscar el acuerdo entre los participantes empresarios y los de las TI, acerca de cuáles son los casos de uso adecuados para empezar el viaje por el mundo de los Big Data.

El capítulo finaliza con una exposición sobre cómo utilizar modelos de interacción con el usuario en el taller de generación de ideas para reforzar el proceso de lluvia de ideas. Hemos visto un par de modelos de ejemplo en los que se mostraba cómo emplearlos para estimular el proceso creativo basado en preguntas del tipo "¿y si?".

10. Ingeniería de soluciones

Ya está preparado para coger todos los ejercicios y tareas de visualización anteriores y proporcionar una solución. Pero ¿qué se entiende por "solución" y qué conocimientos y procesos especiales hacen falta para elaborar una?

El problema de los Big Data es que no existe una solución técnicamente brillante. No basta con instalar Hadoop, una aplicación de análisis predictivo o de datos y dar por hecho que va a proporcionar una solución de Big Data. La industria de los datos ya se ha enfrentado a este problema antes, cuando las tecnologías de almacenamiento de datos e inteligencia empresarial buscaban su sitio en las organizaciones, durante los últimos 10 o 15 años. Para lograr el éxito con los Big Data y la analítica avanzada (al igual que con sus anteriores camaradas, el almacenamiento de datos y la inteligencia empresarial) hacen faltan conocimientos sobre nuevas ingenierías, algo que se denomina ingeniería de soluciones.

Existen ingenierías para muchas disciplinas (ingeniería de sistemas, eléctrica, mecánica), así que ¿por qué no una ingeniería de soluciones? La podríamos definir como:

> *Un proceso para identificar y descomponer las principales iniciativas empresariales en las capacidades empresariales y tecnologías de apoyo que las componen, para poder dar una base a la toma de decisiones y los intentos de monetización de los datos en la organización.*

Vamos a echarle un vistazo a los pasos del proceso de ingeniería de soluciones.

En este capítulo se han duplicado algunos materiales y gráficas de capítulos anteriores, para que se pueda leer de manera independiente.

EL PROCESO DE INGENIERÍA DE SOLUCIONES

Curiosamente, el proceso de ingeniería de soluciones es similar a trabajar con fichas LEGO. Los mejores proyectos LEGO son los que tienen una meta cuidadosamente definida, cuyo ámbito queda claro desde el principio. ¿Qué queremos construir? ¿El barco pirata, el castillo o la estación espacial? Con las fichas LEGO podemos construir estas tres cosas y muchas, muchísimas más, pero cada solución necesita de un conjunto de fichas diferente, que se han de colocar de una forma diferente en cada caso. Igual que pasa con las fichas LEGO, en el negocio de los Big Data es fundamental identificar de entrada cuál es la solución que se intenta crear, antes de ensamblar e integrar los datos y las capacidades tecnológicas adecuadas, con las instrucciones o la hoja de ruta correctas, para proporcionar la solución deseada.

En esta sección voy a presentar un proceso de ingeniería en 6 pasos para identificar, estructurar y desarrollar una solución empresarial (véase la figura 10.1). Este proceso abarca lo siguiente:

1. Entender cómo hace dinero la organización.
2. Identificar las principales iniciativas empresariales de la organización.
3. Realizar una lluvia de ideas sobre el impacto empresarial de los Big Data.
4. Descomponer la iniciativa empresarial en casos de uso.
5. Evaluar los casos de uso.
6. Diseñar e implementar la solución de Big Data.

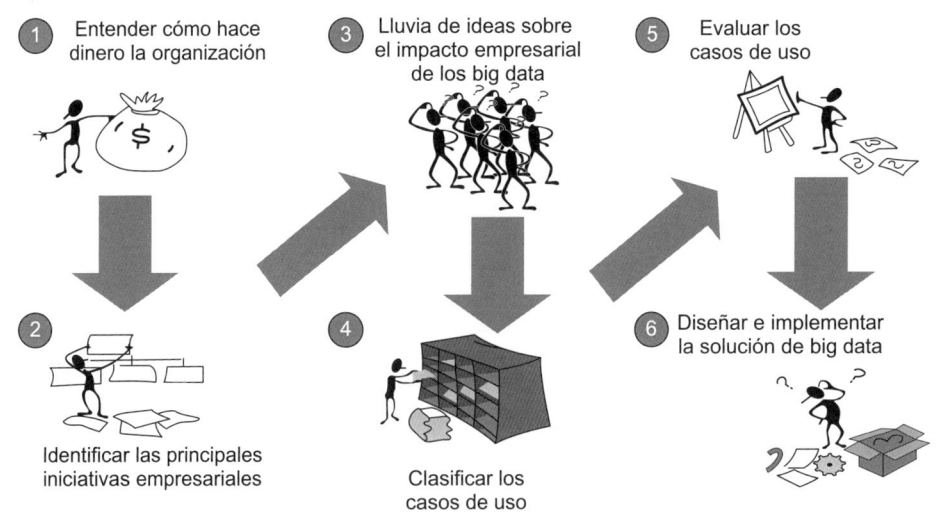

Figura 10.1. El proceso de ingeniería de soluciones.

INGENIERÍA DE SOLUCIONES

Este proceso requiere de una inversión previa en tiempo y pensamiento creativo para entender cómo hace dinero la organización. Esto significa que tiene que dedicar tiempo a los nombres estratégicos de la empresa, es decir, aquellas entidades empresariales estratégicas (como son clientes, tiendas, empleados y productos) alrededor de los que giran los distintos procesos de su organización (es decir, captación, retención, optimización, administración). Necesita entender el rol de estos nombres estratégicos de los procesos de creación de valor de su organización. Necesita identificar las iniciativas empresariales clave y el impacto que desea que tengan éstas en los nombres estratégicos. Este conocimiento y esta información le marcarán el camino en la ingeniería de soluciones. Estas son todas las actividades para las que se proporcionaron los métodos y metodologías del capítulo 7.

Paso 1: Entender cómo hace dinero la organización

Imagine que es el director general de la organización. Tómese su tiempo para reflexionar acerca de cómo puede hacer más dinero. Por ejemplo, ¿qué puede hacer la organización para aumentar los ingresos, reducir los costes, minimizar los riesgos o mejorar sus políticas?

En una organización se pueden mover muchos resortes para hacer dinero. El aumento de ingresos, por ejemplo, puede consistir en iniciativas como el aumento del número de clientes Tarjeta Oro o *premium*, un incremento del tráfico en el sitio Web o la tienda, la reducción de la tasa de abandono, un aumento de los desembolsos por visita a la tienda, un aumento de las proporción de marcas blancas en la cesta de la compra, aumentar la efectividad de las ventas cruzadas/directas y optimizar la efectividad de las promociones (véase la figura 10.2).

Ventas y marketing
- Conseguir más clientes
- Conservar a los clientes actuales
- Venta cruzada/dirigida
- Engrosar la cesta de la compra
- Aumentar el tráfico
- Optimizar precios y beneficios
- Incrementar la tasa de conversión
- Mejorar la efectividad de los anuncios

Operaciones
- Optimizar el funcionamiento de la red
- Predecir problemas de mantenimiento
- Eliminar las pérdidas por daños
- Predecir el uso o la capacidad
- Aumentar los índices de cobertura
- Reducir los productos agotados
- Fusionarse con los proveedores

Contabilidad
- Racionalizar los productos
- Cerrar los canales no rentables
- Aumentar la rotación del inventario
- Incrementar el uso de activos
- Reducir las ventas pendientes de cobro
- Reducir gastos de ventas y administración general
- Reducir gastos en telefonía y equipamiento
- Reducir el fraude y el despilfarro

Figura 10.2. Posibilidades de negocio de gran potencial de los Big Data.

La reducción de costes puede significar reducir los costes de inventario y cadena de suministro, reducir el fraude y las pérdidas por daños, mejorar la efectividad del gasto en marketing, fusionarse con los proveedores, mejorar la puntualidad de recogidas y repartos, optimizar las rebajas de precios y mejorar el uso de activos.

A continuación, dedique tiempo a identificar y conocer los nombres estratégicos de su organización, y a determinar cómo pueden afectar a la capacidad de ésta para hacer dinero. Por ejemplo, si trabaja en una compañía aérea, uno de los nombres importantes de su sector son los aeropuertos, y todo lo que implique aumentar el número de vuelos por aeropuerto (como reducir el tiempo de los despegues o mejorar la eficacia de las rampas y las terminales) significa más vuelos por día, y por tanto más dinero. Si lo que tiene es una cadena de cines, entonces uno de los nombres más importantes es bar. Cualquier incremento en los gastos en el bar por parte de los espectadores (por ejemplo, comprar un refresco con las palomitas o escoger la botella de agua grande en vez de la pequeña) equivale a más dinero.

Por último, dedique tiempo a utilizar realmente los productos y servicios de su organización. Experimente de primera mano cómo funcionan los productos de su organización. Conviértase en cliente, familiarícese e interactúe con lo que les está ofreciendo a los clientes y socios. Esto le ayudará a identificar y entender las principales actividades que generan dinero y en las que pueden influir los Big Data.

Teniendo presente estas observaciones, ya está listo para coger bolígrafo y papel y empezar a visualizar ideas en las que nuevas fuentes de conocimientos sobre clientes, productos y operaciones puedan impulsar la capacidad de su organización para hacer dinero. Por ejemplo, si su organización le vende directamente al cliente final (B2C), puede imaginarse fácilmente cómo utilizar los datos de la comunicación con el cliente, tanto internos (correo electrónico, comentarios, registros del servicio o notas físicas) como externos (publicaciones en los medios sociales, valoraciones del servicio en Yelp o en los blogs) para descubrir conocimientos que puedan ayudar a su organización a optimizar los procesos de interacción con el cliente (creación de perfiles, segmentación, venta dirigida, captación, activación, maduración, retención, defensa de la marca) para crear clientes más "rentables" (véase la figura 10.3).

Como comentamos en el capítulo 8, en la mayoría de sectores:

- ➤ Entre el 0 y el 25 por cien de los clientes generan un beneficio superior al 100 por cien.
- ➤ Entre el 50 y el 60 por cien de los clientes no generan beneficios.
- ➤ Entre el 10 y el 25 por cien de los clientes generan beneficios negativos.

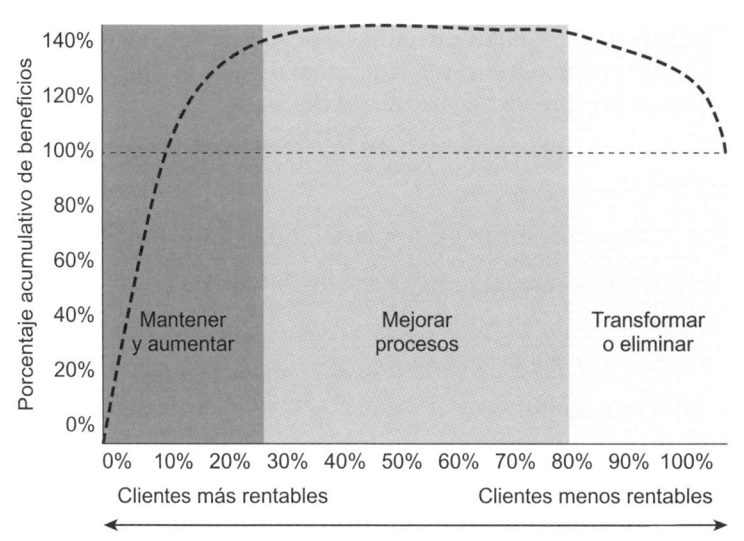

Figura 10.3. Distribución de la rentabilidad de los clientes.
Fuente: "Time-driven Activity-based Costing", de R. S. Kaplan y S. Anderson. Harvard Business Review (noviembre de 2004)

Por consiguiente, el desafío de la ingeniería de soluciones para el sector B2C es determinar cómo utilizar las analíticas de los Big Data para:

1. Hacer que los clientes "suban" en la curva de rentabilidad, por ejemplo vendiéndoles productos adicionales (venta cruzada), vendiéndoles productos y servicios mejores (venta dirigida) o sustituyendo productos de marca por productos de marca blanca para que el margen de beneficios sea mayor.
2. Darles servicio a los clientes menos rentables de una manera que suponga un menor coste (por ejemplo, mediante la Web, mediante el autoservicio o a través de socios).

Paso 2: Identificar las principales iniciativas empresariales de la organización

El siguiente paso es hacer una investigación previa para conocer cuáles son las principales iniciativas empresariales de la organización. Esto incluye leerse el informe anual, asistir a las reuniones de los analistas y buscar discursos y presentaciones recientes de la dirección. Si es posible, entrevístese con los administradores para entender cuáles son sus principales iniciativas y oportunidades de negocio, así como su percepción de cuáles son los principales obstáculos que podrían privar a la organización de alcanzar sus metas empresariales (más adelante en este capítulo le proporcionaré algunas sugerencias y ejemplos sobre cómo leer el informe anual o las comunicaciones públicas para descubrir oportunidades de uso de los Big Data).

Recoja la información clave de cada oportunidad o iniciativa empresarial identificada, como puede ser:

- ➤ Cuáles son los interesados, sus roles, responsabilidades y expectativas.
- ➤ Los indicadores clave de rendimiento y las métricas con las que se medirá el éxito de la iniciativa.
- ➤ El marco temporal en el que se encuadra.
- ➤ Los factores críticos de éxito.
- ➤ Los resultados deseados.
- ➤ Las tareas clave.

Consulte el capítulo 6 para utilizar el documento de estrategia para los Big Data para dividir la estrategia empresarial de su organización en sus iniciativas empresariales clave, los resultados deseados y los factores críticos de éxito.

Paso 3: Lluvia de ideas sobre el impacto empresarial de los Big Data

El siguiente paso del proceso de la ingeniería de soluciones es realizar una lluvia de ideas para ver qué efecto pueden tener los Big Data y la analítica avanzada en la iniciativa empresarial objetivo. Como comentamos en el capítulo 7, existen cuatro maneras (los cuatro factores motrices de los Big Data que muestra la tabla 10.1) de aplicar los Big Data y la analítica avanzada para impulsar las principales iniciativas empresariales:

Recoja la información clave de cada oportunidad o iniciativa empresarial identificada, como puede ser:

1. Explotar datos transaccionales más detallados (oscuros), con un nivel de granularidad mayor, lo que hace posible que los datos sean más granulares y las decisiones más detalladas. Por ejemplo, se podrían analizar los detalles de los datos de las transacciones, como los relacionados con la fidelidad del cliente, para poder tomar decisiones a menor escala y descubrir nuevas posibilidades de monetización para cada cliente, temporada, época vacacional o zona geográfica concreta.

2. Integrar las nuevas fuentes de datos sin estructurar para que se puedan tomar decisiones más complejas y robustas. Esto incluye a fuentes internas de datos sin estructurar, como los comentarios de los consumidores, las notas de los *call centers*, las notas físicas y los registros del distribuidor, así como las fuentes de datos externos sin estructurar, como las publicaciones en los medios sociales, blogs, las aplicaciones para móviles y las fuentes de datos públicas de terceros. Yo también incluiría en esta categoría los datos generados por sensores, como las redes eléctricas inteligentes, los vehículos con conexión y los electrodomésticos inteligentes. Estas nuevas y diversas fuentes de datos proporcionan nuevas variables, métricas y dimensiones que se pueden integrar en modelos analíticos para recoger conocimientos y recomendaciones aplicables y tangibles.

3. Proporcionar un acceso a datos en tiempo real o de baja latencia, en el que se reduce el retardo entre que ocurre el evento y el análisis de los datos que genera, de modo que se puedan tomar decisiones a tiempo con más frecuencia para favorecer la monetización de los datos. Aquí podríamos incluir la creación de segmentos de clientes bajo demanda (basados en los resultados de algún evento de masas como la Super Bowl), así como información en tiempo real basada en la localización obtenida de aplicaciones para smartphones y otros dispositivos móviles.

4. Integrar la analítica predictiva en sus principales procesos empresariales para crear nuevas oportunidades de descubrir causalidades (causas y efectos) enterradas entre los datos. La analítica predictiva abre la mente de los participantes, animándoles a emplear nuevos verbos (como optimizar, predecir, recomendar, ponderar y predecir) conforme exploran nuevas posibilidades de monetización.

Tabla 10.1. Los factores generadores de valor empresarial de los Big Data.

FACTORES MOTRICES DE LOS BIG DATA	IMPACTO EN LA MONETIZACIÓN DE LOS DATOS
Datos de transacciones (oscuros): Datos de transacciones más detallados (es decir, TPV, IDRF, RDL, tarjetas de crédito)	Hacen posible decisiones más detalladas y granulares (locales, estacionales, multidimiensionales)
Datos sin estructurar: Datos diversos internos (e-mail, comentarios de consumidores) y externos (medios sociales, móviles)	Hacen posibles decisiones más completas y precisas (con nuevas métricas, dimensiones y atributos dimensionales)

FACTORES MOTRICES DE LOS BIG DATA	IMPACTO EN LA MONETIZACIÓN DE LOS DATOS
Velocidad de los datos: Acceso a datos de baja latencia ("en tiempo real")	Hace posible tomar decisiones con más frecuencia y a tiempo (horas frente a semanas, actualizaciones del modelo analítico cuando haga falta)
Analítica Predictiva: Causalidad, predictores, instrumentación, experimentación	Decisiones predictivas más aplicables (optimizar, recomendar, predecir, estimar)

Más adelante en este capítulo mostraré algunos ejemplos de distintos sectores, en los que veremos cómo aprovechar estos cuatro factores motrices para crear soluciones empresariales.

Paso 4: Descomponer la iniciativa empresarial en casos de uso

El siguiente paso es realizar una serie de entrevistas y talleres de visualización para generar ideas, identificar, definir, recopilar y priorizar los casos de uso necesarios para apoyar la iniciativa empresarial objetivo. Como comentamos en la sección del taller de visión del capítulo 9, es pertinente recopilar la siguiente información para cada caso de uso identificado:

➤ Grupos de interés y personas influyentes, incluyendo sus roles, responsabilidades y expectativas.

➤ Preguntas empresariales que los participantes intentan responder, o que podrían estar intentando responder si tuvieran acceso a fuentes de datos más detalladas y diversas.

➤ Decisiones empresariales que los participantes intentan tomar y los procesos de decisión en que se apoyan, como el plazo temporal, los procesos y flujos de decisiones, y los clientes que puedan hacer uso de los informes.

➤ Los indicadores de rendimiento clave y las métricas clave con las que se medirá el éxito empresarial.

➤ Los requisitos de datos, que incluyen las fuentes, la disponibilidad, los métodos de acceso, la frecuencia de acceso, la granularidad, la dimensionalidad y las jerarquías.

INGENIERÍA DE SOLUCIONES

> Identificar los algoritmos analíticos y los requisitos de modelado, como la predicción, los pronósticos, la optimización y las recomendaciones.

> Capturar los requisitos de interacción, que deberían estar estrechamente relacionados con el proceso de toma de decisiones.

Es un momento perfecto para implementar la metodología de la matriz de priorización para emplear las dinámicas de grupos para priorizar los diferentes casos de uso, y llegar a un consenso entre las empresas y las TI que permita seguir avanzando en los principales casos de uso.

Los pasos 3 y 4 son unas magníficas oportunidades para utilizar los procesos del taller de generación de ideas que comentamos en el capítulo 9, con el fin de realizar una lluvia de ideas nuevas, agrupar las ideas en casos de uso relevantes y priorizar los casos de uso basándonos en su peso en relación al valor empresarial y su factibilidad de implementación.

Paso 5: Evaluar los casos de uso

Ahora es hora de hacer uso de los datos y la tecnología para validar la factibilidad analítica de la solución. Es un buen momento para introducir un laboratorio analítico de prueba de valor y evaluar el modelo de negocio (modelo financiero, ROI y capacidad analítica) utilizando la totalidad de los datos disponibles y hasta el último recurso tecnológico disponible. Tiene una definición detallada de la solución que busca, que incluye las principales decisiones, las preguntas empresariales, los indicadores de rendimiento clave y todos los demás detalles de las soluciones que recopiló en el paso 4. En este punto, también debería tener totalmente claro cuáles son los datos que hacen falta (fuentes de datos, métricas clave, niveles de granularidad, frecuencia de acceso y dimensionalidad, entre otros) y las capacidades tecnológicas y analíticas necesarias para poner en pie la prueba de valor. Este laboratorio analítico debería incluir:

> Reunir todos los datos requeridos, de fuentes tanto internas como externas, e integrarlos en una misma plataforma de datos. Necesita los datos detallados, no los agrupados, porque vamos a explotar los detalles de los datos para descubrir los matices tangibles, significativos y aplicables que están enterrados en ellos. También debería explorar el uso de los datos de terceros (a algunos de los cuales puede acceder a través de fuentes públicas como www.data.gov) para intentar ampliar la calidad de las analíticas. Este es también un buen momento para echar mano de los datos de los medios sociales, en especial si está trabajando con un caso de uso centrado en el cliente.

➤ Definir y ejecutar los procesos de transformación de datos necesarios para cribar, clasificar y preparar los datos para su análisis. Lo más probable es que aquí se incluyan varios procesos de enriquecimiento de datos, con el fin de crear nuevas métricas compuestas, como la frecuencia (cada cuánto ocurre un evento), la proximidad (cuándo fue la última vez) y la secuencia (el orden en el que ocurren los eventos) que puedan ser mejores predictores del funcionamiento de la empresa.

➤ Definir el plan de pruebas analítico, incluyendo las hipótesis de prueba, los casos de prueba y los criterios de medida.

➤ Desarrollar modelos analíticos que se han perfeccionado empleando los indicadores de rendimiento clave y los factores críticos de éxito. Los científicos de datos implicados en este paso probablemente sigan explorando nuevas fuentes de datos y nuevas técnicas de transformación de datos que puedan servir para mejorar la fiabilidad y la predictibilidad de los modelos analíticos.

➤ Definir los requisitos de interacción. En particular, saber quiénes van a utilizar los informes y el uso que van a necesitar hacer de ellos.

➤ Desarrollar modelos y/o diseños esquemáticos que ayuden a los interesados a entender cómo se van a integrar los resultados analíticos y los modelos en sus procesos empresariales cotidianos.

El objetivo del laboratorio analítico de prueba de valor es poner a prueba el modelo de negocio (incluyendo el retorno sobre la inversión o ROI, los requisitos del usuario profesional y los criterios críticos de éxito), así como crear y validar los modelos de datos y analíticos subyacentes que proporcionarán la capacidad analítica. Necesitamos validar que la integración de cantidades masivas de datos detallados estructurados y sin estructurar, acompañados de la analítica avanzada, pueden derivar en un modelos analítico más predictivo en tiempo real que pueda proporcionar conocimientos y recomendaciones tangibles, significativas y aplicables para la solución empresarial objetivo.

Paso 6: Diseñar e implementar la solución de Big Data

Según el éxito del proceso del laboratorio analítico de prueba de valor, es momento de empezar a definir y crear los modelos de datos detallados, los modelos analíticos, las estructuras tecnológicas y la hoja de ruta de producción para integrar los modelos y conocimientos analíticos en los sistemas operacionales y de administración. El plan de implementación y la hoja de ruta deberán contemplar:

➤ **Fuentes de datos y requisito del acceso a datos:** Esto debería incluir un plan y una hoja de ruta detallada para priorizar qué datos se van a recoger y dónde se van a almacenar (tanto desde el punto de vista de acceso a los datos como desde el del análisis). Este plan necesitará tener en cuenta tanto los datos estructurados como los no estructurados. También necesitará contemplar las fuentes de datos externas, lo que significa que se tendrá que actualizar el plan de datos entre cada 4 y 6 meses para hacer sitio a las nuevas fuentes de datos según se va pudiendo acceder a ellas.

- **Estrategia de instrumentación:** Es probable que haga falta recoger datos adicionales de los clientes, productos y operaciones, en su mayoría procedentes de los procesos empresariales existentes. La estrategia de instrumentación deberá cubrir cómo se pueden utilizar las etiquetas, las cookies y otras técnicas de instrumentación para recopilar los datos transaccionales adicionales.

- **Requisitos del acceso a datos en tiempo real y del análisis:** Hay determinados casos de uso que van a requerir un acceso a datos, un análisis y una toma de decisiones en tiempo real (o de baja latencia), conforme vayan entrando datos en la empresa. Estos requisitos en tiempo real se deben contemplar en todo el conducto tecnológico y estructural, que comprende los algoritmos ETC (Extraer, Transformar y Cargar) y ECT (Extraer, Cargar y Transformar), los procesos de transformación y enriquecimiento de datos, el procesamiento en memoria, el procesamiento de eventos complejos, las plataformas de datos, los modelos analíticos y la interacción con el usuario.

- **Capacidad de administración de datos:** El sector de los Big Data ha obtenido mucha experiencia y ha desarrollado muchas herramientas y metodologías excelentes para ayudar a las organizaciones en el área de la administración de los datos (como en la administración de datos maestros, la calidad de los datos y el control de datos). Sin embargo, las organizaciones también deben tener en cuenta cuándo la calidad de datos es lo suficientemente buena para el tipo de decisiones y procesos empresariales que se adoptan. Las organizaciones necesitan pensar detenidamente esta cuestión para no perder tiempo en intentar que los datos imperfectos sean perfectos, sobre todo cuando las decisiones y los procesos de negocio por los que van a pasar los datos no necesitan perfección (como por ejemplo, la gestión de anuncios, la detección del fraude, el marketing basado en la localización y la gestión de las rebajas). Esta parte de la solución exige entender y responder a la pregunta: "¿Cuándo es suficiente con el 90 por cien de precisión?".

- **Capacidades de modelado de datos:** Los requisitos del modelado de datos deben abarcar todos los métodos tradicionales de arquitectura de almacenamiento de datos (almacén de datos operativos, área de preparación de datos, mercados de datos, almacén de datos empresariales) además de muchas de las nuevas plataformas de datos y las herramientas y técnicas de Integración de datos en una base de datos virtual disponible. El plan de modelado de datos deberá tener en cuenta el diseño del esquema de datos y el rol de las bases de datos NoSQL (cuyo significado realmente es "no sólo SQL"), Hadoop y su sistema de archivos distribuidos (HDFS).

➤ **Inteligencia empresarial:** La mayoría de organizaciones disponen ya de un entorno de inteligencia empresarial o de monitorización de los procesos de negocio (BPM) que contempla los indicadores de rendimiento clave, los informes, las alertas y los requisitos del panel de control. Este es el momento de determinar cómo se puede mejorar esa inversión con las nuevas posibilidades de los Big Data, como los datos sin estructurar, los *feeds* de datos en tiempo real y la analítica predictiva. Como comentamos en el capítulo 1 cuando hablamos del índice de madurez, las organizaciones ya han invertido una cantidad de tiempo, dinero y recursos humanos considerable para crear un entorno de IE en torno a muchos de sus principales procesos empresariales internos. Ahora es el momento de desarrollar un plan para optimizar su uso y la ampliación de esas inversiones en IE.

➤ **Capacidades analíticas avanzadas (análisis estadístico, modelado predictivo y minería de datos):** Este es el mundo de la ciencia de los datos y ya hemos hablado sobre la importancia de crear un entorno en el que este equipo pueda realizar su labor libremente (también comentaremos algunos componentes estructurales de alto nivel de un *sandbox* analítico en el siguiente capítulo). Las organizaciones también deberían empezar a desarrollar una estrategia de experimentación que consulte las áreas de negocio en las que se va a emplear ésta, para obtener conocimientos adicionales sobre clientes, productos y operaciones.

➤ **Requisitos de la interacción con el usuario:** El plan de interacción con el usuario debe incluir diseños esquemáticos y modelos para que quede bien claro cómo se van a incluir en las operaciones cotidianas de los usuarios profesionales y en los informes y paneles de la administración. Aproveche esta oportunidad para conocer los requisitos de interacción con sus usuarios internos, clientes externos y socios de negocio, y para tomar nota de cómo se deben integrar los conocimientos analíticos en estos entornos de usuario.

LA INGENIERÍA DE SOLUCIONES DE HOY ES LA SOLUCIÓN EMPRESARIAL DE MAÑANA

Aunque puede que no vaya a ser el trabajo más atractivo del futuro, la ingeniería de soluciones se irá volviendo cada vez más importante conforme la cantidad y la variedad de datos sigan evolucionando, las capacidades tecnológicas sigan expandiéndose (gracias al impulso tanto de *business angels* como por el crecimiento imparable del movimiento de código libre) y las aplicaciones para dispositivos móviles de menor resolución redefinan la interacción con el usuario. Estamos en un terreno resbaladizo y por eso mismo cada vez es más importante centrarse en servir soluciones empresariales que tengan una alta rentabilidad sobre la inversión y un plazo de devolución corto.

Entonces, ¿cómo utilizamos estos factores motrices de los Big Data para explorar o visualizar cómo pueden ayudarnos los Big Data y la analítica avanzada a definir y proporcionar soluciones que guíen nuestras principales iniciativas empresariales? Vamos a ver algunos ejemplos.

Ejemplo de analíticas del comportamiento del cliente

En el caso de las analíticas del comportamiento del cliente, la oportunidad que ofrecen los Big Data es la de combinar el detalle de las transacciones de nuestros clientes (como son ventas, devoluciones, comentarios del cliente y clics en la Web) con los nuevos medios sociales y los datos de los móviles. El objetivo de combinarlos es descubrir nuevos conocimientos sobre el cliente que puedan optimizar los procesos del ciclo vital de interacción con éste, como son la creación de perfiles, la selección de objetivos, la segmentación, la captación, la activación, la venta cruzada/dirigida, la retención y la defensa de la marca. Estos mismos conocimientos sobre el cliente y el producto pueden llevarnos finalmente al marketing personalizado, sobre todo cuando se acompañan de los datos de la actividad y la localización del cliente en tiempo real, que se pueden obtener a través de las aplicaciones para móviles. Para obtener información nueva sobre el comportamiento de sus clientes, su organización podría implementar las siguientes soluciones:

- ➤ Integrar en un solo repositorio de datos todas las transacciones relacionadas con la interacción con el cliente, como el historial de ventas, devoluciones, el historial de pagos, la fidelidad del cliente, los comentarios de los consumidores, las notas de los *call centers*, las conversaciones por correo electrónico y los clics de la Web.

- ➤ Utilizar la analítica avanzada para analizar las transacciones relacionadas con la interacción con el cliente, con el fin de modelar y asignarles un peso a los clientes y segmentos de clientes más valiosos, crear categorías de comportamiento más granulares y utilizar estas categorías y puntuaciones para perfeccionar los perfiles de los clientes objetivo y las estrategias de segmentación de los clientes.

- ➤ Integrar y cribar todos los datos (como el nombre, la empresa y la información de contacto) recopilados a través de los eventos de generación de oportunidades y las fuentes de mercados de terceros.

- Aumentar los datos de los clientes y los posibles clientes con datos de terceros, de comerciantes como Acxiom, Experian, BlueKai y nPario, con información demográfica como la edad, el sexo, el nivel educativo, el nivel de ingresos e información sobre el hogar.

- Recopile y acumule datos relevantes de los medios sociales sobre sus productos, servicios y empresa de sitios como Facebook, Twitter, LinkedIn, Yelp y Pinterest, entre otros.

- Busque, monitorice y capture comentarios relevantes sobre el producto y la empresa de defensores y detractores que encuentre en blogs de tipo WordPress, Blogger y Tumblr.

- Utilice analíticas y Hadoop/MapReduce para explotar los medios sociales y blogs para descubrir nuevos conocimientos sobre intereses, pasiones, afiliaciones y asociaciones de sus clientes que pueda utilizar para perfeccionar los perfiles de sus clientes objetivo y los modelos de segmentación de clientes.

- Utilice las posibilidades de las aplicaciones para móviles para descubrir información en tiempo real sobre la localización, las pautas de compra y las propensiones de sus clientes que le pueda servir para orientar sus promociones locales, ofertas y comunicaciones en tiempo real.

Ejemplo de mantenimiento predictivo

Puede que la oportunidad más significativa para las empresas de comercio en la red (B2B), dentro del ámbito de los Big Data, es la oportunidad de proporcionar servicios de mantenimiento predictivo a sus nichos de mercado (y posibles consumidores). Las analíticas de los Big Data pueden utilizar los datos generados por los sensores de electrodomésticos, equipos, instrumentos y maquinaria para analizar, ponderar y predecir los requisitos de mantenimiento en tiempo real. Cualquier industria en la que se utilice maquinaria (automóviles, aviones, trenes, maquinaria agrícola, herramientas para la construcción, turbinas, maquinaria industrial) puede aprovechar el mantenimiento predictivo que hace posible la combinación de datos generados por sensores con las analíticas en tiempo real. Para obtener información nueva sobre el mantenimiento predictivo, las organizaciones podrían elaborar la siguiente solución:

- Registrar en tiempo real los códigos de error en bruto y sin estructurar de los registros de los electrodomésticos, equipos, instrumentos y maquinaria, tal cual (no hace falta procesarlos con anterioridad ni predefinir un esquema de datos), en Hadoop y HDFS.

- Aplicar la analítica avanzada a nuestro historial de datos de funcionamiento para crear modelos predictivos de los que se considera un funcionamiento "normal" de electrodomésticos, equipos y maquinaria, tanto a nivel de unidad como de componente. Las técnicas Seis Sigma, como las gráficas de control, pueden resultar muy útiles para identificar funcionamientos fuera de lo normal. Además, esta tecnología se suele entender muy bien en el sector de la fabricación.

➤ Utilizar técnicas avanzadas de enriquecimiento de datos, como las métricas de frecuencia, proximidad y secuencia para identificar combinaciones de eventos o umbrales de eventos que pudieran detectar necesidades de mantenimiento. Piense en crear una "bolsa" de actividades que pueda explotar utilizando algoritmos de modelado de asociaciones o de cesta de la compra.

➤ Integrar fuentes de datos dinámicos como el tiempo (temperatura, precipitaciones, nieve, hielo, humedad y viento), el tráfico y las fuentes de datos económicos para identificar nuevas variables que puedan reforzar los modelos predictivos. Por ejemplo, determine el impacto que puede tener la humedad en las turbinas de viento o el impacto de la lluvia y la nieve en la puntualidad de sus trenes.

➤ Utilice un entorno analítico en tiempo real para monitorizar los datos de sensores que se envían en tiempo real que le permita poder comparar los *feeds* en tiempo real con sus modelos y gráficas de control de funcionamiento, y de este modo identificar, ordenar y priorizar cualquier problema potencial de funcionamiento.

➤ Enviar alertas automatizadas a las partes interesadas (como técnicos o consumidores) que incluyan información con recomendaciones sobre el mantenimiento (como la localización, las piezas de sustitución previstas, las tareas previstas para el equipo de mantenimiento y documentación sobre las prácticas habituales de mantenimiento recomendadas) y crear calendarios y planes optimizados para el servicio y el equipo.

➤ Recopilar datos del desgaste de productos o piezas en las piezas sustituidas en el momento del mantenimiento, para perfeccionar continuamente los modelos de mantenimiento predictivo a nivel de máquina/electrodoméstico individual y a nivel de componente.

➤ Agrupe y analice los datos de desgaste para crear, preparar y venderles la información del funcionamiento a los propios fabricantes de electrodomésticos, maquinaria, productos y componentes.

Ejemplo de efectividad en el marketing

Todas las empresas se gastan dinero en marketing y cada vez es mayor el porcentaje que dedican a canales multimedia que permitan hacer muchas mediciones. Cuantificar la efectividad de este tipo de marketing (así como el de los canales no conectados a la red, como televisión, prensa y radio) es un reto complicado. Las organizaciones que pueden cuantificar con más precisión y atribuirles el mérito a los canales y los enfoques de marketing que guían sus negocios y sus ventas están mejor posicionadas para optimizar este gasto. Para medir la efectividad de su marketing, las empresas podrían elaborar la siguiente solución:

- Agrupar todos los gastos en marketing, con el nivel de detalle más bajo posible, de todos los canales digitales (impresiones, visualizaciones, búsquedas, redes sociales y móviles) y de todos los canales no conectados (televisión, prensa y radio).

- Integrar todas las actividades y transacciones de ventas (opciones de compra, ofertas, propuestas y pérdidas y ganancias de las ventas) con los eventos de conversión *online*, y asociar estas actividades de nuevo a las distintas actividades y gastos del marketing.

- En el caso de los datos digitales, recoger y agrupar en una cesta de la compra las impresiones, visualizaciones, búsquedas de palabras clave, publicaciones en medios sociales, clics en Webs, las veces que el cursor ha pasado por encima y los eventos de conversión asociados a nivel de usuario (con un detalle a nivel de cookie).

- Calcular las métricas compuestas avanzadas asociadas a la frecuencia, la proximidad y la secuencia del tratamiento del marketing para poder cuantificar la efectividad de los diferentes enfoques de marketing (análisis de atribuciones).

- Ampliar los datos de la campaña con datos externos como el tiempo, la estacionalidad, la economía local, los eventos locales y otros datos similares para mejorar el modelado de la campaña y la efectividad predictiva.

- Comparar el funcionamiento de la campaña actual con los datos de referencia de campañas anteriores o similares para identificar y cuantificar qué había detrás del rendimiento de campañas anteriores.

- Utilizar los datos de posibles clientes recogidos de las campañas de marketing directo de terceros para crear nuestra propia base de datos de futuribles, con la que poder llevar a cabo nuestras campañas de marketing directo.

- Conseguir nuevas fuentes de información digital sobre clientes de comerciantes de productos de monitorización digital como BlueKai y nPario.

- Desarrollar una estrategia de experimentación para probar la efectividad de los distintos enfoques, mensajes y canales de marketing.

- Analizar los datos de los medios sociales para recoger los intereses, las pasiones, las afiliaciones y las asociaciones que puedan mejorar la creación de perfiles, la segmentación y la efectividad de la selección de objetivos.

- Recoger los *feeds* en tiempo real para analizar, monitorizar y actuar en tiempo real sobre las tendencias de opinión sobre campañas y productos.
- Utilizar la información de las analíticas de funcionamiento del marketing para extraer tanto recomendaciones de asignación de recursos multicanal pre-campaña (es decir, cómo distribuir el gasto en marketing entre los distintos canales, como TV, prensa, Internet, visualizaciones, palabras clave, etc.) como recomendaciones a aplicar durante la campaña (del tipo cómo reasignar el gasto en medios entre anuncios en la red, palabras clave, audiencias objetivo y elementos similares).

Ejemplo de reducción del fraude

Los Big Data proporcionan tecnologías nuevas e innovadoras para identificar actividades potencialmente fraudulentas en tiempo real. Las nuevas fuentes de datos (como los medios sociales y las actividades detalladas en la Web y en los dispositivos móviles) y las nuevas innovaciones en los Big Data (como las analíticas en tiempo real) están permitiendo a las organizaciones ir más allá de los tradicionales modelos de fraude estáticos y crear modelos dinámicos, que aprenden solos, que identifican los comportamientos, las transacciones y las combinaciones de estas actividades que podrían indicar un fraude conforme van ocurriendo. Vamos a ver un ejemplo de solución para la detección del fraude empleando Big Data:

- Implementar una plataforma en tiempo real que pueda recoger y gestionar un alto volumen de *feeds* de datos en tiempo real (como compras, autorizaciones y devoluciones) de diversas fuentes en tiempo real, internas y externas.
- Utilizar analíticas *in-database* para acelerar el desarrollo y la mejora de los modelos de predicción de fraude basados en transacciones históricas.
- Utilizar analíticas predictivas para analizar transacciones en tiempo real para marcar transacciones, comportamientos y tendencias inusuales a lo largo de miles de dimensiones y sus combinaciones, y comparar estos marcadores con las medias históricas para identificar situaciones potenciales de fraude.
- Emplear técnicas de enriquecimiento avanzadas (como frecuencia, proximidad y secuencia de actividades y transacciones) para crear perfiles más avanzados de actividades, comportamientos y propensiones potencialmente fraudulentas.
- Integrar los datos de móviles con las analíticas basadas en la localización para identificar y monitorizar dinámicamente las localizaciones, negocios y otros lugares que muestran una propensión a comportamientos potencialmente fraudulentos (por ejemplo, gasolineras, minoristas con grandes ofertas y tiendas del todo a 100) superiores a lo normal.

➤ Integrar modelos de detección de fraude en tiempo real en los sistemas operacionales (como sistemas de punto de venta, *call centers* y sistemas de mensajería al cliente) para poder identificar transacciones o grupos de transacciones en tiempo real, con el fin de detectarlas mientras se están produciendo.

➤ Utilizar los datos de los medios sociales para identificar redes o asociaciones que puedan ser potenciales cómplices del fraude.

Ejemplo de optimización de red

Tanto si trabaja con una red de dispositivos (servidores, cajeros, estaciones eléctricas o turbinas de viento) como de *outlets* (tiendas, Webs, franquicias), existen fuentes de datos nuevos sobre clientes o productos muy valiosas que puede aprovechar para que la interacción con el cliente sea "estimulante". En las redes siempre son vitales los problemas de exceso o falta de capacidad, y estos requisitos y necesidades pueden cambiar rápidamente en función de los comportamientos y las tendencias de los clientes. Para optimizar las operaciones de su red podría incluir en su solución de optimización lo siguiente:

➤ La agrupación de los datos de los "nodos" de su red con el menor nivel de detalle (como los archivos de registro) de todos los componentes y elementos de ésta. Conserve todos los historiales que pueda con el nivel de transacción indicado.

➤ Integre los datos de redes sociales y móviles de los consumidores para identificar y cuantificar los cambios en las preferencias del cliente, la red y el mercado, y las pautas de comportamiento.

➤ Incremente los activos de datos de fuentes de externas como los datos del tiempo, eventos locales, vacaciones y la economía local para proporcionar nuevas métricas predictivas que puedan mejorar las capacidades predictivas de los modelos de planificación de recursos y estimación de límites.

➤ Utilice la analítica avanzada para planificar los requisitos de capacidad de la red (por nodo, momento del día, día de la semana y así sucesivamente) y calcule las principales variables que vertebran la red, como son el personal, las existencias, los repuestos y el calendario de mantenimiento.

➤ Utilice analíticas en tiempo real para reasignar la capacidad de la red (planificación de recursos, incremento o reducción de recursos virtuales, etc.) para apoyar los cambios en los patrones de consumo diarios, horarios o locales.

Para ser ingeniero de soluciones, aparte de un amplio conocimiento de los problemas empresariales a los que puede enfrentarse su organización, necesitará también un amplio conocimiento de las capacidades de las innovaciones que traen los Big Data y la analítica avanzada. Al aplicar el proceso de ingeniería de soluciones en seis pasos se asegurará de "implementar las capacidades tecnológicas apropiadas en el momento preciso para resolver el problema empresarial correcto". Si no entiende perfectamente el problema que intenta resolver y no posee un buen conocimiento de la capacidad analítica de los Big Data, no tardará en recurrir a la manera clásica de aplicar la tecnología "en busca de un problema empresarial".

CÓMO LEER UN INFORME ANUAL

Soy un gran defensor de la utilización de los documentos públicos (como los informes anuales y los formularios 10-Q) y las declaraciones (como los informes de prensa y las presentaciones de ejecutivos) de las empresas para descubrir oportunidades de negocio de los Big Data. Esta sección del libro le mostrará algunos ejemplos reales de cómo buscar en los informes anuales para identificar potenciales oportunidades y de cómo hacer una evaluación rápida de cómo se podrían utilizar los Big Data para alimentar estas oportunidades.

Siempre me sorprendo de la poca gente que dedica tiempo a leer el informe anual de su empresa o de buscar los anuncios y presentaciones públicas que hacen los miembros de más peso de su directiva. Sobre todo la "carta del presidente (o del CEO) a los accionistas", que es una mina de oro. En esta sección del informe anual es donde el presidente habla de todas las grandes cosas que hicieron por la compañía el año pasado. Eso suele ocupar un 75 por cien de la carta y, en mi humilde opinión, se puede ignorar en su mayor parte. Es el último 25 por cien de la carta el que contiene más información, porque es aquí donde el presidente habla sobre las principales iniciativas empresariales del próximo año. Vamos a ver unos cuantos informes anuales para que sepa a qué me refiero.

Ejemplo de una empresa de servicios

Lo que sigue es un extracto de una carta a los accionistas de una empresa de servicios financieros:

> Este año hemos sobrepasado un importante umbral de ventas cruzadas. En el sector de la economía doméstica del este de los EE.UU., tenemos una media de 6,14 productos por unidad familiar. En el caso del este, esta media es de 5,11 productos y sigue en aumento. En 39 de los estados de nuestra banca local y en el Distrito de Columbia tenemos ahora una media de 5,70 productos por unidad familiar (cuando hace un año era de 5,47). Una de cada cuatro unidades familiares ya tiene ocho o más productos contratados con nosotros. Cuatro de cada diez tienen seis o más. Pero aún alcanzando los ocho, seguiremos estando

sólo a mitad de camino. Cada unidad familiar tiene unos 16 de media. A menudo me pregunto por qué nos pusimos una meta de ocho. La respuesta no está clarae, pero convendrán conmigo en que el diez es un bonito número.

Esta sección de la carta hace mención a una iniciativa empresarial para mejorar la efectividad de la venta cruzada con el fin de alcanzar un objetivo de 10 productos por unidad familiar, que supone un aumento con respecto a los 5,7 productos por unidad familiar actuales. Esa cifra (10) puede ser cuestionable, pero en cualquier caso no es imposible y parece claro que en la organización hay algún jefe (probablemente en marketing) al que se le ha pedido un aumento en la efectividad en la venta cruzada.

Vamos a ver algunos ejemplos de cómo podrían contribuir los Big Data a esta iniciativa empresarial de un aumento de la efectividad de la venta cruzada:

➤ Utilizar los datos económicos del cliente relacionados con el número y los tipos de cuenta que hay por familia, combinados con la información contable clave (como el tiempo que hace que existe esa cuenta, su saldo y las fluctuaciones de éste) y los datos demográficos de cada familia, para crear segmentos familiares granulares.

➤ Aplicar modelos analíticos que ponderen estos nuevos segmentos familiares en función de la probabilidad que tienen de comprar otro producto financiero específico más. Por ejemplo, las familias que han comprado estos productos y que están en este grupo demográfico tienen un determinado porcentaje de probabilidad de comprar este producto adicional.

➤ Desarrollar modelos diferentes para combinaciones de productos y datos demográficos diferentes.

➤ Utilizar los datos de redes sociales como Facebook, Pinterest, Yelp y Twitter para identificar tendencias en los productos financieros que puedan ser candidatas a las promociones de venta cruzada. Por ejemplo, si la refinanciación de hipotecas se está vendiendo bien, piense en acompañarla de una línea de crédito para el hogar en un mismo paquete. Aplique a estas tendencias sus modelos de venta cruzada hogar/producto para identificar objetivos de marketing directo.

➤ Monitorice o siga de cerca todas las campañas de marketing digital y marketing directo para ver qué mensajes y ofertas funcionan mejor para qué segmentos de la audiencia.

➤ Desarrolle una estrategia de experimentación para identificar qué ofertas probar con qué segmentos de la audiencia. Recoja los resultados en tiempo real y realice ajustes a la campaña sobre la marcha.

Ejemplo de un minorista

Este ejemplo utiliza información extraída del informe anual de 2011 de un minorista. Hay al menos dos secciones del informe en las que la empresa podría integrar datos estructurados (como puntos de venta, existencias, devoluciones y transacciones de pedidos) con datos sin estructurar (como los de los medios sociales, accesos a la Web y comentarios de los consumidores) para guiar sus principales iniciativas empresariales. El siguiente fragmento corresponde a la primera sección de la carta a los accionistas:

> *Nuestra estrategia es ofrecer a nuestros miembros una amplia gama de productos de alta calidad a precios en general más bajos de lo que pueden encontrar en otros sitios. Nuestra intención es limitar elementos específicos de cada línea de producto a los modelos, tamaños y colores que mejor se venden. Por consiguiente, en la actualidad mantenemos una media de unas 3.600 referencias por almacén en nuestra red principal, frente a los entre 45.000 y 140.000 o más que tienen los outlets, hipermercados y otras grandes superficies. Muchos de los productos se ofrecen sólo en cajas o paquetes de ciertas cantidades.*

Esta sección saca a la luz una oportunidad en la que los Big Data podrían propiciar la optimización del surtido de las tiendas. En concreto, podrían ayudar a:

- ➤ Integrar datos demográficos y de ventas de productos para predecir cuál será el surtido óptimo de cada tienda y actualizar estos con más frecuencia (puede que semanalmente) en función de eventos locales, como los partidos del equipo de la ciudad.

- ➤ Integrar la información de los medios sociales con los comentarios de los consumidores (como los procedentes de los *call centers*, correos electrónicos y sitios Web) con los datos de ventas de tiendas y productos para calcular y hacer un seguimiento de los *net promoter scores* y las opiniones de los consumidores para tiendas concretas (por categoría de producto o temporada). Utilice después esta información para identificar y actuar sobre tiendas, productos o categorías de productos que tengan un rendimiento bajo.

- ➤ Utilizar los datos de los medios sociales para identificar las tendencias de los productos y del mercado (por tienda y categoría de producto) que puedan tener repercusión en la política de precios, las existencias de las tiendas y la planificación del surtido de éstas.

- ➤ Pruebe a utilizar distintas opciones de surtido en tiendas diferentes, recoja los resultados y aconseje a las tiendas cómo optimizar su surtido, por tienda y por departamento.

El segundo ejemplo de esta franquicia pone de manifiesto el valor empresarial de aumentar las ventas de las marcas blancas (pasando de un 15 a un 30 por cien durante los próximos años).

> *Seguimos centrados en vender productos nacionales, a la par que desarrollamos nuestra propia marca blanca para mejorar la fidelidad del cliente. Después de 19 años, los productos de nuestra marca blanca representan ahora el 15 por cien de los elementos que servimos, pero el 20 por cien de la cifra de ventas. Creemos que tenemos la capacidad de llevar la penetración de ventas de los productos de nuestra marca blanca hasta el 30 por cien a lo largo de los próximos años, a la par que seguimos ofertando a nuestros clientes los productos de marca de calidad que siempre han formado parte de nuestra selección de productos.*

Veamos algunos ejemplos de cómo se podrían utilizar los Big Data para aumentar la efectividad de las ventas de la marca blanca:

- Integrar los datos de ventas y existencias con los de los medios sociales para ponderar las categorías de productos más adecuadas (con mayor probabilidad de éxito) de introducir productos de marca blanca. Esta ponderación se realizará por tienda, zona geográfica y categoría de productos.

- Explotar los datos de los medios sociales para identificar áreas de interés en los consumidores que se puedan utilizar para realizar marketing directo y promociones dentro de las tiendas en relación con los productos de la marca blanca.

- Integrar los datos del historial de ventas de la marca blanca y correlacionarlos con las variables geográficas locales, como las condiciones económicas, la tasa de paro, los cambios en los valores en ventas por hogar, el estado del tráfico y otras similares.

- Probar distintas estrategias para la marca blanca en distintas ubicaciones y niveles de tienda para determinar si ciertos sitios son más receptivos ante determinadas categorías de producto de la marca blanca.

Ejemplo de una agencia de corredores de bolsa

Este tercer ejemplo procede del informe anual de 2010 de una agencia de corredores de bolsa. Lo que sigue es un extracto de una carta a los accionistas:

> *La opinión del cliente es esencial si queremos ver el mundo a través de sus ojos. El año pasado seguimos con nuestro programa de puntuación de clientes partidarios (PCP), en el que les pedíamos a nuestros clientes que valoraran del 0 al 10 su intención de recomendarnos. El PCP calcula el número de*

"partidarios" menos el de "detractores" para devolvernos un indicador de la fidelidad del cliente. En los inversores particulares, nuestro PCP alcanzó un record de un 37 por cien, con un importante incremento en nuestra propuesta de valor, asesoramiento de la inversión y servicio al cliente. Los valores del PCP también seguían siendo altos en el caso de los asesores de inversiones, que alabaron nuestra capacidad de respuesta, y de los patrocinadores del plan de jubilación.

El informe anual destaca el plan de la compañía para centrarse en su plan PCP. En 2010, la empresa fue capaz de lograr su mayor valoración hasta la fecha, un 37 por cien (sería bueno conocer si tenían un objetivo y un programa para su PCP, pero puede que eso se pueda averiguar mediante entrevistas). Vamos a ver algunos ejemplos de cómo se pueden utilizar los Big Data para guiar el programa PCP.

- Utilizar los sitios de los medios sociales y blogs para crear un PCP más actual y exhaustivo que sea un mejor predictor de los sentimientos y las perspectivas de los clientes (por ejemplo, su probabilidad de recomendar la empresa a otros).

- Integrar las conversaciones con clientes sin estructurar de los *call centers*, los comentarios de los clientes y los correos electrónicos recibidos.

- Crear modelos analíticos que incorporen los datos de los medios sociales y las distintas transacciones financieras para dividirlos y hacer un seguimiento del PCP, en busca de los segmentos de clientes más "valiosos". Cotejar los patrones de transacciones financieras de los clientes con el análisis de las opiniones para identificar potenciales bajadas del PCP por segmentos.

- Crear modelos analíticos que analicen las variables del PCP, como *broker*, agencia, ubicación del *broker*, tema financiero, día de la semana, hora del día, etc. Ordene los resultados de la analítica para detectar correlaciones entre las variables del PCP y las de la interacción con el *broker*.

- Utilizar el PCP para segmentar a los principales clientes. Aproveche los datos de Twitter y Facebook para monitorizar las tendencias de opinión en los segmentos de clientes más valiosos para poder identificar y cuantificar (ponderar) más rápidamente el posible hartazgo de los clientes y las causas correspondientes.

- Recopilar los principales datos demográficos de los *brokers* (currículo, educación, certificaciones, años de experiencia) y del rendimiento (rendimiento del cliente, indicadores de satisfacción) para modelar la correlación entre el perfil del *broker* y el PCP del cliente.

➤ Crear gráficas de control en tiempo real que monitoricen constantemente las principales variables de la interacción con el *broker* para los problemas que puedan surgir. Cree gráficas de control a distintos niveles de interacción, como por ejemplo por *broker*, ubicación del *broker*, agencia y tema financiero.

Acaba de ver cómo pueden transformar una empresa los Big Data, que tienen el poder de extraer nuevos conocimientos sobre el cliente, el producto y el mercado que se pueden utilizar para llegar a decisiones de negocio más precisas y con más frecuencia. Pero para poder llevar a cabo esta transformación, necesita "tener una meta definida". Tiene que dedicarle tiempo a entender cuáles son las principales iniciativas empresariales de su organización y tener en cuenta el "universo de posibilidades" de los factores motrices de los Big Data (por ejemplo, unos datos estructurados más detallados, nuevas fuentes de datos sin estructurar, el acceso a datos en tiempo real o de baja latencia y la analítica predictiva). No hay un lugar mejor para empezar su viaje por los Big Data que localizar las iniciativas empresariales clave que puede encontrar en el informe anual de su compañía.

RESUMEN

En este capítulo hemos introducido el concepto de ingeniería de soluciones y hemos visto un proceso de seis pasos para pasar de la identificación de las oportunidades a la implementación de soluciones. Hemos comentado varios ejemplos procedentes de sectores distintos, destacando cómo una solución empresarial puede aprovechar las nuevas fuentes de datos y las innovaciones de la tecnología de los Big Data.

Después hemos visto cómo se debe leer un informe anual (y otras fuentes de datos de libre acceso) para identificar las iniciativas empresariales de una organización en las que los Big Data pueden tener un efecto financiero tangible. Después hemos analizado varios ejemplos en los que comentamos informes anuales de diversos sectores para identificar el impacto que pueden tener los Big Data en las principales iniciativas empresariales de estas organizaciones.

11. Ramificaciones de la arquitectura de los Big Data

Esta es la parte del libro que la mayoría de los lectores estaban esperando: el debate sobre tecnología. Como habrá imaginado, este debate se encuentra al final del libro por un motivo: sólo puede ser productivo si se beneficia de un conocimiento previo de los factores motrices y las soluciones empresariales objetivo que definen cuál será el ámbito del debate. En este sector suele ser al revés, el debate sobre tecnología suele ser el primero, y eso ocurre porque a las organizaciones les resulta fácil hablar sobre sus características y capacidades generales en comparación con tomarse tiempo para entender qué desafíos u oportunidades de negocio intentan afrontar con la tecnología. Como suele ocurrir en este sector, siempre estamos en busca de la "solución mágica". Por tanto, este capítulo presenta brevemente algunas de las nuevas tecnologías de los Big Data e incluye enlaces y lecturas recomendadas, por si le apetece profundizar en las tecnologías; hay una gran cantidad de recursos interesantes de acceso gratuito que hablan sobre las tecnologías de los Big Data. El resto del capítulo se centra en explorar las ramificaciones de la arquitectura de los Big Data, en especial en las organizaciones que ya han realizado una inversión importante en sus recursos para el almacenamiento de datos y la inteligencia empresarial. Como comentamos en la fase 1 del Índice de Madurez de los Modelos de Negocio de los Big Data, estos procesos empresariales en torno a los cuales las organizaciones ya han construido sus recursos de almacenamiento e inteligencia empresarial son buenos puntos de partida para el viaje por los Big Data.

BIG DATA: ES HORA DE TRABAJAR CON UNA NUEVA ARQUITECTURA DE DATOS

Durante los últimos 15 o 20 años, las organizaciones han estado trabajando con una arquitectura de datos que empleaba tecnologías de base de datos relacionales tipo OTLP (procesamiento de transacciones en línea). Esta arquitectura funcionaba bien cuando trabajaba con gigabytes o pocos terabytes de datos estructurados procesados por lotes y los usuarios profesionales se llegaron a acostumbrar a esperar durante semanas o meses los datos que habían pedido. Pero en las herramientas de IE no había mucho de inteligente y los recursos de analítica predictiva y minería de datos. Los informes y los paneles de control que monitorizaban el rendimiento con una vista retrospectiva del negocio eran la vanguardia tecnológica (véase la figura 11.1).

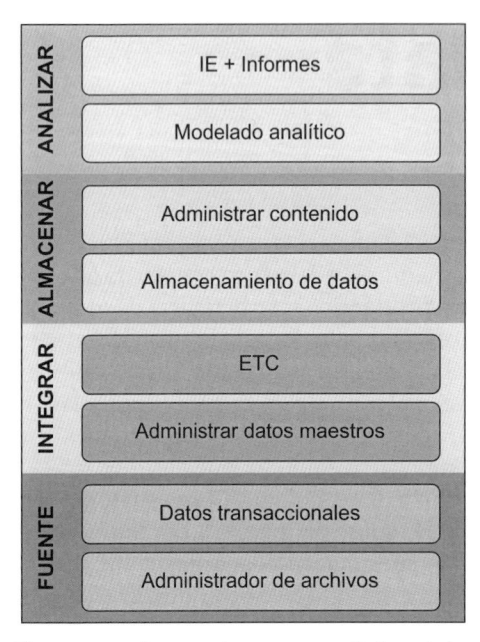

ANALIZAR	IE + Informes
	Modelado analítico
ALMACENAR	Administrar contenido
	Almacenamiento de datos
INTEGRAR	ETC
	Administrar datos maestros
FUENTE	Datos transaccionales
	Administrador de archivos

Figura 11.1. La arquitectura tradicional de referencia para el almacenamiento de datos y la inteligencia empresarial.

➤ Trabaja con lotes, con una latencia elevada.
➤ Monolítico, con capas inflexibles.
➤ Frágil, exige mucho trabajo (un laberinto de metadatos).
➤ Problemas de escalabilidad y rendimiento.
➤ Para integrar la información hace falta bastante trabajo manual.
➤ Los datos se almacenan en tablas de información agregada para informes específicos.

Pero lo que pasó a continuación ya lo sabemos. Las empresas de Internet, como Google, Yahoo! y Facebook no podían trabajar con semejante arquitectura. Exploraron las herramientas tradicionales de administración y análisis de datos de los proveedores tradicionales, pero a pesar de hacer cosas como intentar jugar con el kernel de sus aplicaciones para acoplar los análisis en tiempo real de cientos de terabytes y petabytes de datos, no había manera, y desde luego la solución no era escalable. Incluso aunque los proveedores de estas aplicaciones hubieran podido hacer este trabajo, los costes asociados a las licencias habrían debilitado a las compañías, cuyos modelos de negocio estaban orientados a la monetización de los visitantes de la Web y al dinero proveniente de la publicidad.

A resultas de todo esto, se desarrolló una nueva generación de recursos para la administración y el análisis de datos, muchos de ellos como proyectos de código abierto, para que todos los desarrolladores de estas compañías astutas e innovadoras pudieran actualizar y mejorar las capacidades de estas herramientas de administración y análisis antes que cualquier proveedor. La demanda de este tipo de compañías dio lugar a la arquitectura de datos y analítica de escalabilidad horizontal, y a infinidad de nuevas aplicaciones de propósito definido (véase la figura 11.2).

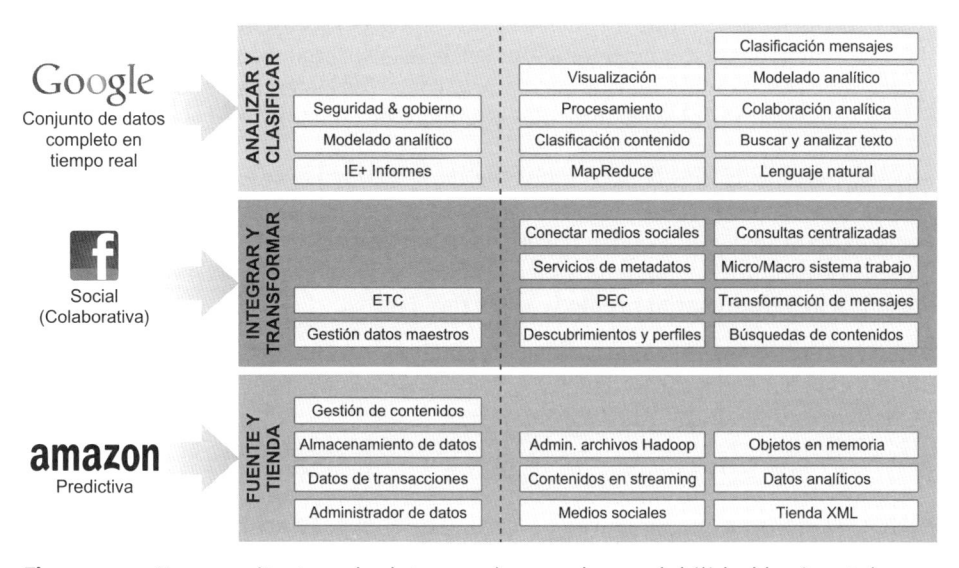

Figura 11.2. Una arquitectura de datos moderna y de escalabilidad horizontal.

INTRODUCCIÓN A LAS TECNOLOGÍAS DE LOS BIG DATA

Estas tecnologías de los Big Data tienen el potencial de reforzar notablemente la inversión actual en almacenamiento de datos e IE con nuevas capacidades y arquitecturas posibles. Las organizaciones tienen ahora la oportunidad de ampliar sus recursos de almacenamiento de datos e IE si aprovechan las siguientes posibilidades de los Big Data:

➤ Almacenamiento, acceso y análisis de un enorme volumen (hablamos de cientos de terabytes y petabytes) de datos transaccionales estructurados (como ventas, pedidos, envíos, transacciones de TPV, registros de *call centers* y transacciones de tarjetas de crédito) con el nivel más bajo de granularidad.

➤ Integración de datos semiestructurados (por ejemplo, registros de Webs, sensores, GPS y datos telemétricos) y datos sin estructurar (como campos de texto, comentarios de consumidores, documentos y registros de mantenimiento) que puedan añadir nuevas dimensiones, atributos dimensionales y métricas a los informes y paneles actuales del almacenamiento de datos y la IE.

➤ *Feeds* de datos en tiempo real, acompañados de entornos analíticos en tiempo real para capturar, analizar, identificar y actuar sobre anomalías en los datos conforme van llegando a nuestra organización.

➤ Analíticas predictivas que puedan ponderar, prever, detectar propensiones y dar recomendaciones que se puedan integrar en nuestros principales sistemas operacionales de la empresa (económico, *call centers*, abastecimiento y marketing, entre otros) y los sistemas de administración (por ejemplo, alertas, informes y paneles de control).

Muchas organizaciones tienen como objetivo transformarse en una empresa "predictiva en tiempo real". Acabamos de ver las capacidades que hacen posible esta transición. Pueden hacer que su organización pase de tener un sistema de monitorización empresarial retrospectivo y por lotes a un sistema de optimización empresarial predictivo y en tiempo real.

Vamos a ver brevemente algunas de las principales tecnologías de los Big Data impulsadas por estas capacidades.

Apache Hadoop

Apache Hadoop es un entorno de desarrollo de código abierto que soporta de manera nativa aplicaciones distribuidas, en paralelo y que hacen un uso de datos intensivo. Para muchos, Hadoop se ha convertido en un sinónimo de Big Data. Soporta la ejecución de aplicaciones en grandes *clusters* de hardware dedicado empleando una arquitectura de escalabilidad horizontal. Hadoop implementa un paradigma de programación llamado MapReduce, en el que la aplicación se divide en muchos pequeños fragmentos de tareas, donde cada cual se puede ejecutar o volver a ejecutar en cualquier nodo del *cluster* (el sistema de archivos distribuidos de Hadoop, o HDFS), que almacena datos en los nodos del ordenador y que proporciona un ancho de banda agregado en todo el *cluster*. Tanto MapReduce como HDFS están diseñados de modo que el entorno de trabajo gestiona automáticamente los fallos de nodo. Hace posible que las aplicaciones funcionen con miles de ordenadores que trabajan de modo independiente y con petabytes de datos. Actualmente, se considera que la "plataforma" completa de Apache Hadoop consiste en el kernel de Hadoop, MapReduce, HDFS y varios proyectos relacionados, entre los que se incluyen Apache Hive y Apache HBase.

> La Apache Software Foundation es una comunidad de desarrolladores y usuarios organizados con el objetivo de coordinar un conjunto de proyectos de código abierto y promocionar el desarrollo de los productos de código abierto, muchos de los cuales describimos en este capítulo. Si desea conocer más sobre la Apache Software Foundation, visite http://www.apache.org/.

Hadoop MapReduce

MapReduce es un modelo de programación para procesar grandes conjuntos de datos en un *cluster* mediante un algoritmo distribuido y en paralelo. Los programas de MapReduce contienen un procedimiento `Map()` para filtrar y ordenar (como para, por ejemplo, ordenar los estudiantes en colas por su nombre de pila, una cola por cada nombre) y un procedimiento `Reduce()` para crear resúmenes (es decir, contar el número de estudiantes de cada cola, devolviendo la frecuencia de cada nombre). El sistema MapReduce (también llamado infraestructura o entorno de trabajo) controla los servidores distribuidos, ejecutando las distintas tareas en paralelo, gestionando todas las comunicaciones y transferencias de datos entre las distintas partes del sistema, ocupándose de redundancias y fallos, y administrando procesos en general. La figura 11.3 muestra el funcionamiento de MapReduce.

Apache Hive

Apache Hive es una infraestructura de almacenamiento de datos basada en Hadoop que permite hacer resúmenes, consultas y análisis de datos. Aunque fue Facebook quien la desarrolló inicialmente, en la actualidad la utilizan y perfeccionan otras compañías, como Netflix. En el momento de leer este libro, Amazon mantiene una bifurcación del desarrollo de Apache Hive que se incluye en Amazon Elastic MapReduce, dentro de Amazon Web Services. Apache Hive soporta análisis de grandes conjuntos de datos almacenados en sistemas de ficheros compatibles con Hadoop. Proporciona un lenguaje de tipo SQL, llamado HiveQL, y sigue manteniendo un soporte completo para MapReduce. Para acelerar las consultas, Hive proporciona índices en los que se incluyen índices de mapas de bits.

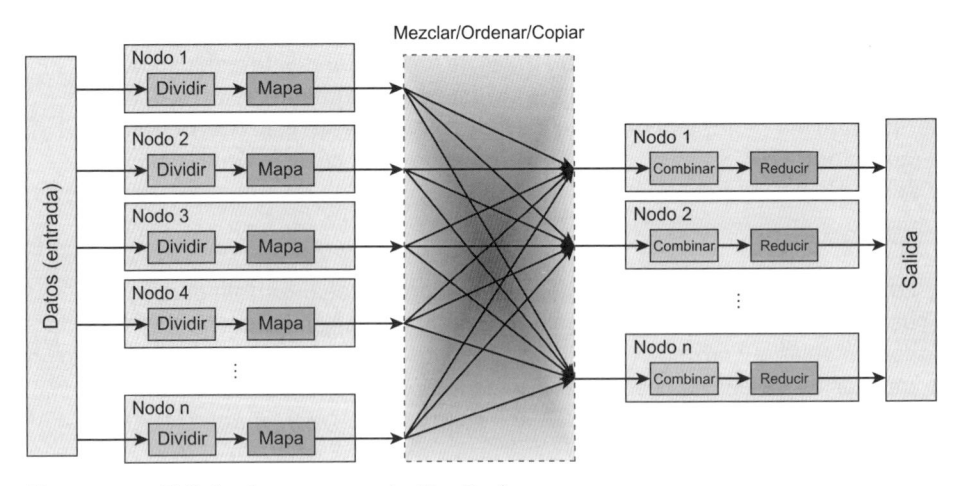

Figura 11.3. El flujo de procesos de MapReduce.

Apache Hbase

HBase es un modelo de base de datos no relacional, distribuido y de código abierto escrito en Java. Fue desarrollado como parte del proyecto Apache Hadoop de la Apache Software Foundation y se ejecuta sobre HDFS. HBase proporciona un medio para almacenar grandes cantidades de datos dispersos tolerante a fallos. Se destaca por su compresión, las operaciones en memoria y los filtros Bloom a nivel de columna. Las tablas de HBase pueden servir como entradas y salidas para las tareas MapReduce ejecutadas en Hadoop, y se puede acceder a ellas a través de la API de Java.

Pig

Pig es un entorno de trabajo y un lenguaje de programación de alto nivel que trabaja con tareas en paralelo pensado para crear programas para MapReduce. Pig abstrae el lenguaje de programación de MapReduce en construcciones de más alto nivel, de un modo similar a lo que ocurre con SQL y los sistemas de gestión de bases de datos relacionales. Pig se puede ampliar utilizando funciones definidas por el usuario, que el desarrollador puede escribir en Java, Python, JavaScript o Ruby y luego llamar directamente desde el lenguaje. La figura 11.4 muestra la configuración de una arquitectura o ecosistema típico de Hadoop, que incluye muchos de los componentes que acabamos de comentar.

El sitio Web de Apache Hadoop (http://hadoop.apache.org/) incluye bastante información sobre estas tecnologías.

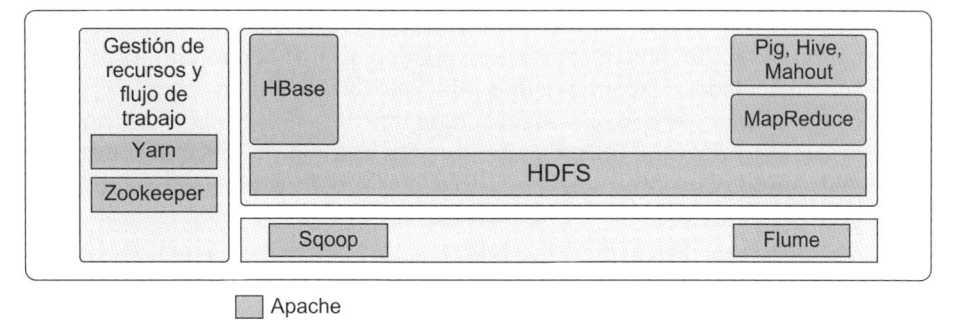

RAMIFICACIONES DE LA ARQUITECTURA DE LOS BIG DATA

Figura 11.4. Arquitectura estándar de Hadoop.

Cabe destacar que muchos proveedores están haciendo una fuerte apuesta por extender la funcionalidad de Hadoop para que sea más fácil utilizarlo dentro de los entornos de almacenamiento de datos e IE de las organizaciones. En el momento de escribir este libro, algunos proveedores, como Pivotal, están incorporando la capacidad de acceder directamente a los datos almacenados en HDFS con las herramientas SQL estándar y personal con formación en SQL (véase la figura 11.5). Espero que esta tendencia continúe.

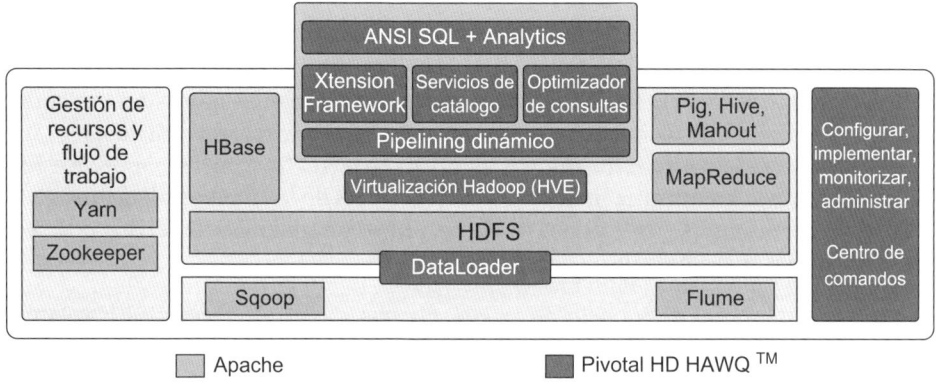

Figura 11.5. Arquitectura extendida de Hadoop.

Nuevas herramientas analíticas

Ha habido cierta avalancha de nuevos desarrollos, impulsada por los Big Data, en el área de las herramientas de análisis y visualización de datos. Algunas de las herramientas más interesantes son:

➤ R, un lenguaje de programación y estadísticas de código abierto cuya popularidad crece rápidamente entre las universidades y las compañías tipo *startup*. R es un proyecto GNU, por lo que su software se puede redistribuir libremente. Posee la ventaja adicional de que lo utilizan literalmente miles de desarrolladores, que además amplían sus capacidades. Encontrará más información sobre R en `http://cran.r-project.org/`. A mí personalmente me encanta el entorno de desarrollo integrado RStudio, que abre R a una comunidad de usuarios más amplia. Encontrará más información sobre RStudio y se lo podrá descargar en `www.rstudio.com/ide/download/`.

- Apache Mahout, otro proyecto de Apache Software Foundation, proporciona algoritmos de aprendizaje automático escalables que se apoya en la plataforma Hadoop. Mahout proporciona algoritmos para *clustering*, clasificación y filtrado colaborativo implementados sobre Apache Hadoop empleando MapReduce. En `http://mahout.apache.org/` encontrará más información sobre Apache Mahout y verá la amplia variedad de algoritmos analíticos que soporta Mahout.

- MADlib, una biblioteca de código abierto que soporta analíticas *in-database*. Proporciona implementaciones mediante paralelismo de datos de métodos matemáticos, estadísticos y de aprendizaje automático que admiten datos estructurados, semiestructurados y sin estructurar. Encontrará más información sobre MADlib en `http://madlib.net/`.

Nuevos algoritmos analíticos

Para terminar, no quería dejar fuera las muchas innovaciones que están teniendo lugar en el desarrollo de nuevas capacidades analíticas avanzadas. El debate sobre las capacidades de estos nuevos algoritmos queda fuera del alcance de este libro, pero voy a incluir una lista parcial con algunos de los nuevos algoritmos favoritos de mis amigos científicos de datos, junto con un enlace en el que podrá encontrar más información:

- Las Máquinas de Soporte Vectorial están basadas en el concepto de los planes de decisión que definen los límites de las decisiones y los planos de decisión que separan conjuntos de objetos que pertenecen a clases diferentes (`www.statsoft.com/textbook/support-vector-machines/`).

- Campeón/Desafiante técnica de prueba y verificación de modelos en la que clasificamos nuestro modelo analítico como el "Campeón", y luego lo retamos con diferentes modelos analíticos en los que cada "Desafiante" difiere del Campeón de algún modo definido, medible (`www.edmblog.com/Weblog/2007/04/adaptive_contro_1.html`).

- Ensemble Methods es una técnica de prueba y verificación de modelos en la que se prueban varios modelos para obtener un mejor rendimiento predictivo de los que se podría obtener con cualquier modelo analítico (`http://en.wikipedia.org/wiki/Ensemble_learning`).

- ➤ Random Forest es una colección de árboles predictores en la que cada árbol es capaz de producir una respuesta en función de un conjunto de valores predictores (`www.statsoft.com/textbook/random-forest/`).

- ➤ La Matriz de Confusión es una estructura tabular que permite visualizar el funcionamiento de un algoritmo (`http://en.wikipedia.org/wiki/Confusion_matrix`).

- ➤ La Transformación Wavelet es una representación de una función de cuadrado integrable (de valores reales o complejos) de una serie ortonormal generada por una ondícula, que se utiliza normalmente en las transformaciones tiempo-frecuencia (`https://en.wikipedia.org/wiki/Wavelet_transform`).

- ➤ La minería de textos es un proceso para explotar la información sin estructurar y extraer métricas numéricas significativas de los datos sin estructurar, convirtiéndolos en resultados estructurados (`http://en.wikipedia.org/wiki/Text_mining` o `www.statsoft.com/textbook/text-mining/`).

- ➤ El análisis de opinión persigue determinar la actitud de alguien que habla o escribe con respecto a algún tema o hallar la polaridad contextual general de un documento, como cuando se determina la opinión con respecto a una película a partir del *feed* de un medio social (`http://en.wikipedia.org/wiki/Sentiment_analysis`).

- ➤ La Selección de Características es un proceso consistente en seleccionar un subconjunto de características relevantes para utilizarlas en la construcción de modelos, sobre todo cuando los datos pueden contener muchas variables redundantes o irrelevantes (`http://en.wikipedia.org/wiki/Feature_selection`).

Para terminar, el sitio Web del libro de estadísticas electrónicas de StatSoft (`www.statsoft.com/textbook/`) es una fuente maravillosa de todo lo relacionado con los algoritmos de analítica.

CÓMO INTRODUCIR LOS BIG DATA EN EL MUNDO DEL ALMACENAMIENTO DE DATOS TRADICIONAL

Vamos a cubrir unas cuantas áreas en las que las capacidades y las tecnologías de los Big Data que hemos comentado anteriormente en el capítulo pueden llegar a mejorar y expandir nuestro entorno actual de almacenamiento de datos e IE. Estas capacidades y métodos de los Big Data le van a exigir un cambio de mentalidad en cuanto a su entorno y su arquitectura de almacenamiento de datos e IE. No se cierre a ninguna de las posibilidades que tiene delante.

Enriquecimiento de datos

El enfoque ETC (Extraer, Transformar y Cargar) tradicional transforma (normaliza, alinea, criba y agrega) los datos de los distintos orígenes antes de cargarlos en el almacén de datos. Sin embargo, en un enfoque ECT (Extraer, Cargar y Transformar), primero se extraen los datos y se cargan en un entorno de Big Data como Hadoop. Ya en Hadoop, puede utilizar un procesamiento en paralelo en la medida que desee para acelerar sus procesos actuales de transformación de datos y aprovechar las capacidades de procesamientos de datos para crear nuevos algoritmos de enriquecimiento de datos. Un entorno escalable horizontalmente nos permite pensar de un modo diferente acerca del modo en que abordamos nuestros procesos de transformación y enriquecimiento. Los desarrolladores tienen que superar la mentalidad de la escasez, motivada por tener unos recursos de procesamiento limitados, como pasa con los procesos ETC tradicionales, y pasar a una mentalidad de la abundancia, en la que podemos aprovechar un poder de procesamiento casi ilimitado para realizar las transformaciones en los datos y crear nuevos algoritmos de enriquecimiento de datos. Permítame mostrarle un ejemplo.

En el mundo del marketing digital, las organizaciones emplean los procesos ETC para crear nuevas métricas compuestas que ayuden a cuantificar la atribución de conversiones en los distintos tratamientos de los medios digitales (impresiones, clics, búsquedas y publicaciones en medios sociales). Estas organizaciones de marketing digital intentan determinar que a qué combinaciones de actividades digitales (entre las que están impresiones, clics, búsquedas y publicaciones en medios sociales) deben atribuirle el crédito de un evento de conversión o compra. Estas organizaciones necesitan determinar qué combinaciones de actividades han sido las que más han influido en el proceso de compra. Los resultados de este análisis los utilizan después los comerciantes digitales para asignar sus gastos en marketing y optimizar las campañas publicitarias sobre la marcha.

Este análisis de atribuciones es un problema muy incómodo y un perfecto candidato para el proceso ECT, porque:

- ➤ Tenemos que crear una "cesta de la compra" con todas las actividades o tratamientos diferentes de marketing digital (impresiones, clics, búsquedas de palabras clave publicaciones en los medios sociales) para cada individuo que haya realizado una conversión o una compra.

- ➤ Después podríamos crear nuevas métricas de frecuencia (¿con qué frecuencia?), proximidad (¿cuánto hace?) y secuencia (¿en qué orden?) para los distintos tratamientos de marketing de cada cesta de la compra.

- Seguidamente analizaremos cada una de las cestas de la compra y puntuaremos las distintas combinaciones de frecuencia, proximidad y secuencia para identificar las combinaciones específicas de tratamientos que conducen a la conversión o a la compra.
- Por último, tendremos que cuantificar los resultados para poder optimizar los gastos en medios digitales en las diferentes dimensiones publicitarias, como los sitios Web, los medios sociales, las palabras clave, las redes de anuncios, los segmentos de audiencia, los tipos de anuncio, la franja horaria, etc.

Lo que convierte a este problema en un perfecto candidato para el proceso ECT es que necesitamos tener acceso a un significativo historial de archivos de registro en bruto (un historial de 30, 60 o 90 días, dependiendo de la categoría de productos). Tenemos que procesar el historial completo para crear las métricas compuestas de frecuencia, proximidad y secuencia antes de poder introducirlas en nuestro entorno analítico. Este tipo de pre-procesamiento es complicado con los métodos ETC tradicionales, en los que quizá haya que analizar todo el historial para el cálculo de cada una de las métricas por separado, pero es un candidato perfecto para Hadoop y MapReduce, en los que podemos crear estas nuevas métricas compuestas en un solo pase.

Federación de datos: La consulta es el nuevo ETC

Los continuos avances en el área de la federación de datos y la gestión semántica de datos maestros están permitiendo a las organizaciones extender el almacenamiento de datos para acceder a fuentes de datos externas y que no almacenan datos según haga falta. Las herramientas de software de federación de datos contemplan la idea de acceder a los datos de fuentes dispares e integrarlos virtualmente, sin tener que mover permanentemente los datos a un repositorio o almacén de datos centralizado. Además, un archivo maestro semántico proporciona las definiciones, taxonomías y vínculos (es decir, métodos y protocolos de acceso) para que sea posible acceder virtualmente de una manera constante a estas fuentes de datos virtualizadas.

Este "almacén de datos virtual" puede atender la necesidad de una organización que necesite acceder rápidamente a fuentes de datos a las que no accede con frecuencia, sin tener que esperar a un proceso de integrar esos datos en el almacén de datos de la empresa, que lleva semanas o meses. Estos datos se pueden consultar y analizar de manera virtual, como si estuviesen almacenados físicamente en un repositorio de datos centralizado. Si más adelante se decide que se trata de una fuente de datos que hay que analizar con más frecuencia, entonces seguirá siendo mejor llevar las fuentes de datos a las que se accede y que se analizan con frecuencia al entorno de datos centralizado, desde una perspectiva de rendimiento analítico y de gestión de datos.

> **Beneficios de la federación de datos**
>
> Algunos de los beneficios de la federación de datos son:
>
> ➤ Ampliar rápidamente nuestro entorno de almacenamiento de datos para acceder a las fuentes de datos a las que se accede con poca frecuencia.
>
> ➤ Aceptar peticiones analíticas empresariales urgentes.
>
> ➤ Probar y validar casos de uso empresariales antes de pasarlos al almacén de datos de la empresa.

Los proveedores de software están desarrollando tecnologías que indexan fuentes de datos externas al almacén de datos y que facilitan el acceso a esos datos según sea necesario. Es similar al modo en el que Google indexa todo Internet para poder proporcionarles los resultados a sus millones de usuarios en fracciones de segundo. Esto supone un importante impulso para la tecnología, porque significa que los usuarios no tienen por qué esperar a que se actualice un almacén de datos para atender las necesidades urgentes de realizar un informe o un análisis. La figura 11.6 muestra una visión general de los componentes típicos de una federación de datos.

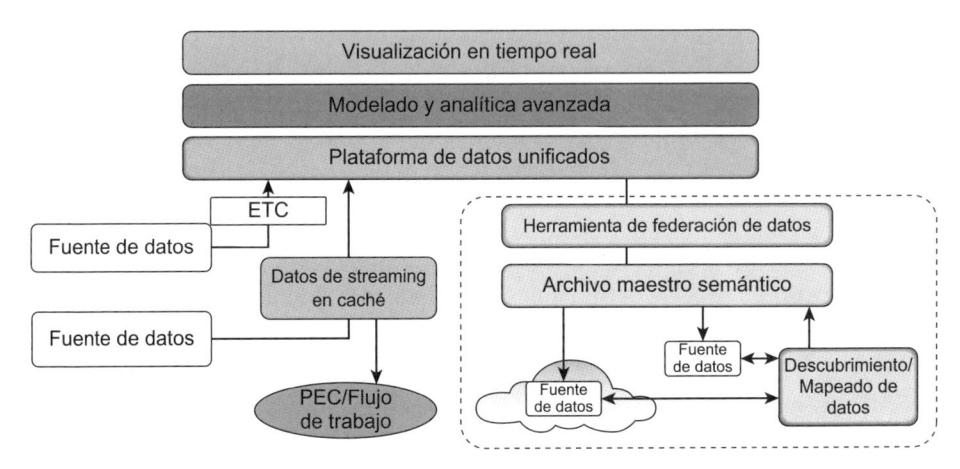

Figura 11.6. Federación de datos.

> En modelados analíticos estadísticos y de aprendizaje automático a gran escala, necesitaremos grandes conjuntos de datos con los que alimentar el modelo y, por consiguiente, aquí la federación de datos no encaja muy bien. No es buena idea mover terabytes de datos virtualmente o "bajo pedido".

Modelado de datos: Schema on read

HDFS soporta *schema on read*, lo que significa que en lugar de estar obligados a definir un esquema de datos antes de cargar los datos en nuestro repositorio de datos, volcamos los datos en bruto, tal cual, en nuestro repositorio de datos, y entonces definimos el esquema según consultamos los datos.

> Un almacén de datos es un *schema on write*, en el que el desarrollador debe definir el esquema de datos antes de cargar los datos en el almacén de datos.

El concepto de *schema on read* tiene los siguientes beneficios:

- ➤ Se pueden procesar rápidamente enormes conjuntos de datos. No tenemos que preocuparnos por darles formato a los datos antes de cargarlos, sólo hay que volcarlos en el repositorio de datos tal cual están. Esto supone una especial ventaja cuando se trabaja con fuentes de datos semiestructurados o sin estructurar como archivos de texto, audio, vídeo o gráficos.

- ➤ Tenemos mucha más flexibilidad para definir la estructura apropiada para el esquema basándonos en las consultas que hacemos. El problema con los *schema on write* actuales es que la estructura del esquema puede no ser la óptima para los distintos grupos que intentan acceder a esos datos, como son ventas, marketing, economía, I+D o ingeniería. Para integrar todos estos tipos de usuarios diferentes, acabaremos teniendo un "Frankensquema" que le dará a cada cual un poquito de lo que pide, pero que no dejará satisfecho a nadie.

- ➤ Si los datos introducidos cambian (por ejemplo, aparece de repente un nuevo elemento de datos en el sistema de origen), el proceso no se detendrá y no perderemos nada. Lo único que ocurrirá es que el nuevo elemento de datos se emplearía y analizaría más adelante.

Esta técnica del *schema on read* es posible gracias a las nuevas tecnologías de gestión de datos, como Hadoop y NoSQL. El rendimiento del proceso de consulta se ve afectado un poco, pero dada la capacidad de emplear un enorme número de nodos frente a cualquier petición de consulta en particular (ya sea mediante una arquitectura de procesamiento en paralelo o a una implementación en la nube), este problema de rendimiento se puede superar a base de potencia de procesamiento de datos en bruto a escala horizontal.

El mayor desafío del *schema on read* es que el lenguaje para realizar consultas es mucho más complicado porque el desarrollador necesitará incluir condiciones lógicas y empíricas para los metadatos además de la lógica descriptiva para los datos. Para empeorar las cosas, cada tecnología posee su propio lenguaje. No existe aún un estándar.

Hadoop: La nueva generación de área de preparación y organización de datos

Uno de los primeros casos de uso de Hadoop para ampliar los almacenes de datos existentes en una organización y el entorno de IE es una nueva generación de área de preparación y organización de datos. Esta incorporación a la arquitectura proporciona los siguientes beneficios:

- ➤ La capacidad de introducir y almacenar enormes cantidades de datos tal cual, a un coste que suele ser un 95 por cien inferior al del almacenamiento de datos tradicional. Con independencia de la estructura de los datos entrantes (estructurados, semiestructurados, sin estructurar, audio, vídeo), podemos cargar y almacenar rápidamente todos los datos en Hadoop tal cual, con lo que pasan a estar disponibles para nuestros procesos ETC, almacén de datos, IE y procesos analíticos avanzados.

- ➤ Podemos aprovechar las capacidades nativas de Hadoop para el proceso en paralelo para realizar transformaciones y alineamiento de datos ETC tradicionales y las propias del contrato de servicio (SLA) que tengamos con nuestros usuarios profesionales. Además, se reduce la latencia entre la transacción de datos o el evento en sí y el momento en el que está disponible para nuestros procesos ETC, almacén de datos, IE y procesos analíticos avanzados.

- ➤ Podemos adoptar nuevas técnicas de enriquecimiento de datos que no eran posibles con los procesos ETC tradicionales. Por ejemplo, podemos analizar conjuntos de datos sin estructurar (como comentarios del consumidor, registros de Webs o *feeds* de medios sociales) para crear nuevas métricas, dimensiones y atributos dimensionarles que poder incorporar al almacén de datos de nuestra empresa.

- ➤ Hadoop proporciona la base sobre la que crear nuestro propio entorno de pruebas analíticas o *sandbox*. Dentro del *sandbox* analítico, los científicos de datos pueden tomar todos los datos que necesiten del área de preparación de datos sin tener que preocuparse por el impacto en el entorno de producción del almacén de datos y el SLA. Los científicos de datos pueden escoger el nivel de granularidad que deseen para los datos, de cualquier fuente de datos que necesiten, para crear, probar y perfeccionar sus modelos analíticos.

Estos beneficios se resumen en la figura 11.7.

Como puede ver, utilizar Hadoop como área de preparación y organización de datos de nueva generación puede proporcionarle unos nuevos y atractivos beneficios, por no hablar de que probablemente le resulte bastante más barato y flexible que el entorno ETC de que dispone actualmente. Va a empezar a ver más casos de usos para Hadoop dentro de su ETC, almacén de datos, IE y entornos analíticos avanzados. Los beneficios económicos, la potencia de procesamiento, el acceso a datos de menor latencia y la mayor sencillez de la arquitectura son argumentos con el peso suficiente como para no ser ignorados.

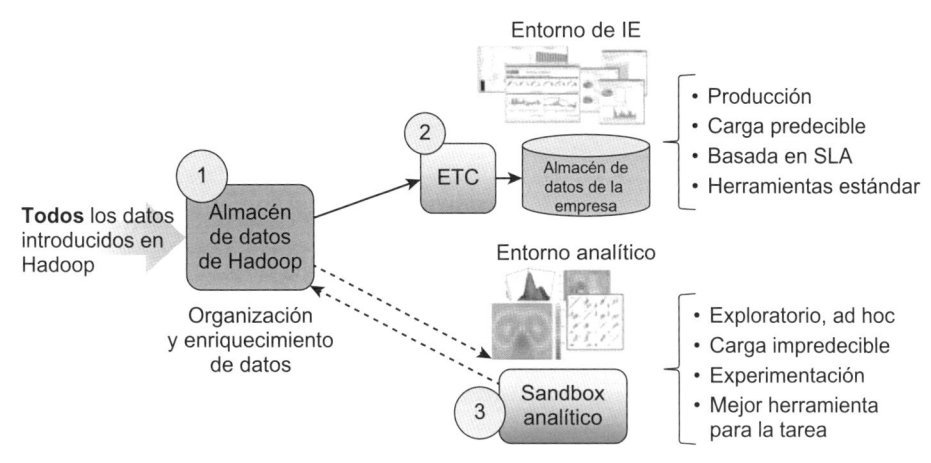

Figura 11.7. La siguiente generación de preparación de datos de Hadoop.

Arquitecturas MPP: Acelere su almacén de datos

El procesamiento paralelo masivo (MPP) proporciona un entorno de almacenamiento de datos de escalabilidad horizontal rentable, que permite a las organizaciones aplicar la Ley de Moore en mejoras coste/rendimiento en procesadores x86. Las bases de datos MPP ofrecen una plataforma de análisis y almacenamiento de datos de escalabilidad horizontal que hace posible el descubrimiento y la exploración de enormes cantidades de datos. Estas bases de datos están basadas en económicos *clusters* dedicados y pueden extender, complementar e incluso sustituir partes del almacenamiento de datos existente, gestionando enormes volúmenes de datos detallados sin dejar de proporcionar consultas, informes, paneles de control y analíticas flexibles (véase la figura 11.8).

La Ley de Moore, cuyo nombre se debe al cofundador de Intel, Gordon Moore, nos dice que el poder de procesamiento se duplica aproximadamente cada 18 meses por el mismo precio, lo que produce un beneficio económico bastante predecible e interesante. Podemos apreciar el poder económico de la Ley de Moore si la aplicamos a otros sectores; por ejemplo, si las líneas aéreas hubieran seguido la Ley de Moore desde 1978, los billetes de avión costarían 1 céntimo y los vuelos durarían un segundo.

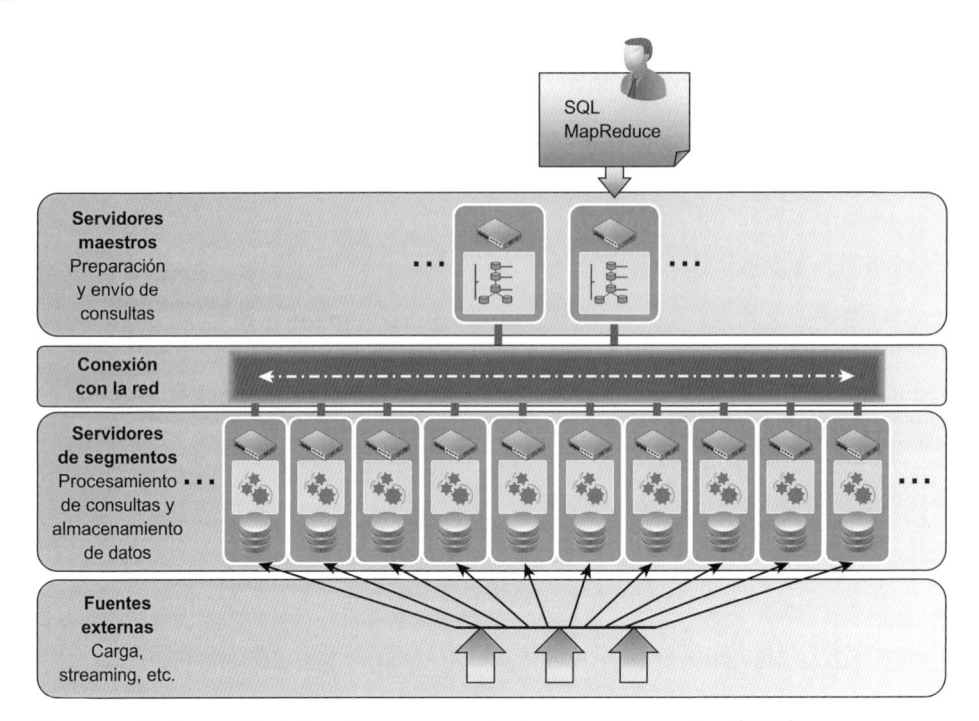

Figura 11.8. Bases de datos de procesamiento paralelo masivo (MPP).

Entre las características de una arquitectura se encuentran:

- ➤ Las arquitecturas MPP proporcionan unas plataformas de datos *shared-nothing*, enormemente escalables horizontalmente, que se ejecutan en procesadores dedicados.
- ➤ Realizan una paralelización automática.
- ➤ Todos los nodos pueden escanear y procesar en paralelo.
- ➤ La escalabilidad puede ser lineal con sólo añadir más nodos.

Un almacén de datos MPP permite acceder a datos más granulares para consultarlos, generar informes y explorar su panel a lo ancho y lo largo. Los análisis se pueden realizar sobre los datos detallados en lugar de los acumulados. Los desarrollos recientes nos permiten crear el almacén de datos directamente en el HDFS para beneficiarnos de su rentabilidad, la arquitectura horizontal y el paralelismo nativo que nos ofrece éste, además de proporcionar acceso al almacén de datos basado en HDFS, para lo que utilizaremos las herramientas estándar de IE de tipo SQL y analistas de negocio con conocimientos de SQL.

> **Beneficios de las arquitecturas MPP**
>
> Uno de los beneficios de las arquitecturas MPP es la posibilidad de utilizar datos dimensionales más detallados y robustos. Algunos ejemplos son:
>
> ➤ La estacionalidad, para predecir las ventas al por menor y el consumo de energía.
>
> ➤ La localización, para identificar casos de créditos o fraudes y dar soporte a servicios basados en la ubicación.
>
> ➤ La hiper-dimensionalidad, para el análisis de la atribución de medios digitales o los tratamientos sanitarios.

Analíticas in-database: Cómo llevar la analítica a los datos

Las analíticas *in-database* abordan uno de los principales desafíos de la analítica avanzada: los requisitos para mover grandes cantidades de datos entre el almacén de datos y los entornos analíticos. Esta es la causa de que muchas organizaciones y científicos de datos se hayan tenido que conformar con trabajar con datos agrupados o de muestra, porque el problema de la transferencia de datos estaba debilitando la exploración analítica y el proceso de descubrimiento. Las analíticas *in-database* invierten el proceso, trasladando los algoritmos analíticos a los datos y por tanto acelerando el ajuste y el desarrollo de los modelos analíticos. Al prescindir del movimiento de datos, los beneficios son cuantiosos:

➤ Bajo el modelo convencional actual (sin las analíticas *in-database*), el desarrollo y las pruebas de un modelo analítico completo pueden llevar horas. Por ejemplo, si un científico de datos necesita mover 1 TB de datos de un servidor de base de datos de cinco procesadores a un servidor analítico a 1 gigabyte por segundo y después lanzar los modelos analíticos, el proceso completo tardaría 193 minutos para una única iteración del desarrollo y las pruebas del modelo.

➤ Sin embargo, con las analíticas *in-database* (en las que el científico de datos puede ejecutar los algoritmos analíticos directamente en la base de datos, sin tener que pasar los datos a un entorno analítico independiente), el desarrollo analítico completo y el proceso de prueba pueden verse reducidos notablemente. Como mover datos es la actividad que más tiempo consume, al reducirla (por cortesía de las analíticas *in-database*) disminuye el tiempo de procesamiento en 1/N, donde N es el número de unidades de procesamiento. En consecuencia, el desarrollo del modelo analítico y el tiempo de procesamiento para 1 TB de datos se puede reducir en un factor de 16 (utilizando el mismo sistema de cinco procesadores), pasando de 193 a 12 minutos. Esto significa que el científico de datos puede iterar más rápidamente las pruebas del modelo, creando por tanto un modelo analítico en teoría más preciso y revisado más a fondo (véase la figura 11.9).

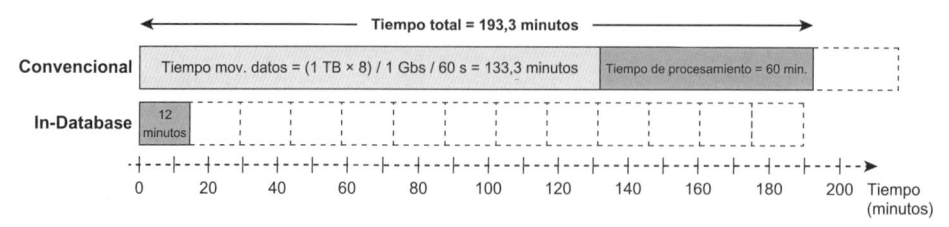

	Tiempo total = 193,3 minutos	
Convencional	Tiempo mov. datos = (1 TB × 8) / 1 Gbs / 60 s = 133,3 minutos	Tiempo de procesamiento = 60 min.
In-Database	12 minutos	

0   20   40   60   80   100   120   140   160   180   200   Tiempo (minutos)

Figura 11.9. Analíticas *in-database*.

En lo que a analítica se refiere, una vez que se ha desarrollado un modelo y se han recopilado los conocimientos empresariales de los conjuntos de datos, tener el entorno de almacenamiento de datos y el analítico en la misma plataforma MPP simplificaría la migración del modelo analítico y los conocimientos analíticos al almacén de datos y el entorno de IE.

Beneficios de las analíticas in-database

Uno de los beneficios de las analíticas *in-database* es su capacidad de acceder a los datos de baja latencia (en tiempo real) para crear modelos analíticos en un plazo más apropiado. Algunos ejemplos son:

➤ Poder tomar decisiones sobre la captación de clientes, el mantenimiento predictivo y la optimización de redes en tiempo real.

➤ Actualizar los modelos analíticos en función de la necesidad, basándose en el mercado actual o el estado del tiempo a nivel local.

Computación en la nube: Cómo proporcionar potencia de cálculo a los Big Data

La computación en la nube, con sus recursos de procesamiento y almacenamiento, software y datos compartidos, es la plataforma ideal para los Big Data. Una plataforma en la nube preparada para datos aporta (a) una enorme escalabilidad de la gestión de datos (de terabytes a petabytes de datos), (b) acceso a datos de baja latencia y (c) analíticas integradas para acelerar el modelado analítico avanzado. Las tecnologías en la nube nos permiten crear un entorno de plataforma como servicio (PaaS) con el que los desarrolladores pueden generar rápidamente entornos de desarrollo y acelerar notablemente la medición de los resultados analíticos. Y todas estas capacidades están disponibles bajo demanda, como apoyo de los requisitos analíticos y de procesamiento, tanto nuevos como ya conocidos.

Una plataforma de computación en la nube preparada para los Big Data proporciona las siguientes capacidades:

- **Una plataforma de computación flexible:** La flexibilidad se consigue gracias a datos, recursos analíticos y arquitecturas enormemente flexibles y reconfigurables. Los recursos analíticos se pueden reconfigurar y volver a implementar rápidamente para satisfacer las siempre cambiantes demandas del negocio, haciendo posible nuevos niveles de flexibilidad analítica.

- **Escalabilidad lineal:** Tener acceso a cantidades ingentes de poder de computación implica que los problemas empresariales se pueden atacar de un modo completamente diferente. Por ejemplo, el tradicional proceso ETC se puede transformar en un proceso de enriquecimiento de datos que crea nuevas métricas compuestas, como la frecuencia (¿con qué frecuencia?), la proximidad (¿cuánto hace?), la secuencia (¿en qué orden?), el *n-tiling* y la segmentación por comportamiento.

- **Cargas de trabajo de análisis intensivo por encargo:** Antes, las organizaciones tenían que contentarse con realizar un análisis superficial "a posteriori"; carecían del poder de computación para profundizar en el análisis cuando los eventos tenían lugar o para contemplar todas las variables diferentes que podrían afectar a la empresa. Con una plataforma en la nube, ahora sí tienen cabida estas necesidades analíticas que surgen de repente y que requieren un procesamiento intenso. Los usuarios profesionales pueden analizar cantidades enormes de datos, en tiempo real, para descubrir los matices relevantes y aprovechables que están enterrados en cientos de dimensiones y métricas empresariales.

RESUMEN

Este capítulo comenzaba con un debate sobre la transición de un entorno de ETC, almacenamiento de datos e IE tradicional a un entorno analítico y de almacenamiento de datos moderno y adaptado a los Big Data.

A continuación hemos visto alguna de las tecnologías clave de los Big Data (Hadoop, MapReduce, Hive, HBase y Pig) y considerado alguna de las nuevas capacidades analíticas y de gestión de datos que estas nuevas tecnologías hacen posible. El capítulo se ha cerrado con una discusión sobre cómo estas nuevas tecnologías, capacidades y metodologías de los Big Data se pueden utilizar en la actualidad para extender y mejorar la inversión realizada por una organización en ETC, almacenamiento de datos, IE y analítica avanzada.

12. El viaje hacia los Big Data

Los datos siempre han sido el combustible que mueve el pensamiento empresarial más profundo. Las principales organizaciones normalmente utilizaban los datos y la analítica para identificar las oportunidades del mercado y actuar antes que sus competidores, pero en el mundo de los Big Data y la analítica avanzada, los datos han desempeñado un papel relevante en la transformación de los principales procesos empresariales y la creación de nuevas oportunidades de monetización. Los Big Data, gracias al acceso a abundantes fuentes de datos de la Web, los medios sociales, los móviles, los sensores y la telemetría, están generando conocimientos nuevos sobre clientes, productos, operaciones y mercados. Las principales organizaciones utilizan estos conocimientos para reestructurar sus procesos de creación de valor, marcar las diferencias con la competencia y que su interacción con el cliente sea más apropiada y provechosa.

Este libro ofrece consejos, técnicas y una guía paso a paso a las organizaciones (a través de hojas de trabajo, ejercicios de muestra y ejemplos reales) para ayudarlas a:

- ➤ Identificar dónde y cómo iniciar su viaje por los Big Data.
- ➤ Descubrir oportunidades de aprovechar las capacidades y las tecnologías de los Big Data para optimizar los procesos empresariales existentes y crear nuevas oportunidades de monetización.
- ➤ Fomentar la colaboración entre las partes (empresa y TI) para adoptar una estrategia empresarial que permita emplear una estrategia para los Big Data.

Este capítulo utiliza el *storymap* de los Big Data (véase la figura 12.1), que aparece aquí por cortesía de EMC, para resumir las principales observaciones y estrategias que se incluyen en este libro (la imagen se ha traducido para facilitar la comprensión).

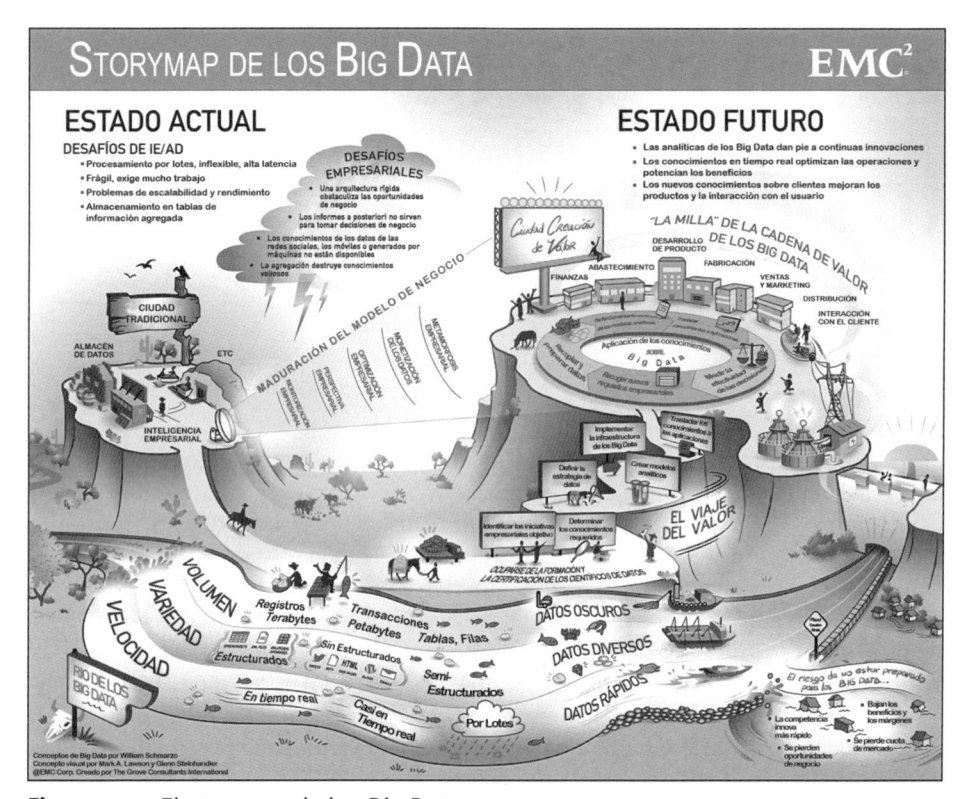

Figura 12.1. El *storymap* de los Big Data.

El objetivo del *storymap* de los Big Data es proporcionar una representación gráfica que, a través de metáforas, sirve como recordatorio de algunas de las prácticas recomendadas para crear una estrategia correcta para los Big Data. La capacidad de articular una historia interesante es fundamental para ganarse la confianza de los interesados (empresa y TI) y poder embarcarlos en este viaje. Esta representación llena de temas y metáforas le permitirá contar esa historia. Y como cualquier buen mapa, hay ciertos puntos emblemáticos que no debería perderse.

EL CRECIMIENTO DE LOS DATOS GENERA OPORTUNIDADES DE NEGOCIO

Los datos son los impulsores de este movimiento. Los Big Data son oscuros y reveladores, amplios y diversos, rápidos y potentes, y pueden conducirnos a nuevos conocimientos empresariales gracias a su potencial para:

➤ Explotar fuentes de datos sociales, móviles y otras para descubrir intereses, pasiones, asociaciones y afiliaciones de los clientes.

➤ Analizar datos de máquinas, sensores y telemetría para apoyar el mantenimiento predictivo, mejorar el rendimiento de los productos y optimizar las operaciones de red.

➤ Aprovechar los conocimientos sobre el comportamiento para que la interacción con el usuario sea más interesante.

Las organizaciones están aprendiendo a valorar los datos y están ampliando sus procesos para recoger, gestionar e incrementar sus datos. Como consecuencia, están aprendiendo a ver los datos como un activo en vez de un coste. También están empezando a entender la ventaja competitiva que supone disponer de los modelos y conocimientos analíticos, y están empezando a considerar dichas analíticas como una propiedad intelectual que hay que recoger, refinar, reutilizar y en algunos casos proteger legalmente. Las organizaciones están aprendiendo a aceptar y fomentar una cultura orientada a los datos o la analítica, dejando que sea eso lo que guíe la toma de decisiones, frente al modelo tradicional y la opinión del directivo de mayor edad (véase la figura 12.2).

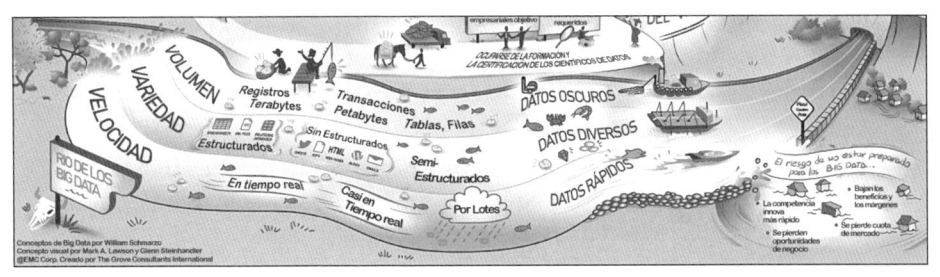

Figura 12.2. El crecimiento de los datos genera oportunidades de negocio.

Las dinámicas del mercado también están cambiando a causa de los Big Data. Los enormes volúmenes de datos estructurados y sin estructurar, una amplia variedad de datos internos y externos y los datos de alta velocidad pueden impulsar cambios en la organización e innovaciones empresariales, o por el contrario hundir a los que no estén preparados. Las organizaciones que no se adaptan a los Big Data corren el riesgo de:

➤ Bajar sus beneficios y sus márgenes.

➤ Perder cuota de mercado.

➤ Dejar que la competencia innove más rápido.

➤ Perder oportunidades de negocio.

LOS MÉTODOS Y TECNOLOGÍAS TRADICIONALES NO SON SUFICIENTES

Los Big Data consisten en transformar los negocios. Hacen posible una transformación empresarial, pasando desde una perspectiva de "retrovisor", a posteriori, que emplea un subconjunto de datos por lotes para monitorizar el funcionamiento de la empresa, a una iniciativa predictiva que aprovecha todos los datos disponibles en tiempo real para optimizar el rendimiento empresarial. Lamentablemente, la gestión de datos tradicional y las tecnologías y métodos analíticos entorpecen esta transformación, porque son incapaces de controlar este tsunami de datos de redes sociales, móviles, sensores y telemetría y, por consiguiente, incapaces de extraer a tiempo los conocimientos empresariales enterrados en estas fuentes de datos. Como vemos en la figura 12.3, los almacenes de datos tradicionales y las tecnologías de la inteligencia empresarial (IE) frenan el crecimiento empresarial, porque:

➤ No pueden almacenar, gestionar ni explotar los ingentes volúmenes de datos (que se miden en petabytes) que se encuentran disponibles en las fuentes de datos internas y externas.

➤ Son incapaces de integrar los datos no estructurados (como comentarios de los consumidores, notas de mantenimiento y datos de medios sociales o generados por sensores y máquinas) en las infraestructuras de almacenamiento existentes.

➤ Utilizan técnicas de gestión de datos basadas en la agregación y el muestreo de datos que obstruyen esos matices y conocimientos valiosos que están enterrados en los datos.

➤ Son incapaces de proporcionar capacidades analíticas predictivas en tiempo real que puedan descubrir y dar a conocer a tiempo conocimientos aplicables para la empresa.

Figura 12.3. Las tecnologías y los métodos tradicionales son insuficientes.

- A sus arquitecturas de procesos por lotes les cuesta descubrir estas oportunidades de negocio que requieren actuar al instante y según demanda.
- Sus informes retrospectivos no proporcionan los conocimientos o recomendaciones necesarios para optimizar los procesos empresariales clave.

EL ÍNDICE DE MADUREZ DE LOS MODELOS DE NEGOCIO DE LOS BIG DATA

¿Cuáles son las aspiraciones de su empresa con respecto al uso del análisis de Big Data para impulsar el proceso de creación de valor? ¿Qué procesos empresariales se adaptan mejor a la explotación de estas capacidades? ¿Cómo puede aprovechar los conocimientos sobre sus clientes, productos y operaciones para crear nuevas oportunidades de monetización?

En el capítulo 1 vimos el Índice de Madurez de los Modelos de Negocio de los Big Data, que se puede utilizar como referencia para las aspiraciones empresariales de los Big Data (véase la figura 12.4). El índice es una guía práctica para que lleve a su organización por los siguientes estados de madurez empresarial:

- **Monitorización Empresarial:** Implementar almacenes de datos e IE para monitorizar sobre la marcha el funcionamiento de los procesos de negocio actuales.
- **Perspectiva empresarial:** Integrar los datos sin estructurar, los *feeds* en tiempo real y la analítica predictiva para descubrir conocimientos aplicables y hacer recomendaciones que se puedan integrar en los procesos empresariales clave.
- **Optimización empresarial:** Utilizar la analítica avanzada, la instrumentación operativa y la experimentación para crear modelos de optimización que se puedan integrar en los procesos empresariales existentes.
- **Monetización de los datos:** Aprovechar los conocimientos sobre el cliente, el producto y el mercado para crear nuevas posibilidades de generar beneficios que se puedan preparar para ser vendidas como productos físicos inteligentes, o utilizar dichos conocimientos para hacer que la interacción con el usuario sea más interesante y provechosa.
- **Metamorfosis Empresarial:** Aprovechar los patrones de compra de los clientes, el comportamiento del rendimiento de los productos y las tendencias del mercado para transformar los modelos de negocio basados en productos en una estrategia de ecosistema que motive a otros a hacer dinero a partir de nuestra plataforma adaptada a la analítica.

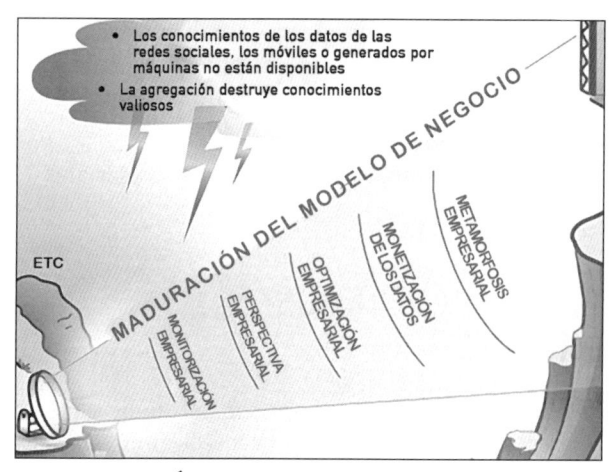

Figura 12.4. El Índice de Madurez de los Modelos de Negocio de los Big Data.

CÓMO FOMENTAR LA COLABORACIÓN ENTRE LA EMPRESA Y LAS TI

El éxito del viaje por los Big Data precisa de la colaboración entre las dos partes, la empresa y las TI, para identificar de dónde y cómo debe partir este viaje (véase la figura 12.5). Este libro proporciona una metodología y varios ejemplos en los que se emplea el taller de visión y la metodología de la matriz de priorización para fomentar la colaboración entre la empresa y las TI. Esta metodología refuerza un proceso que parte de la generación de ideas y pasa por la prueba de validación del valor hasta llegar a la producción, y que abarca los siguientes pasos:

- **Identificar las iniciativas empresariales objetivo:** Identifica los casos de uso "adecuados" que posean un valor empresarial relevante y que se puedan implementar fácilmente.

- **Determinar los conocimientos requeridos:** Este paso se adapta perfectamente al proceso del taller de visualización, pues en él se visualizan, generan ideas y se priorizan los conocimientos empresariales necesarios para apoyar la iniciativa empresarial objetivo.

- **Definir la estrategia de datos:** Identifica la estrategia de datos de apoyo, incluyendo las fuentes de datos (internos y externos; estructurados y sin estructurar), los métodos de acceso, la frecuencia de disponibilidad de datos, las métricas, la dimensionalidad y la instrumentación.

➤ **Crear modelos analíticos:** Identifica, crea y perfecciona los modelos analíticos de apoyo, en los que se aplican muchas de las herramientas y los algoritmos analíticos que vimos en el capítulo 11. También es útil para desarrollar una estrategia y un proceso de experimentación continuo.

➤ **Implementar una arquitectura para los Big Data:** Construye la arquitectura necesaria, que contempla los procesos ETC/ECT, el área de preparación de datos, las capacidades de gestión de datos, las capacidades de gestión de datos maestros y las plataformas de inteligencia empresarial y analítica avanzada.

➤ **Incorporar los conocimientos a aplicaciones:** Contempla los requisitos y la arquitectura necesarios para el desarrollo de aplicaciones, para cerciorarse de que los modelos y conocimientos analíticos se pueden trasladar a los sistemas de producción y aplicaciones de gestión.

Figura 12.5. Cómo fomentar la colaboración entre la empresa y las TI.

A lo largo de su viaje por los Big Data, la organización deberá llevar a cabo la formación y la certificación de sus científicos de datos (visite por ejemplo https://education.emc.com/guest/campaign/data_science.aspx, donde encontrará más detalles sobre cursos y certificaciones de EMC).

Este viaje acelera la adopción de los Big Data al crear el modelo de negocio, probar los modelos analíticos y crear la justificación económica en que se apoya la oportunidad empresarial objetivo.

APLICACIÓN DE LOS CONOCIMIENTOS SOBRE BIG DATA

Las organizaciones de éxito definen un proceso para descubrir y hacer públicos nuevos conocimientos sobre el negocio constantemente (véase la figura 12.6). Para ello, las organizaciones necesitan un proceso bien definido que extraiga los conocimientos analíticos y los integre de nuevo en sus sistemas operacionales y aplicaciones de gestión. El proceso necesita definir claramente los roles, las responsabilidades y las expectativas de los principales implicados, como son los usuarios profesionales, el equipo de almacenamiento de datos, el equipo de IE, el equipo de interacción con el usuario y los científicos de datos. Este libro describe un proceso operativo que:

➤ Fomenta la colaboración con los participantes para recoger los requisitos del negocio en curso.

➤ Obtiene nuevas fuentes de datos estructurados y no estructurados de fuentes internas y externas, para después preparar, completar e integrar los nuevos datos con las fuentes de datos internas existentes.

➤ Perfecciona continuamente los modelos y conocimientos analíticos y se abre a la experimentación para asegurar que los modelos en curso sean relevantes.

➤ Comparte los conocimientos analíticos con los sistemas operacionales y las aplicaciones de gestión.

➤ Mide la efectividad de las decisiones para perfeccionar los modelos analíticos, los procesos empresariales y las aplicaciones.

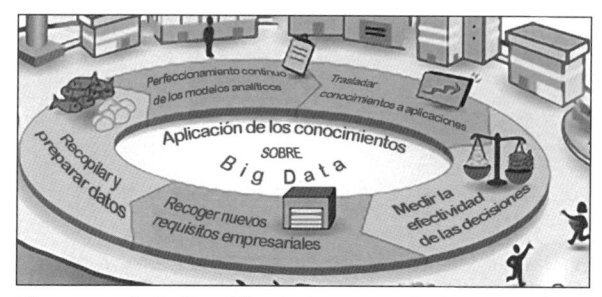

Figura 12.6. Aplicación de los conocimientos sobre Big Data.

LOS BIG DATA IMPULSAN EL PROCESO DE CREACIÓN DE VALOR

Los Big Data albergan el potencial de transformar los procesos de creación de valor de su organización. Las organizaciones necesitan una estrategia para los Big Data que conecte sus aspiraciones al respecto con su estrategia empresarial dominante y sus principales iniciativas empresariales (véase la figura 12.7). A lo largo de este libro se han visto ejemplos de cómo puede utilizar una organización los Big Data y las analíticas avanzadas para reforzar el proceso de creación de valor en áreas de negocio como:

- **Finanzas:** Identificar qué operaciones de la línea de negocio y qué categorías de productos son las más eficaces y eficientes de cara a la rentabilidad.
- **Abastecimiento:** Identificar qué proveedores de los que suministran productos de alta calidad en el plazo adecuado son los más rentables.
- **Desarrollo de productos:** Identificar los conocimientos del uso de productos para acelerar el desarrollo y mejorar el lanzamiento de nuevos productos.
- **Fabricación:** Identificar las variaciones en la maquinaria y en los procesos que podrían ser signos de problemas de calidad.
- **Distribución:** Cuantificar los niveles de inventario óptimos y las actividades de la cadena de suministro.
- **Interacción con el usuario:** Ofrecer una comunicación con el cliente más relevante y personalizada, que a la larga resulte en clientes más fieles, rentables e incondicionales.
- **Operaciones:** Optimizar los precios de los productos "perecederos", como los comestibles, los asientos de los vuelos o la ropa de moda.
- **Recursos humanos:** Identificar las características de los empleados más eficaces.

Figura 12.7. Los Big Data impulsan el proceso de creación de valor.

RESUMEN

El *storymap* de los Big Data nos muestra una completa e interesante metáfora para finalizar este libro (puede descargarse una versión en PDF en la página Web del libro), pues satisface nuestra curiosidad sobre lo que pueden significar los Big

Data para nuestra organización y nos ayuda a visualizar el universo de lo posible a través de una representación gráfica. Resume muchas de las recomendaciones clave en un único gráfico (véase la figura 12.1) que puede compartir con las personas implicadas mientras prepara su viaje por los Big Data. Ya está preparado para iniciar su propio viaje. Espero que le resulte fructífero.

13. Una llamada a la acción

Ahora que ya conoce todos los materiales, técnicas, métodos y hojas de trabajo del libro, vamos a resumir todos los elementos de los diferentes capítulos en una única lista de acciones que le ayudará a preparar su organización para el viaje por los Big Data, pues contempla todas las acciones específicas que puede llevar a cabo para impulsar las iniciativas empresariales clave de su organización gracias a los Big Data, optimizando sus principales procesos empresariales y descubriendo nuevas oportunidades de monetización. Esta lista le muestra el camino para entender por qué los datos son el combustible que mueve los negocios.

IDENTIFIQUE LAS PRINCIPALES INICIATIVAS EMPRESARIALES DE LA ORGANIZACIÓN

- ➤ Identifique, investigue y conozca las principales iniciativas empresariales de su organización y las principales oportunidades de negocio.
- ➤ Utilice fuentes de acceso público para priorizar estas iniciativas. Estas fuentes pueden ser informes anuales, juntas de accionistas trimestrales, investigaciones y publicaciones del sector, presentaciones de directivos y actividades de la competencia.
- ➤ Aproveche el Documento de estrategia para los Big Data para dividir la estrategia empresarial de su organización en sus iniciativas empresariales clave y los indicadores clave de desempeño (KPI), los factores críticos de éxito (FCE), los resultados deseados, el marco temporal de ejecución, las tareas clave y los empresarios participantes.
- ➤ Tenga clara al empezar cuál es su meta.

PARTA DE LA COLABORACIÓN ENTRE LA EMPRESA Y LAS TI

- ➤ Los Big Data tratan sobre la transformación del negocio. Por consiguiente, debe existir una estrecha colaboración entre las partes (la empresa y las TI) desde el principio del todo, incluso antes de empezar a articular las actividades de formación sobre los Big Data.
- ➤ Cerciórese de que su iniciativa para los Big Data resulta relevante, significativa y aplicable para los participantes, y de que estos entienden lo que puede hacer por ellos desde la perspectiva de la activación del negocio.
- ➤ Utilice los talleres de visión y los ejercicios de visualización para fomentar la colaboración entre la empresa y las TI.
- ➤ Asegúrese de que los talleres y los ejercicios de visualización de apoyo están adaptados a las iniciativas y las posibilidades específicas de la organización.
- ➤ Formalice un proceso para mantener la implicación de los participantes, recabar sus opiniones y no perder el rumbo de la iniciativa de los Big Data.
- ➤ Establezca una relación laboral regular basada en la colaboración constante entre los participantes de la empresa y las TI, y emplee los talleres de visión para cerciorarse de que el viaje por los Big Data proporciona una ventaja competitiva interesante y distintiva.
- ➤ Esté abierto a las nuevas ideas.

FORMALICE SU PROCESO DE VISUALIZACIÓN

- ➤ Fije una metodología de visualización formal, como el taller de visión, que ayude a los participantes a visualizar el universo de lo que es posible con los Big Data.
- ➤ Desarrolle capacidades de asesoramiento.
- ➤ Utilice los datos de la organización (tanto internos como externos) para crear ejercicios de visualización específicos para el negocio.
- ➤ Realice una lluvia de ideas acerca de cómo podrían impulsar los cuatro factores motrices de los Big Data las preguntas empresariales que los usuarios intentan responder y las decisiones de negocio que intentan tomar.
- ➤ Utilice el análisis de las cinco fuerzas y de la cadena de valor de Michael Porter para extraer ideas para los Big Data y los casos de uso.

- Utilice la matriz de priorización para conseguir el consenso del grupo sobre los siguientes pasos, a la par que recoge los factores empresariales clave y los obstáculos potenciales del proyecto.
- Emplee el laboratorio analítico como herramienta para crear los modelos de negocio y poner a prueba el valor de las analíticas.
- Desafíe el pensamiento convencional.

UTILICE MODELOS PARA IMPULSAR EL PROCESO CREATIVO

- Cree modelos para simular la interacción con el usuario y el cliente, para que los conocimientos analíticos extraídos de los Big Data cobren vida ante los grupos de interés.
- Explote los modelos de la aplicación para móviles y el sitio Web, pues son una vía especialmente eficaz de comunicación e interacción con sus clientes, consumidores y socios.
- Utilice modelos para visualizar cómo puede presentar nuevos conocimientos sobre clientes, productos y operaciones de manera que la interacción con el cliente sea más atractiva y rentable.
- No subestime el poder de la interacción con el cliente para generar nuevas posibilidades de monetización.
- Utilice PowerPoint como una herramienta de modelado rápido; no pierda tiempo intentando crear modelos perfectos.
- Diviértase.

CONOZCA SU TECNOLOGÍA Y LAS POSIBILIDADES DE SU ARQUITECTURA

- No permita que le frenen los procesos de almacenamiento de datos e inteligencia empresarial existentes, que son insuficientes para las densas, abundantes y diversas fuentes actuales.
- Utilice las nuevas tecnologías, como Hadoop, el procesamiento en memoria y las analíticas *in-database* para abrirse a arquitecturas nuevas y más modernas.
- Esté preparado para adoptar tecnologías y herramientas de código abierto dentro de su entorno, es lo que se lleva ahora.

- Cree una arquitectura que guarde la separación entre la inteligencia empresarial y el almacenamiento de datos orientado a la producción y el entorno de la ciencia de los datos, que es más experimental, hecha a medida y que evolucione rápidamente.
- El valor de los datos tiene una vida más larga que las aplicaciones que los generan. No permita que las aplicaciones existentes mantengan secuestrados sus datos.
- No espere a que los proveedores de tecnología actuales le resuelvan los problemas de su negocio; tome la delantera e inicie ahora su viaje.
- No descarte sus inversiones en almacenamiento de datos e inteligencia empresarial; construya a partir de ellas.
- Dé el paso a la predicción en tiempo real.

AMPLÍE SUS PROCESOS EMPRESARIALES INTERNOS

- Aproveche las inversiones realizadas en almacenamiento de datos e inteligencia empresarial para apoyar sus procesos empresariales clave. La inteligencia empresarial ya dispone de las fuentes de datos, las métricas, las dimensiones, los informes y los paneles de control en torno a los que se mueven los principales procesos empresariales.
- Pase de monitorizar el negocio a optimizarlo.
- Busque oportunidades de ampliar los procesos empresariales existentes aprovechando los datos "oscuros" de la organización (es decir, los datos de transacciones ya disponibles a los que no se les ha sacado todo el partido), nuevos datos internos y externos sin estructurar, los *feeds* de datos en tiempo real y la analítica predictiva.
- Integre la analítica predictiva en sus procesos existentes para descubrir automáticamente conocimientos aplicables que estén enterrados entre la abundancia y los detalles de los datos estructurados y no estructurados. El método de inteligencia empresarial tradicional "hágalo vd. mismo" para descubrir conocimientos aplicables no funciona cuando se trata de terabytes o petabytes de datos.
- Haga que el estudio (es decir, identifique cada uno de los medios de interacción con sus clientes para recopilar más datos sobre ellos y su comportamiento) y la experimentación formen parte de su estrategia de datos.
- Busque oportunidades de aprovechar los Big Data para reestructurar sus procesos de creación de valor.

DESCUBRA NUEVAS OPORTUNIDADES DE MONETIZACIÓN

- ➤ Utilice los conocimientos sobre clientes, productos y operaciones derivados de la mejora de sus procesos empresariales actuales para crear nuevas oportunidades de monetización.
- ➤ Entienda que la monetización de los conocimientos sobre clientes, productos y operaciones puede adoptar varias formas, incluyendo la preparación de los conocimientos para revenderlos, integrarlos para crear "productos de inteligencia" y aprovecharlos para que la interacción con el cliente sea más interesante, atractiva y rentable.
- ➤ Mire lo que están haciendo otros sectores, cómo utilizan los Big Data para hacer dinero.
- ➤ Complemente el lema "volumen, variedad y velocidad" de los Big Data con el de "generad más dinero".

CONOZCA LAS RAMIFICACIONES DE LA ORGANIZACIÓN

- ➤ Cree un proceso analítico que persiga descubrir y hacer públicos nuevos conocimientos empresariales mediante la integración del rol del científico de datos con el del usuario profesional y los equipos de almacenamiento de datos e inteligencia empresarial.
- ➤ Trate los datos como un activo de la empresa que hay que obtener, transformar y enriquecer. Trate las analíticas como parte de la propiedad intelectual de la empresa, que hay que inventariar, mantener y proteger legalmente.
- ➤ Inculque en la empresa una mentalidad abierta al poder de la experimentación. Alimente ese impulso natural de preguntarse "¿y si?".
- ➤ Piense diferente.

Índice alfabético

A

Abandonos, 147
Abastecimiento, 132-133, 237
Abordan uno de los principales desafíos de la analítica avanzada, 225
Accedero a los datos, 195
Acción, 82, 84
Activar, 85
Actividades de apoyo, 132
Activos analíticos, 76
Administrar contenido, 210
Agenda para el taller de generación de ideas, 168
Agrupamiento, 171
Alertas, 30
Almacenamiento, acceso y análisis, 212
Ampliar proesos empresariales internos, 242
Análisis
   de atribución de conversión, 133
   de la cadena de valor, 132-133
   de la sensación de competitividad, 166
   de las cinco fuerzas, 135-136
   del presupuesto, 152
   Porter de
     la cadena de valor, 126
     las cinco fuerzas, 125
   varianza, 151-152
Analíticas, 226
   del comportamiento de los clientes, 173
   existentes, 132-133
   in-database, 225
   predictiva, 131
Analítico
Analizar, 210
   las tendencias de rendimiento, 107
Antes de pasar al taller guiado, 161
Añadir variables de comportamiento, 165
Apache
   Flume Sqoop, 215
   Hadoop, 212

Hbase, 214
Hive, 213
Pivotal HD HAWQ, 215
Aplicación de los conocimiento sobre Big Data, 235
Apoyo, 100
Aprovechar
las inversiones realizadas, 242
las transacciones, 102
los conocimientos, 233
los patrones de compra, 233
Archivo maestro semántico, 220
Arquitecturas
estándar de Hadoop, 215
extendida de Hadoop, 215
MPP, 223
Aumentar
el número de clientes "Tarjeta Oro", 102
los beneficios y el compromiso de los clientes, 102
los datos de los clientes, 198

B

Bajo Alto, 176-179
banners, 58
Bases de datos de procesamiento paralelo masivo (MPP), 224
Big Data storymap, 21
Broker, 207-208
Business angels, 197
Búsqueda activa de socios empresariales, 76

C

call centers, 73, 103, 112, 207, 212
Campañas, 60

Capacidad de administración de datos, 195
Capacidades
analíticas avanzadas, 196
de modelado de datos, 195
Carga, streaming, etc, 224
Cargas de trabajo de análisis intensivo por encargo, 227
Casos
de uso, 173
para Hadoop, 223
prácticos: Walmart, 26
Centro de atención, 65
Ciclo vital de la analítica de datos, 66
Clase de historia de los Big Data, 47
clustering, 216
clusters, 212, 223
Colaborar, 76
Comestibles B1G, 151
Comparación, 167
Comparar, 156
Comprar acciones, 88
Computación en la nube, 226
Comunicar los resultados, 72
Conexión con la red, 224
Configurar, 215
Conocimientos
analíticos, 236
de las tendencias, 108
Recomendaciones, 86
Conocer
las ramificaciones, 243
la tecnología, 241
Construir arquitectura, 235
Consultar la opinión de varios expertos, 89
Consumir los conocimientos y medir su utilidad, 67
Contemplar los requisitos y la arquitectura necesarios, 235

Contratación de seguros de vida, 91
Control de datos, 75
Coste, 54
Creación del modelo, 71
Crear
  gráficas de control, 208
  modelos
    analíticos, 67
    empresariales, 90
    para simular la interacción con usuario y cliente, 241
    recomendaciones sobre productos y servicios, 174
  un proceso analítico, 243
  una arquitectura, 242
Cuantificar los niveles de inventario, 237
Curva de rentabilidad del cliente, 148

D

Data, 238
DataLoader Xtension Framework, 215
Datos
  (entrada) Salida, 214
  de la competición, 108
  de los medios sociales, 132-133
  de los TPV, 132-133
    con los de los medios sociales, 132-133
  de streaming en caché, 220
  de TPV
    e IDRF en tiempo real, 132-133
    en tiempo real, 132-133
  de transacciones, 191
  de ventas de productos en las tiendas, 104
  del cliente, 97
  en tiempo real, 131
  estructurados, 113
  sin estructurar, 114
  transaccionales detallados, 131
Decisiones clave, 141
Definir
  la estrategia de datos, 234
  la orden y los requisitos, 67
  y ejecutar los procesos de transformación de datos, 194
Desarrollar
  estrategias, 75
  procesos, 76
  y ejecutar (auditar) un conjunto de procesos, 75
Desarrollo de productos, 237
Descubrir nuevas oportunidades de monetización, 243
Descubrimiento, 69
Descubrimiento/ Mapeado de datos, 220
Determinar
  los conocimientos requeridos, 234
  un entorno de trabajo, 75
Disponer de un buen surtido de vestimenta deportiva, 128
Distribución de la rentabilidad de los clientes, 189
Dividir Mapa Nodo, 214
Documentación, 172
Documento de estrategia, 96
  para los Big Data, 102

E

Ejemplo
  B2B, 153
  B2C, 150
  analíticas del comportamiento del cliente, 197
  documento de estrategia, 97
  efectividad en el marketing, 199

empresarial, 88-91
intimidad con el cliente, 97
mantenimiento predictivo, 198
monetización de datos de los
    medios digitales, 56
optimización de red, 202
reducción del fraude, 201
resultados de priorización, 173
un minorista, 205
una agencia de corredores
    de bolsa, 206
una empresa de servicios, 203
Emplear
    la métrica, 53
    un proceso estructurado, 89
Empresa, r, 64
Empresarial, 97
Escalabilidad lineal, 227
Establecer un
    marco de trabajo, 76
    proceso, 75
Estandarizar las herramientas, 173
Estrategia
    de instrumentación, 195
    empresarial, 96, 98
Evolución del proceso analítico, 64
éxito, 112
Expandir los puntos de recopilación
    de datos de los clientes, 102
Experimentación Instrumentación, 78
Experto en estadística, 83
Explotar fuentes de datos
    sociales, 231
Extraer todos los datos
    transaccionales, 40

F

Fabricación, 112
Factibilidad de implementación, 176

Factores
    de los Big Data: Ejemplo de
        mantenimiento predictivo, 119
        micro-segmentación
            de clientes, 122
        satisfacción del cliente, 120
    motrices, 149
        del valor de los Big Data, 113
    N, 114-117, 119-124, 129-130
Federación de datos, 220
    La consulta es el nuevo ETC, 219
feeds, 67, 83, 120-121, 242
Fidelidad del cliente, 102
Fijar una metodología
    de visualización, 240
Finanzas, 237
Flume Sqoop, 215
Formalizar proceso
    de visualización, 240
Forrest Gump, 5
Fuentes
    de conocimiento sobre
        los consumidores
            y los productos, 121
    de datos, 96, 99
        sin estructurar, 131
        y requisito del acceso
            a datos, 194
        planificadas previamente, 66
    externas, 224
Futuro, 64

G

Gestión de
    la propiedad intelectual, 76
    precios y beneficios, 27
Gestionar el registro de patentes, 76
Google, 81
Grial, 32

H

Hadoop, 222
    MapReduce, 213
HBase, 214
    MapReduce Pig, Hive, Mahout, 215
HDFS, 221
Herramienta de federación
    de datos, 220
hit and runs, 106-107
Hoja de trabajo, 118
    para la visualización, 131
        de los Big Data, 118
    Data: Ejemplo
        de merchandising, 129
home runs, 106-107
Hornos, 34

I

Identificar
    campañas y promociones
        de marketing, 27
    estrategia de datos de apoyo, 234
    los casos de uso "adecuados", 234
    los modelos analíticos, 235
    la maquinaria, 27
    las características de los
        empleados eficaces, 237
    las características
        y los comportamientos
            de los empleados eficaces, 28
    las iniciativas empresariales
        objetivo, 234
    las preguntas, las métricas y las
        dimensiones empresariales, 100
    las principales iniciativas
        empresariales, 239
    los algoritmos analíticos, 193
    los conocimientos del uso, 237
    operaciones de la línea de
        negocio, 237
    proveedores, 237
    rentables, 27
IE + Informes Modelado analítico, 210
Implementar
    almacenes de datos e IE, 233
    procesos estructurados de toma
        de decisiones, 88
    una arquitectura para los Big
        Data, 235
Importantes, 112
in-database, 16, 201, 216, 225, 241
Incluir datos o recomendaciones, 152
Incorporar los conocimientos a
    aplicaciones, 235
Índice de Madurez, 40
Información
    para planificar, ejecutar y calcular
        estrategias, 44
Informes
    Análisis, 82, 84
    estándar y a medida, 64
Infraestructura
    Actividades, 128
    Logística, 132
Iniciativas empresariales, 96-102, 108
Instrumentación, 75
Integrar
    la analítica predictiva, 41
    los conocimientos específicos
        del cliente, 102
    los datos
        de los sensores, 120
        sin estructurar, los, 233
    modelos de detección de fraude
        en tiempo real, 202
Inteligencia, 97
    empresarial frente a Ciencia
        de los Datos, 64
Interacción con el usuario, 86

Introducción, 19
    a las tecnologías Big Data, 211
Inventario de datos, 75
Investigación, 161
Invertir el proceso, 225

J

Jugar a ser director general de los San Francisco Giants, 108

K

Key Performance Indicators, 30

L

Liberar la creatividad empresarial, 76
Likelihood to Recommend, 103
Lluvia de ideas, 169
Logística
    externa, 132-133
    interna, 132-133
Lograr conocimiento de la fase vital, 97
logs, 160, 175

M

mainframes, 44, 49
Mantenimiento predictivo, 119
MapReduce, 213
Marketing, 27
Mejorar
    la efectividad del merchandising, 131
    la interacción
        cliente/socio, 154
        con el cliente, 152

Mercado digital, 154
Merchandising, 28
Metamorfosis Empresarial, 35, 233
Micro-segmentación
    de clientes, 123
Modelado de datos, 221
Modelo
    de funcionalidades de una aplicación para móviles, 181
    empresarial, 112
Monetización
    de la propiedad intelectual, 76
    de los Datos, 33
    empresarial, 29
Monitorizar
    El uso de analíticas, 76
    los datos de los medios sociales y los móviles, 137

N

n-tiling, 227
net promoter, 149
    scores, 136, 205
New Coke, 90
Nodo, 214
Nuevas herramientas analíticas, 215
Nuevos
    algoritmos analíticos, 216
    entrantes al mercado, 137
    roles de administración sénior, 74
    roles empresariales, 73
Número de interrupciones, 165

O

Observaciones, 154
    sobre la madurez de modelos de negocio, 40

ÍNDICE ALFABÉTICO

Obtener información sobre el uso
    de los productos, 27
Obtiene e integra los datos, 67
Ofrecer comunicación
    con el cliente, 237
online, 21, 23, 153-154, 200
Operaciones de tienda, 28
Oportunidad o iniciativa empresarial
    objetivo, 176-179
Optimizar el ciclo vital de interacción
    con cliente, 147
Optimización de la satisfacción
    del cliente, 121
Optimización, 65
    empresarial, 29
Optimizar
    el ciclo vital, 147
Optimizar
    las asignaciones de recursos
        para ventas, 28
    las inversiones en la red, 173
    los niveles de inventario, 28
    los precios de los productos, 237
    precios de bienes, 27
outfield, 107
outlets, 202
outliers, 70
outs, 106

P

Paneles
    de control inteligente para
        comerciantes, 156
    predictivos en tiempo real, 132-133
Partir de la colaboración entre
    empresa y TI, 240
Pasado Bajo Alto, 64
Pasar del documento de estrategia a
    la acción, 99

PEC/Flujo de trabajo, 220
Perspectiva empresarial, 30, 233
Pig, 214
Pipelining dinámico, 215
Planificación del modelo, 71
Posibilidades
    de monetización de datos, 56
    de negocio de gran potencial
        de los Big Data, 187
Prefacio, 15
premium, 187
Preparación
    de los datos, 70
    y envío de consultas, 224
Procesamiento de consultas y
    almacenamiento de datos, 224
Procesos
    de creación de valor, 128
    empresariales clave, 67
Productos y tecnología, 137
Productos/Tecnología, 126
Proporcionar
    conocimientos sobre los
        segmentos de clientes, 156
    datos de referencia, 156
Protección de la propiedad
    intelectual, 76
Proveedores, 112
Publicar nuevos conocimientos, 67
Puesta en marcha, 69

Q

Qué hemos aprendido, 47

R

Random Forest, 217
Realizar cambios en el ancho de
    banda s, 173

Reconocer patrones, 87
Recopilar información, 102
Recursos humanos, 28, 132-133, 237
Registro de patentes, 76
Relacionar los datos de consumo, 173
Relevante, 97
Requisitos
    de la interacción con el usuario, 196
    de los Big Data, 100
    del acceso a datos en tiempo real
        y del análisis, 195
Resultado deseado, 96
Resultados, 97
    analíticos, 227
    & FCE Tareas, 100, 102, 108
    y factores críticos de éxito (FCE), 96
Rivalidad entre competidores, 126, 136
Roles y responsabilidades de los
    científicos de datos, 69

S

Salarios (en millones de €), 54
sandbox, 65, 67, 70, 196, 222
schema on
    read, 221
    write, 221
Servicio, 132-133
Servicios de catálogo Optimizador
    de consultas, 215
Servidores
    de segmentos, 224
    maestros, 224
shared- nothing, 224
Simplificar, 39
Simulación de interacción con el
    cliente minorista, 151
slugging, 107
Software as a Service, 136
SQL MapReduce, 224

startup, 5, 215
status quo, 149
stock options, 88
storymap, 229-230, 237
strike-to-ball, 107
strikeout-to-walk, 106
strikeouts, 107
strikeouts-to-walk, 107

T

Tareas clave a realizar para tener
    éxito, 96
Tecnología, 132-133
Tener acceso a cantidades ingentes
    de poder de computación, 227
Tiempo total, 226
    de conexión, 165
Tiempo valor empresarial, 64
Todos, 223
Trabaja con lotes, 210
Trampa N, 87-90

U

Utilizar
    el análisis de conversión de
        atribución multiplataforma, 136
    la analítica avanzada, 233
    la aplicación
        para smartphones, 174
    la matriz de priorización, 241
    los conocimientos sobre
        clientes, 243
    los datos de
        los medios sociales y los
            móviles, 132-133
        TPV e inventario, 137
    los motores, 136

modelos para impulsar el proceso
   creativo, 241
pruebas A/B, 137

V

Validar recomendaciones, 156
valiosos, 112
Valor empresarial, 82, 84, 176
Valoración
   analítica, 76
   económica de los datos, 75
Variables económicas
   y de facturación, 165
Velocidad de los datos, 192
Ventas
   en tienda Medios sociales
      Aplicaciones móviles, 102

Marketing, 132-133
   y marketing Operaciones
      Contabilidad, 187
Virtual, 196
Virtualización Hadoop (HVE), 215
Visitante, 59
Visualización en tiempo real, 220

W

walks, 107
Walmart, 26
white papers, 8

Z

Zona de las expectativas, 178